新编公共管理教学丛书

■ 主　编　申丽娟　王德新

当代中国社会问题分析

DANGDAI ZHONGGUO SHEHUI WENTI FENXI

西南大学出版社
国家一级出版社　全国百佳图书出版单位

图书在版编目(CIP)数据

当代中国社会问题分析 / 申丽娟，王德新主编. —
重庆 ：西南师范大学出版社，2018.10
ISBN 978-7-5621-5589-8

Ⅰ. ①当… Ⅱ. ①申… ②王… Ⅲ. ①社会问题—研究—中国 Ⅳ. ①D669

中国版本图书馆 CIP 数据核字(2018)第 249603 号

当代中国社会问题分析

主　　编:申丽娟　王德新

责任编辑:雷　刚
责任校对:郑先俐
封面设计:李建卫
出版发行:西南大学出版社(原西南师范大学出版社)
网址:www.xdcbs.com
地址:重庆市北碚区天生路 2 号
邮编:400715
经　　销:全国新华书店
印　　刷:重庆新生代彩印技术有限公司
幅面尺寸:185mm×260mm
印　　张:10.75
字　　数:291 千字
版　　次:2019 年 4 月　第 1 版
印　　次:2022 年 8 月　第 2 次印刷
书　　号:ISBN 978-7-5621-5589-8

定　　价:35.00 元

新编公共管理教学丛书

编委会

总主编 陈 跃 吴 江

编 委 亢 犁 邹顺康 王 斌 王作军 葛天博
魏大明 岳 跃 王 崧 彭朝荣 王德新
王 琦 张雪峰 诸彦含

总　序 //ZONGXU

党的十八届三中全会把全面深化改革的总目标确定为完善和发展中国特色社会主义制度，推进国家治理体系和治理能力现代化。这就意味着国家的管理制度、管理模式以及运行机制都将发展根本性变化，与此相适应，国家公共部门与社会组织的管理人员素质和能力也将面临新的要求。为了适应改革发展的新变化，培养和造就一大批适应经济社会发展需要的，特别是国家治理体系和治理能力现代化发展要求的合格建设者，我们组织编写了这套“新编公共管理教学丛书”。

该丛书以公共管理的主干课程为依据,以理论应用和实践运行为指向,构建了以“公共管理学”“公共政策学”“政府经济学”“管理学原理”“行政管理学”“电子政务”“行政伦理学”“人力资源管理”“公务员制度”“领导科学”“地方政府管理”“社会科学研究方法”等为主体的结构体系，以期顺应法治政府和服务型政府的发展要求，探索和构建公共管理本科教学新体系。

该丛书是由一批在高校长期从事公共管理教学和研究工作的中青年学者编写完成的，他们立足于自己的理论研究成果与教学经验的总结，在合理地吸收国内外学者研究成果的基础上形成了独具特色的教学研究成果。其特色和优势在于：一是突出重点，独成体系。丛书编写中，十分重视把握本学科的学术前沿问题，突出学科重点，并以重点问题为主线，以学科发展规律为依据，构建独具特色的教材体系。二是立足国情，关注现实。丛书编写中，把立足国情作为出发点，并以新中国 60 多年的发展，特别是改革开放 30 多年发展的基本国情为基础，总结公共管理理论与实践发展的成果，揭示中国公共管理理论与实践发展的规律，彰显公共管理发展的中国特色。与此同时，以强烈的问题意识关注公共管理改革发展中的现实问题，探索其原因，提出相应的对策建议，使教材具有较强的现实感和针对性。三是放眼世界，具备时代意识。丛书编写中，坚持世界眼光、全球思维，力求最大限度地吸收和借鉴国外有关公共管理的最新研究成果，并把这些成果与时代发展的特色相结合，以现时代的眼光、现时代的思维来分析和认识世界范围内的公共管理中理论和实践的发展问题，使教材内容具有强烈的世界性和时代感。

该丛书主要适用于高等院校公共管理专业的本科生教学和学习之用，也适用于继续教育，网络教育本、专科学生教学和学习之用，还可作为公共管理部门领导和工作人员学习参考之用。

在该丛书组织编写的过程中，编者吸收和借鉴了国内外学者的一些研究成果，得到了西南师范大学出版社、西南大学图书馆、西南大学信息中心以及西南大学政治与公共管理学院等单位的大力支持和帮助，西南大学政治与公共管理学院的部分研究生参与了大量的文献收集和整理工作，对此，一并表示衷心感谢！

我们将该丛书作为公共管理学本科教学的主要教材，期望加强与国内高校的交流与合作，以进一步推动公共管理教学的改革与创新，促进公共管理教材建设的新发展。

由于编者水平所限，丛书中难免有疏漏和欠妥之处，敬请广大读者批评指正。

丛书编委会

2014 年 9 月于西南大学绩镛楼

前 言

改革开放以来，我国在经济发展、民主法治、思想文化、人民生活、生态文明、从严治党等领域推进制度改革，取得了举世瞩目的重大成就。但不可否认的是，随着发展进入新阶段、改革进入攻坚期和深水区，当代中国社会中发展不平衡、不充分的一些突出问题尚未解决，脱贫攻坚任务艰巨，城乡区域发展和收入分配差距依然较大，人民群众在就业、教育、医疗、居住、养老等方面面临不少难题，各种社会矛盾和问题交织叠加，亟待得到有效解决。

社会问题是一种客观存在的、普遍发生的复杂社会现象。在不同的社会生产力、文化背景和时代特征下，社会问题的具体表现呈现出极大的差异性。当代中国存在着的社会问题中，既有自身独特的问题，如农民工问题，也有世界性的普遍问题，如腐败问题，但有着不同的表现形式。本教材选取当代中国社会中人们高度关注的热点问题——腐败问题、人口问题、分配不公问题、医疗改革问题、城镇化问题、农民工问题和扶贫问题，分别对其概念内涵、主要表现、形成原因、社会影响和解决之策进行了深入分析，以期为当代中国社会问题的理论研究和实践工作提供借鉴和参考。

本教材的内容结构和安排分工具体如下：第一章是绪论，由申丽娟执笔完成；第二章是腐败问题，由王德新、唐蕊执笔完成；第三章是人口问题，由杨君子执笔完成；第四章是分配不公问题，由唐洁执笔完成；第五章是医疗改革问题，由唐洁执笔完成；第六章是城镇化问题，由陈茜执笔完成；第七章是农民工问题，由陈茜执笔完成；第八章是扶贫问题，由周建伶执笔完成。

本教材得到西南大学教育教学改革研究一般项目“公共事业管理专业实践教学模式创新研究”（项目编号：2015JY075）的支持。

本教材可以作为高等院校公共管理类本科专业和其他社会科学专业师生从事教学与研究的参考书目，也可为党政领导干部的实际工作提供有价值的借鉴。

目　录

第一章 绪论

学习目标

掌握社会问题的含义及其界定条件和过程，理解社会问题与社会热点、突发事件、社会运动等相关概念的区别，理解社会问题的的基本特征和类型划分，了解当代中国社会问题产生的特殊性，进而把握解决当代中国社会问题的基本思路。

知识结构

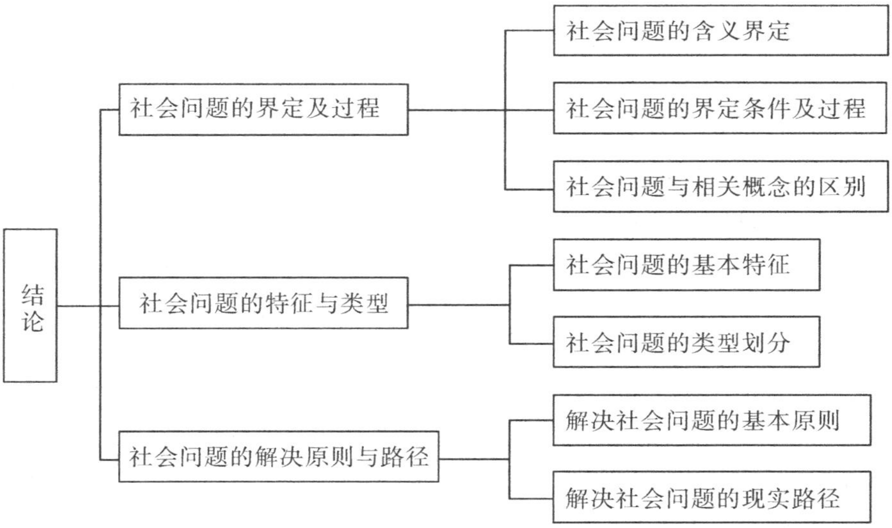

凡是有关人与人的相互关系问题都是社会问题。

——马克思

第一节 社会问题的界定及过程

社会问题在人类社会中存在的历史极其长远，人们从不同的视角出发对于社会问题有着不同的理解和界定。要科学地认识和研究社会问题，首要任务就是正确地界定社会问题的理论含义，厘清社会问题的界定条件与过程。

一、社会问题的含义界定

社会问题是一个人们既熟悉又陌生的概念，这是因为社会问题存在于每个人的身边，大家对社会问题都能发表自己的见解，但同时对于社会问题的认识又是一知半解、含混不清的。那么，究竟什么是社会问题呢？社会学、管理学等领域的学者对此进行了广泛的探讨，给出了基于各自研究视角的观点。德国早期社会学家 A. 瓦格和 W. 桑巴特把社会问题理解成劳资矛盾和劳工问题。20 世纪 40 年代，美国社会学家富勒和迈尔斯指出，社会问题是被多数人所承认的、偏离了某些社会规范的社会状况；社会问题的界定有着客观标准和主观标准，客观标准是指社会问题是可以确认的，是一种客观事实和一种现实存在，主观标准是指人们认识到的社会问题已经对自身的价值观产生了威胁。相比而言，该定义比较全面，对以后的社会问题研究产生了极大的影响。到 20 世纪 50 年代末，美国社会学家赖特·米尔斯认为需要区分个人困扰和共同麻烦，社会问题不是个人的困扰，而是公众的问题，是社会中许多人遇到的共同麻烦。20 世纪 60 年代初，美国社会学家默顿与尼斯贝合编的《当代社会问题》一书认为社会问题应当包括三个方面：中断了社会期望或愿望的事务安排、破坏了社会规定的正当的东西、社会所珍视的社会模式与社会关系发生脱节。20 世纪 70 年代末，美国社会学家乔恩·谢泼德和哈文·沃斯在《美国社会问题》一书中指出，一个社会的大部分成员和社会一部分有影响的人物认为不理想、不可取，因而需要社会给予关注并设法加以改变的那些社会情况即为社会问题。① 国内学者对于社会问题的界定也进行了探讨。孙本文在《社会学原理》中指出，社会问题就是社会全体或一部分人的共同生活或进步发生障碍的问题。袁方在《社会学百科辞典》中为社会问题下的定义是“社会中的一种综合现象，即社会环境失调、影响社会全体成员的共同生活，破坏社会正常运行，妨碍社会协调发展的社会现象”。与此相似的是，陆学艺在《社会学》中认为，凡是影响社会进步与发展，妨碍社会大部分成员的正常生活的公共问题就是社会问题，并进一步指出社会问题是由社会结构本身的缺陷或社会变迁过程中社会结构内出现功能障碍、关系失调或整合错位等原因造成的，为社会上相当多的人所共识，需要运用社会力量才能消除和解决。②

---

① 青连斌.社会问题的界定和成因[J].中共中央党校学报，2002，6(3)：97—102.

② 朱力.社会问题的理论界定[J].南京社会科学，1997(12)：12—19.

延伸阅读:赖特·米尔斯

C.赖特·米尔斯(Charles Wright Mills,1916—1962)是美国著名社会学家之一,深受德国古典社会学理论和G.H.米德的实用主义社会学的影响,在政治社会学和社会心理学领域内颇有建树。他批判了以T.帕森斯为代表的结构功能主义"大理论"和以P.F.拉扎斯菲尔德为代表的"抽象的经验主义",指出当代西方社会学正面临着深刻的理论危机。为深入理解个人与社会结构之间的关系,对资本主义社会进行批判,他倡导社会学的想象力,强调社会学要加强对历史的研究,加强对社会心理的研究。米尔斯的社会学理论强调社会的冲突和矛盾,具有浓厚的价值判断和人文主义色彩,对后来的"冲突变迁理论"产生了深远的影响。主要译著和著作有:《韦伯社会学文选》、《性格与社会结构》、《白领:美国中产阶级》、《权力精英》和《社会学的想象力》等。

通过对国内外众多学者关于社会问题定义的梳理,可以发现,社会问题的含义界定本身就是一个科学的认知过程。人们在对社会问题进行定义时,往往会受到多重因素的影响,如国家或地区的社会发展水平、文化背景或者是研究者本人的理论素养、兴趣、视角的差异等。尽管如此,我们仍然能够从中发现一些共同的规律性认识:第一,社会问题是一种社会现象,需要借助于社会力量、采取社会行动才能加以解决;第二,社会问题是有害的,它会对全体社会成员或者部分社会成员及社会进步产生不利的影响;第三,社会问题是一种客观存在的超常的或者失常的事实,而不是人们在头脑中臆想出来的。除了上述观点和规律之外,界定社会问题时还需注意的方面是,某个问题是否使社会运行失调,是否影响多数社会成员的利益或生活,是否符合社会的主导价值标准和规范。综合地看,可以把社会问题界定为妨碍社会正常运行或协调发展,影响多数社会成员正当利益或生活,违反社会主导价值标准和规范,并已经引起社会大众普遍关注的一种有害社会现象。这种有害社会现象在时间上已经延续了一定的时期,在空间上涉及的范围极其广大,在危害程度上已经影响到社会中的相当部分或大部分社会成员的正当利益。

二、社会问题的界定条件及过程

根据社会问题的定义可知,并非所有的问题都可被称为社会问题。只有满足了一定条件、经历了特定界定过程的问题,才可以被称为社会问题。根据朱力对于社会问题的研究,下面介绍社会问题的界定条件和过程。①

(一)社会问题的界定条件

第一,社会问题是被意识到的客观事实。社会问题具有客观的现实意义,对于社会问题的认识必然是以社会生活中存在的某种与社会发展或社会成员利益不相协调的社会现象为客观依据的。社会问题作为客观事实的外在表现形式,就是一种社会现象或者一个事件、一种行为。社会问题的客观存在性,意味着社会问题存在于人们的意识之外,不管人们是否承认,都客观地存在着。需要注意的是,尽管如此,社会问题依然一定是为人们所意识到的问题,如果某些社会现象尚未被人们清楚认识到,即使它具有社会性,也会对多数社会成员产生危害,也不能称为社会问题。

---

① 朱力.社会问题的理论界定[J].南京社会科学,1997(12):12—19.

第二，社会问题是属于大众的公共麻烦。正如由赖特·米尔斯提出、后被国内外学者认可的，社会问题不是来自个人困扰，而是与影响多数社会成员利益的公共麻烦紧密地联系在一起。公共麻烦是属于大众的事件，其产生不是少数人的责任，而是由社会结构失调、行为规范失范、社会运行失控等方面的因素引起的。其中，社会失调指的是构成社会的各个基本要素之间的关系失去平衡，致使社会无法发挥正常功能的一种状态，主要包括社会关系的失调和社会结构的失调。

第三，社会问题违背社会主导价值标准和规范。之所以把某种社会现象或社会行为界定为社会问题，是由于多数社会成员认定其有悖于社会主导价值标准和规范。在一个社会中，占据主导地位的价值和规范体系代表着整个社会价值和规范的基本倾向，发挥着导向作用和社会凝聚作用，因而是判断社会问题的一个标准。可以看出，社会问题与人的道德抉择有关。当某一个问题直接与公认的社会价值体系和社会规范体系相冲突时，极易激起人们的道德情感，进而被视为社会问题。

第四，社会问题需要社会共同改变。社会问题的产生不是少数人的责任，其后果也是具有社会性的，因而社会问题的解决必须借助于社会力量的协同，通过成员集体努力以采取社会行动。如，全球环境污染之所以成为社会问题，其中一个主要原因就在于其解决必须依靠社会力量，通过世界上所有国家和人民的共同努力，才能控制“三废”排放量，治理已经恶化的环境，净化人类赖以生存的空间。

（二）社会问题的界定过程

社会问题的界定是一个人们对社会问题从日常理解到科学认识的过程。在这个界定过程中，存在着许多因素和环节：一般先是被有关专家和有识之士认识到，再在社会上引起一定反响并形成社会舆论，进而引起政府或决策人物的注意，然后运用制度或政策使其具体化并最终得到解决。理查·富勒和理查·麦尔兹在《社会问题的发展》中介绍了社会问题的三个阶段：警觉、政策决定（决策）和改革。其中，警觉是第一阶段，人们留意和了解到自己所珍惜的价值受到了威胁，而且这种情况越来越严重，人们开始了呐喊和发出警报；政策决定（决策）是第二阶段，人们开始辩论解决问题的各种政策方案，随着有关方法与结果讨论的增加，社会利益的冲突、抗议也在逐渐增加；改革是第三阶段，行政单位已经插手其间，通过特殊利益群体与专家辩论确定的政策，开始有计划地采取行动。综合国内外学者的研究成果，可把社会问题的具体界定过程分为下列方面：

第一，利益受损者表达不满和发出呼吁。所谓利益受损者，指的是某种社会问题的直接伤害对象。由于利益受损者深受社会问题之害，他们或者向亲朋好友倾诉，或者向相关政府部门反映，或者借助于社会媒体传播，因而是最先表达不满和发出呼吁的群体。但是此时的问题尚处于萌芽阶段，某些社会不良影响还未真正暴露，正以潜在的形式存在，也就不具有普遍性和广泛性，人们自然不能真正认识到问题的危害性并给予重视。这时，认定社会问题的条件和时机均不成熟。随着问题的进一步恶化，越来越多的人牵涉其中，意味着利益受损者的群体规模越来越大。当这些群体开始对该问题进行关注、表达不满和抗议时，就相对比较容易引起社会的普遍关注，进而形成比较一致的看法，达成对问题的否定性共识。

第二，社会问题敏感群体及有识之士发出呼唤。社会问题敏感群体及有识之士主要是记者、社会学家、伦理学家、政治学家等。相对于普通人来说，这些记者、专家和学者拥有较多的专业知识和判断问题的实践经验，能够在社会公认价值观的基础上对各种社会问题进行抽象分析和理性思考。同时，他们通常还具有强烈的社会责任感，具有知识分子勇于批评的特征，能够揭露和批评各种真实的社会问题，引起更多社会普通成员的关注和接受。不仅如此，一些政治家和政府管理者也会开始关注，并受到这些群体观点的影响。

第三，社会舆论与媒体宣扬和推动。一种社会现象能否被界定为社会问题或者被视为社会问题，关键在于广大社会成员的反应和看法，而社会成员获取信息的主要渠道是媒体，即大众传播媒介。媒体对于某一种社会现象的报道、渲染和评价，可以直接影响到社会成员的反应和看法。因此，社会舆论与媒体在界定社会问题中的功能主要是暴露问题的普遍性和危害程度。

第四，公众普遍认识和接受。当某一种社会现象被社会舆论和媒体大力宣扬之后，多数社会成员开始逐渐认识到该现象的存在及其危害。于是，越来越多的人加入对于某种社会现象的关注、讨论中来，使其成为社会热门话题。自然地，随着对于某种社会现象的现状、形成原因、危害和对策的讨论的不断深入，人们的焦虑和担忧也会日渐加强，消除这一社会现象的强烈愿望也就逐渐生成。

第五，政府认可、支持和解决。政府居于整个社会管理者的地位，在政治、经济、社会、文化等领域拥有着公共权力，可以将某种社会现象界定为社会问题并付诸行动加以解决。虽然政府官员未必有某一社会问题方面的专业知识，但他们可以通过公共权力直接调动各种资源来提出解决社会问题的相关法规、方案和议程。

三、社会问题与相关概念的区别

无论是在人们的日常评论中，还是在学术研究和政策实践中，经常可以看到社会热点、突发事件、社会运动等概念的出现，并极易与社会问题相混淆。因此，要准确理解社会问题的含义，必须区分清楚社会问题与三个概念之间的关联。

（一）社会问题与社会热点

所谓社会热点，是指社会成员所关注的某种社会现象。由于这种现象可以引发人们的好奇、关心和评论，在一段时间内成为社会舆论的中心，因此，社会热点也被称为社会焦点。通常情况下，社会热点具有四个方面的特征：第一，社会利益的焦点。社会热点往往是社会中存在或产生的、与相当多的社会成员利益相关的事情，如物价、就业、住房、社会治安等，利益相关度与社会成员对热点的关心度呈现出正相关关系。第二，社会成员的疑虑点。社会热点一般与重大的社会事件有关，往往是社会改革中遇到的难点和关节点问题，但现有的理论不能对其进行充分解释，而一时又没有合适的理论予以解答，因此经常牵动着众多社会成员的心。第三，多样性和周期性。社会热点可以涉及政治、经济、文化及生活等诸多领域，在同一时间、同一空间可以同时存在多个社会热点，但社会热点的生命周期往往不太长，随着时间的推移，人们的注意力会逐渐转移到新的社会热点上。第四，社会评价的多义性。对于同一社会热点，不同的阶层、利益群体和职业群体可能会因持有不同的议论、心态和看法而出现观点相异的情况。

总体上，社会问题与社会热点的区别主要表现在：一是受关注的时间长短不同。社会问题既可以是也可以不是社会热点，只要它没有得到解决或缓解，就会一直存在并为人们所关注；社会热点具有明显的时效性，一旦人们的注意力转移，就会被新的社会热点所取代。二是性质不同。社会问题都是对社会发展有一定危害性的；社会热点则既可能对社会发展有积极促进作用，也可能阻碍社会发展。三是表现形式不同。社会问题可以是显性的，也可以是隐性的；社会热点是显性的。四是涉及范围不同。社会问题关注的是公共麻烦，社会热点关注的可以是个人或社会的发展问题或新的价值观念。

（二）社会问题与突发事件

所谓突发事件，指的是突然发生，并造成或者可能造成重大人员伤亡、财产损失、生态环境破坏、公共安全危机的紧急事件。通常情况下，突发事件分为两种类型：一是自然性突发事件，如自然灾害、事故灾难、公共卫生事件等；二是社会性突发事件，如经济型事件、政治型事件、文化型事件、社会治安事件等。突发事件具有发生的突发性、原因的多样性、影响的社会性、过程的连锁性、后果的危害性、应对的复杂性六大特征。可以看出，社会问题与突发事件不是相同的概念，但两者存在着一定的关联性，即社会问题是某些突发事件产生的社会催化因素，而突发事件的发生原因则不仅仅是社会问题。

（三）社会问题与社会运动

所谓社会运动，是指有组织的一群人有意识、有计划地改变或重建社会制度的规模较大的群众运动，是集体运动发展的高级阶段。社会运动主要有改革运动、革命运动、反动运动和乌托邦运动四种形式。社会运动的特征主要体现在下列方面：一是经历较长的时间，有着比较完整的生命周期；二是有着完善的组织形式，如领导机构；三是有着明确的目的，一般旨在实现社会改革；四是有着初级的意识形态，具有一定的理论和价值观，为社会运动提供理论依据；五是通常代表了某些社会群体的利益和目标；六是需要大量的社会资源。通常情况下，许多社会运动的发生原因是社会问题恶化而长期得不到解决或没有制度化的解决途径，这也就是说，社会问题经常是社会运动发生的原因，而社会运动的出现则是为了解决某些社会问题。

第二节　社会问题的特征与类型

从对社会问题的理论界定中，可知社会问题不同于一般的问题，必须得满足一定的条件并经过一定的界定过程，因而社会问题必然有着自身独特的方面需要人们去关注。因而，对于社会问题的特征进行总结，并将其划分为不同的类型，是深入认识社会问题的必然要求。

一、社会问题的基本特征

社会问题的基本特征是指社会问题的本质及其属性。① 只有正确掌握社会问题的基本特征，才能把握社会问题的基本规律，从而有助于提出社会问题解决的对策与方案。结合社会问题的含义与界定条件和过程，不难发现社会问题具有客观性、普遍性、复杂性和特殊性的特征。

---

① 杨立勋．社会问题界定之探微[J]．湘潭大学学报（社会科学版），1992，16(4)：75—77.

（一）客观性

社会问题是一种客观存在的社会现象。无论社会问题的性质和影响程度如何，社会问题的本质是一种社会客观存在，是不由人们的主观愿望所决定的。社会问题的客观性可以从三个方面理解：第一，社会问题的起因是客观的。第二，社会问题的影响是客观的，而且必然影响到全部或者多数的社会成员。第三，社会问题的解决和控制者是客观的。这就要求大家敢于正视社会问题，而不能对社会问题采取避而不见的态度，否则社会问题只会越来越严重，最终制约整个社会的发展进步。在过去，正是由于人们对人口问题、环境问题等的认识和研究不够，以至于酿成如今制约经济、社会、技术发展的重大社会问题。对于这些前车之鉴，不能不察之。

（二）普遍性

社会问题是一种普遍发生的社会现象，主要体现在空间和时间两个维度上。第一，在空间维度，世界上没有任何一个国家、没有任何一种社会形态、没有任何一种社会制度不存在社会问题。可以说，社会问题具有无国界、无社会形态和无制度性的特征。在任何一个国家和社会形态中，都存在着由内部因素相互矛盾、相互冲突而引发的社会问题。社会问题是无处不在的，大到世界和国家，小到乡村和社区，都存在着自身的社会问题。根据空间范围的大小，可大体上把社会问题分为国际性社会问题、国内性社会问题和地区性社会问题。在不同的社会制度中，也可能存在着相同的社会问题，如环境污染、社会犯罪、道德沦丧等。第二，在时间维度，任何历史时代，甚至某个时代的不同发展阶段，都存在着各自的社会问题，社会问题是无时不有、无刻不在的。这是由于随着时代的变迁，在旧的社会问题得到解决的同时，也可能产生新的社会问题，正是由于有了问题的不断出现，整个社会才得以在社会问题的不断解决中进步。因此，社会问题的空间和时间上的无限性共同构成了社会问题的普遍性。

（三）复杂性

社会问题的形成原因、表现形式和治理手段是复杂的。在形成原因方面，社会问题的产生是多种社会因素综合作用的结果。一般来讲，社会问题的产生既有历史性因素，也有现实导火线；既有宏观的政策体制性因素，也有微观的成员行为原因；既有政治经济因素，也有文化心理因素，还可能受自然环境变化的影响。这些都是社会问题产生的基本原因，如果具体到某一个社会问题，则还要分析其直接因素和间接因素、主要条件和次要条件。因此，在每一个具体的社会问题的背后，往往有着各种复杂的因素或条件的影响，而每一种因素或者条件都可能导致不同的社会问题。在表现形式方面，某一个社会问题往往与其他的社会问题相关联，如贫困问题导致受教育程度低，而低的文化水平又使人们无法找到比较好的工作，而这又可能引起社会犯罪或者家庭破裂。有时，一个社会问题的解决也可能会导致另一个新的社会问题的出现，如为了控制人口过快增长而实行了计划生育，但多年以后又引起了人口老龄化、性别比例失衡、独生子女问题。因此，社会问题有着一因一果、一因多果、多因一果或者多因多果的复杂局面。在社会问题治理手段方面，必须集思广益、协同社会力量进行综合治理方可见效，要求学者在分析社会问题时贯彻整体观念、系统观念和长远利益观念，而坚决不能只是“头痛医头，脚痛医脚”。

小案例：尚存争议的房产税方案

方案一：按面积征收。限定人均40平方米。在操作层面上没有问题，但征起来会遇到一些让老百姓难以接受的状况。比如，一家三口住120平方米的房子不用交税，结果出现不幸事故，孩子在车祸中身亡，父母悲痛欲绝的时候，税务官员赶到，说你们家情况有变化，该交房产税了。这样征收房产税，虽然法律条款可以设计得严丝合缝，征收起来也没有技术上的障碍，但如果出现上面的情况，政府就会很尴尬。

方案二：按套数征收。第一套基本住房不征税，第二套改善型住房税率优惠，第三套住房按照标准税率征收。这有可能会激发离婚潮，还可能使买第一套房的人拼命买大户型。有人也说，有的人第一套房是40平方米，有人是400平方米，应该区别对待，所以这里面现在还有争议。但不管怎样，绝不能按照美国那样，有一平方米就征一平方米的税，这个方法最简单，但是在中国大家接受不了。

（四）特殊性

社会问题的特殊性主要体现在社会生产力、文化背景、时代特征和群体认知的差异方面。一是社会生产力的差异性。社会生产力的发展水平不同，那么社会面临的问题也不相同。当社会生产力发展水平较低时，人们主要关注战争、贫困、失业、流浪等问题；当社会生产力发展到一定程度时，人们关心贫富差距、教育、家庭破裂、青少年犯罪等问题；当社会生产力发展到较高程度、普遍富裕的时候，人们更关注人口膨胀、环境污染、性别歧视、恐怖主义等问题。二是文化背景的差异性。每个社会都有着自己的规范体系、价值观念和社会制度，对具体社会问题的看法也会有所区别，某些社会现象在一个社会文化背景中是社会问题，而在另一个社会文化背景中则可能是正常现象。如，在某些国家由于宗教信仰和风俗习惯的缘故，允许存在一夫多妻的制度，而在多数国家中一夫多妻则是重婚行为，属于触犯法律的行为；在欧美国家，单身是社会成员个人选择的一种生活方式，人们不认为它是一种社会问题，而在中国，则高度关注大龄未婚者群体，把大龄单身者视为一种社会问题。三是时代差异性。每一个时代都有着自己特有的社会问题，因此社会问题具有鲜明的历史阶段性，伴随着社会发展的每一个阶段。同一社会现象在某一个具体的时代或许是一种社会问题，而在另一历史时代可能就只是一种社会现象。如，在传统的农业社会中，多子多孙是人们普遍认可的正面的价值观念，而随着人口过多造成的就业压力、资源紧张等问题日益严重，适当控制人口生育便成为一种新观念。四是群体差异性。不同的社会群体处于不同的社会阶层，有着不同的职业背景、经济利益和道德观念，对于社会问题也可能会存在着矛盾性的判断。如，对于腐败行为，有的人认为它已经成为严重的社会问题，而有的人认为这是发展经济的“赎买金”和“润滑剂”，是社会发展必要的成本。

二、社会问题的类型划分

类型划分是一个有效的分析工具，有助于将研究对象化繁为简，进而清晰地把握事物的特征。通常情况下，对于社会问题进行科学分类，可依目的性、操作性、社会性、清晰性和对应性等标准进行。具体地，根据社会问题产生和发展的趋势与可能性，可分为必发性社会问题和偶发性社会问题；根据社会问题产生与社会结构的关系，可分为结构性社会问题和非结构性社会问题；根据社会问题产生与存在的状态，可分为稳定性社会问题和过程性社会问题；根据社会问题存在的空间范围，可分为全球性社会问题和区域性社会问题。在此，着重介绍常见的社会问题类型：结构性社会问题、变迁性社会问题和越轨性社会问题。但是，需要注意的是，对于任何一种社会问题的归类都不是绝对的，并不需要强制地把某一个社会问题纳入某一类分析框架，如，腐败问题既有社会结构性缺陷的因素，又有社会变迁性的因素，还有个人的因素。因此，应根据研究者的角度，将其划分为不同的类型。

（一）结构性社会问题

所谓结构性社会问题，指的是由某些制度性、政策性的因素或者社会发展中不可逾越的历史阶段引起的社会问题。明显地，结构性社会问题不是由个人因素造成的，不是某一个国家所独有的，而是在世界各个国家都可能会遇到的普遍性问题，如人口问题、就业问题、贫富分化加剧问题、官员腐败问题等。与非结构性社会问题相比，结构性社会问题通常具有全面性、潜伏性、艰巨性、长期性等特点。第一，全面性。结构性社会问题是人类社会发展过程中必然会出现的问题，并非某个特定的地域或时间段才出现，呈现出全面性和跨地域性。第二，潜伏性。一般情况下，结构性社会问题不会表现得特别突出，甚至某些问题在某些阶段会暂时消失，呈现出潜伏性。第三，艰巨性。结构性社会问题大多数是全局的复杂的问题，需要动用全社会的人力、物力和智力进行全面攻关，因而具有艰巨性。第四，长期性。结构性社会问题在短时间内是不可以完全根除的，必须要经过缜密思考、反复实践和攻关，才可能逐渐分化、解决。①

（二）变迁性社会问题

所谓变迁性社会问题，主要是指在发展中国家从农业社会向工业社会变迁的过程中出现的一些伴生现象，它们是社会发展中不可逾越的阶段性现象。变迁性社会问题在发展中国家比较普遍，往往与本国的政治与经济问题交织在一起，使其更加具有复杂性，如城乡二元结构问题、农村剩余劳动力转移问题、资源环境问题、社会救济问题、婚姻家庭问题等。在作为发展中国家的中国，学者广泛关注的农民工、城镇化等问题，基本都与过去长期实行的城乡二元发展战略、户籍制度有着密不可分的联系，基本都属于变迁性社会问题。

（三）越轨性社会问题

根据西方学者的观点，越轨性社会问题属于个人行为偏差，其诱发的原因主要是个人因素。国内学者朱力认为这是具有一定道理的，并把越轨性社会问题分为一般的越轨性社会问题和严重的越轨性社会问题。前者中比较典型的行为有色情、卖淫嫖娼、赌博、吸毒、自杀、精神失常等，后者中比较典型的行为主要是社会犯罪。除了这两者之外，他还提出了浅层次的社会越轨行为，也称为道德性社会问题，即只是偏离了某个具体的社会道德规范。在中国的情境下，通常是指背离社会主义道德规范的社会颓风，如关系网、走后门等。②

---

① 林荧章．结构性社会问题传播中的五大误区[J]．广西师范学院学报（哲学社会科学版），2009，30(4)：118—121．

② 朱力．社会问题的理论界定[J]．南京社会科学，1997(12)：12—19．

第三节 社会问题的解决原则与路径

社会问题的解决是一个长期的艰难而复杂的过程，一般分为治标和治本两个阶段。在治标阶段，主要是由政府有关部门动员社会力量和资源，以求阻止社会问题的持续恶化；在治本阶段，主要是消除社会问题产生的因素，瓦解社会问题产生的条件与环境。由于社会问题是长期以来各种因素相互纠合的结果，解决社会问题并非一朝一夕就可以完成。在社会问题的逐步解决过程中，需要在遵循一些原则的前提下，整合政策、法律法规、传播媒介、社会基层力量和社会工作专业机构的共同力量。

一、解决社会问题的基本原则

社会问题具有客观性、复杂性、特殊性等特征，决定了社会问题的解决必须慎重。尤其是在当代中国的转型社会与风险社会中，必须得注意正确处理好国家与社会之间的关系，坚持整体协调与综合治理相结合。

（一）正确处理好国家与社会之间的关系

国内外学者对于国家与社会之间的关系及其变迁，进行了大量的理论研究和实践研究。学者们一致认为，国家与社会已经由“二分关系”阶段发展到“互动关系”的发展阶段。在国家与社会互动关系的假设中，国家与社会任何一方作为自变量都不足以解释当前的政治与社会变迁，因而需要探讨国家与社会的相互影响与重塑以及两者关系的动态演变。进入21世纪以来，西方学者愈来愈多地开始研究国家与社会如何共同实现环境治理、公共服务价值增值等实践问题，而国内学者也在对社会建设、社会管理、社会治理等的相关研究中，探讨国家与社会关系的转型走向。[①] 党和政府为了缓解社会矛盾、促进社会公平正义，提出了推进治理体系和治理能力现代化，出台了一系列政策措施，进一步推动了国家与社会关系的转型。国家政权作为解决社会问题的根本力量，通过多种手段、方式的运用，可以为社会问题的解决提供强大的物质保证和组织保证，同时动员全社会的力量来解决面广量大的社会问题。社会力量是在解决社会问题的过程中除了国家之外的重要补充力量。只有各种社会主体形成合力，把各种社会资源汇集起来，才能有助于社会问题更快、更彻底地得到解决。然而，当代中国仍存在着社会公共性发育不足、政府掌握的资源过于集中的问题，需要通过制度建设与创新，在增强国家治理、政府治理有效性与合法性的同时，为社会力量的发展释放出较大空间，最终推动国家与社会之间关系的良性互动。

（二）坚持整体协调与综合治理相结合

推进社会治理体制创新是全面深化改革的重要方面，也是解决社会问题的现实需要。而要创新社会治理体制、提升社会治理水平，要求配合使用系统治理、依法治理、综合治理和源头治理四种方式。其中，“风雨同舟”式的系统治理是根本，“春风化雨”式的依法治理是保障，“和风细雨”式的综合治理是基础，“未雨绸缪”式的源头治理是关键。[②] 对于社会问题的有效解决来说，需要坚持整

---

① 郁建兴，关爽．从社会管控到社会治理——当代中国国家与社会关系的新进展[J]．探索与争鸣，2014(12)：7—16．

② 姚亮．坚持四种治理　提升社会治理水平[N]．江西日报，2014—02—24．

体协调与综合治理相结合，这其实就是要求坚持四种治理方式的组合使用。首先，要完善党委领导、政府负责、社会协同、公众参与、法治保障的社会治理体制，即党委在社会问题的解决中居于领导地位，也是确保社会治理活动有效展开的前提条件；政府居于主导地位，可以在社会问题的解决中发挥动员和凝聚力量、组织和协调资源的作用；社会组织、公民个体是重要主体，应积极参与到社会问题的解决中来。其次，要采取法治与德治相结合的方式，既不能单纯依赖法治方式的使用，也不能只注重德治手段的使用，只有把两者真正结合起来，才可能有效解决社会问题并防范社会问题的再次发生。

二、解决社会问题的现实路径

根据需要遵循的正确处理好国家与社会关系、坚持整体协调与综合治理相结合的基本原则，在社会问题的解决过程中需要坚持政策、法律法规、传播媒介、基层社会力量和社会工作专业机构的共同施力。

（一）政策调控

通过对社会问题的理论界定可知，社会问题是来自大众的公共麻烦，以公共性为理论基石，这与公共政策的性质是一致的。① 因此，政策调控是政府解决社会问题的首要选择路径。当面对各种社会问题时，政府必须在充分调查研究的基础上，有选择地纳入政策议程。政策议程的创建其实就是一个对社会问题进行筛选和排序的过程，直接影响到社会利益权威性分配的结果，发挥着过滤、导引与象征等多重功能。这是由于作为政策主体的政府资源和能力有限，不可能对所有的公共问题都给出及时回应，必须以一定时期的自身负荷及能有效动用的资源为基础。② 但是一旦某个问题被纳入政策议程中，就意味着政府会调动所能控制的人力、物力、财力和信息资源，建构一整套的宏观政策制度安排，以应对复杂化和多样化的利益诉求，创造有利于瓦解社会问题的条件，创造不利于社会问题产生和发展的环境，逐步抑制严重社会问题的恶化并推动社会问题的有效解决。如，为了应对贫困和扶贫中的各种问题，党和政府制定了精准扶贫、精准脱贫战略及具体落实措施，尽快使贫困人口真正脱贫并且不返贫；为了确保农民工随迁子女能够正常接受教育，各地政府根据自身承载力都出台了相应的义务教育、职业教育等政策以缓解其教育危机。

（二）法规治理

当一种社会问题经常地重复性出现时，需要考虑使用一种制度化、程序化的解决方式。众所周知，社会问题的切实有效解决是要付出大量的人力、物力、财力等资源成本的，而基于节约时间与成本的考虑，通过法律法规来调控成为人们选择的重要方式。在现代社会中，依法治理是治国理政的基本方式，法治思维是进行社会治理、解决社会问题的基本思维。党的十九大报告中指出，要加强社会治理制度建设，完善党委领导、政府负责、社会协同、公众参与、法治保障的社会治理体制，提高社会治理社会化、法治化、智能化、专业化水平。这就意味着要运用法治思维和法治方式化解社会矛盾，为依靠法律法规解决社会问题提供了政策依据。在法律法规中制定好处理某一类社会问题的原则、方式与程序，并规定好哪些行为不能有，一旦有了以后需要承担什么样的后果等内容。其

---

① 赵铁.社会问题与公共政策的“公共性”整合[J].学术研究，2008(11)：77—83.

② 刘伟，黄健荣.当代中国政策议程创建模式嬗变分析[J].公共管理学报，2008，5(3)：30—40.

实这就涉及了推进社会治理的立法工作,要求针对不断发展变化的新形势,加快社会治理的立法进程,把社会问题处理与解决工作纳入法治化轨道,确保其真正有法可依、有法必依。除此之外,还要加大对社会问题解决主体的法治理念与知识的培训与教育,真正培养起他们运用法治思维和法治方式去化解社会矛盾与问题的意识与习惯。

(三)传播媒介推动

不同于政策和法规在解决社会问题中的作用,传播媒介本身没有解决社会问题的能力,其主要作用在于引发社会重视、调动社会舆论对社会问题形成社会压力以及对公民进行宣传教育等方面。从社会问题的界定过程中可以看到,传播媒介向社会成员报道、渲染和评价某种社会现象,不仅能够引发公众高度参与到对现象的讨论中来,还能够引导公众对于社会现象的反应和看法,甚至在一定程度上影响着政府的决策方向。因此,传播媒介在社会问题的形成和解决过程中影响显著。除此之外,传播媒介的作用还在于宣传教育,既要通过大力宣传先进模范人物的正面事迹来感召人、影响人和带动人,发挥道德示范作用、凝聚社会正能量,又要大力揭露不良社会现象的消极影响,以抑制不良社会影响的扩散,同时要大力推进法律法规的宣传教育,促使人们树立起良好的法治观念,培养人们运用法治思维维护自身的合法权益,推动整个社会走上法治道路。

(四)基层力量化解

坚持源头治理、标本兼治、重在治本,以网格化管理、社会化服务为方向,健全基层综合服务管理平台,及时反映和协调人民群众各方面、各层次的利益诉求。由于当前的社会问题主要发生在基层地区,需要从源头开始抓小、抓早、抓苗头,而社区是化解社会问题的具体操作层面的承担者。党的十九大报告对此有着相应的表述,即加强社区治理体系建设,推动社会治理重心向基层下移,发挥社会组织作用,实现政府治理和社会调节、居民自治良性互动。因此,基层政府组织要与基层群众组织(居委会、村委会等)共同调动人力、物力、财力等资源,通过就业、扶贫、助残、矫治等各种方式,将社区中可能会涉及社会问题的对象纳入治理范围之中。具体地,一是要完善社会保障体系,不断改善民生,确保满足居民的基本生活需求与精神需求,增强公众的满意度与幸福感;二是要推进基层网格化管理,促使矛盾在基层、在源头得到及时有效解决,同时充分发挥乡镇街道、社区组织、群团组织、志愿组织、公民个体等的作用,为公众提供各种优质的社会化服务;三是要建立利益协商对话机制,公正地处理好群众的各种利益诉求。

(五)专业机构介入

随着转型社会和风险社会的双重时代的到来,社会问题之间都存在着一定的关联性,尤其是当多种社会问题交织在一起时,当代社会问题更加呈现出日益复杂的特性。在这种情况下,不仅需要对社会问题的形成机理和影响研究清楚,还要求运用专业化的知识、技能和工具来化解社会问题。不管是政府机构,还是普通的社会组织、公民个人,都往往不具备解决复杂社会问题的能力。这时,就需要专门针对特定社会问题、掌握一定知识与方法的社会工作机构介入进来。社会工作机构是通过汲取社会资源来解决社会问题的一种新的力量。目前,针对各种社会问题的专业性社会工作机构开始不断涌现,如不良青少年矫治机构、弱势群体帮助机构、农民工支持机构等,并在实践过程中不断发展成熟。

本章小结

社会问题是妨碍社会正常运行或协调发展，影响多数社会成员正当利益或生活，违反社会主导价值标准和规范标准，并已经引起社会大众普遍关注的一种社会有害现象。社会问题通常需要满足被意识到的客观事实、来自大众的公共麻烦、违背社会主导价值标准和规范以及需要社会共同改变等条件，经过利益受损者表达不满和发出呼吁，社会问题敏感群体及有识之士发出呼唤，社会舆论与媒体宣扬和推动，公众普遍认识和接受，政府认可、支持和解决的界定过程。要准确理解社会问题，还必须区分其与社会热点、突发事件、社会运动等概念之间的关系。社会问题具有客观性、普遍性、复杂性和特殊性特征，可分为结构性社会问题、变迁性社会问题和越轨性社会问题。在解决社会问题的过程中，要注意遵循正确处理好国家与社会之间的关系、坚持整体协调与综合治理相结合的原则，同时坚持政策、法律法规、传播媒介、基层社会力量和社会工作专业机构的共同施力。

关键术语

社会问题　公共麻烦　社会热点　突发事件　社会运动　结构性社会问题　变迁性社会问题　越轨性社会问题　国家与社会　综合治理

推荐阅读文献

尚重生.当代中国社会问题透视[M].武汉：武汉大学出版社，2007.
朱力.当代中国社会问题[M].北京：社会科学文献出版社，2008.

复习思考题

1. 如何理解社会问题的含义？
2. 社会问题与社会热点之间的关系是什么？
3. 如何理解结构性社会问题与变迁性社会问题？
4. 解决社会问题的途径有哪些？

案例分析题

魏则西事件之始末

2014年4月，西安电子科技大学的大二学生魏则西检查出滑膜肉瘤，这是一种恶性软组织肿瘤，5年生存率是20％～50％。在武警北京总队第二医院历经了4次生物免疫疗法治疗、花费20余万元之后，魏则西的病情没有达到预期效果。而该疗法是他通过百度检索锁定的，当时也得到了李姓主任的许诺（治愈率80％～90％、至少保证20年）。2016年2月，知乎上有人提问："你认为人性最大的‘恶’是什么?”魏则西以他的个人求医经历进行了回答:医院是在百度上搜的,排名领先,疗法“说得特别好”。结果网友告知,生物免疫疗法是被国外临床淘汰的技术。在该帖中,他还质疑了百度竞价排名的医疗信息有误导之嫌。该网帖引发了网友的广泛关注,有言论称武警二院生物诊疗中心早已被“莆田系医院”外包。2016 年 4 月 12 日,魏则西去世。

在魏则西去世之后,他在“知乎”上的一段留言,让武警北京总队第二医院的生物细胞免疫疗法走上台前,成为被追问对象,同时也再度将百度推上了舆论的风口浪尖。百度 2016 年 4 月 28 日回应称,魏则西生前通过电视媒体报道和百度搜索选择的武警北京总队第二医院,百度第一时间进行了搜索结果审查,该医院是一家公立三甲医院,资质齐全。5 月 1 日百度再次回应,称正积极向发证单位及武警总部相关部门递交审查申请函,希望相关部门能高度重视,立即展开调查。5 月 2 日,国家网信办成立联合调查组,百度发布声明,表示欢迎并将全力配合主管部门调查,接受监督,不给互联网虚假信息和违法行为留下可乘之机。

魏则西事件迅速成为网络热点话题,在被朋友圈刷屏的信息中,对百度的讨伐以及由此牵扯出来的中国私营医疗“莆田系”的资本与利益黑幕迅速占据了舆论主流。据公开报道,百度 2013 年的广告总量是 260 亿元,莆田的民营医院在百度上就占据了 120 亿元的广告,其广告投入的 60%给了搜索引擎。加上同样卖身给资本的百度贴吧,百度和资本悄无声息地构建了一个庞大的“蜘蛛网”,在谎言和欺骗中完成对普通百姓最无情的围猎。而在这其中,因为走投无路,很多人把身家性命都赌在了这一个小小的搜索窗口中。

2016 年 5 月 2 日,国家互联网信息办公室发言人发表谈话指出,近日“魏则西事件”受到网民广泛关注。根据网民举报,国家网信办会同国家工商总局、国家卫生计生委成立联合调查组进驻百度公司,对此事件及互联网企业依法经营事项进行调查并依法处理。联合调查组将适时公布调查和处理结果。

资料来源:根据相关公开报道整理而来。

请根据社会问题的理论界定思考和讨论,魏则西事件是一种社会问题吗?请说明理由。

参考文献

[1] 杨立勋.社会问题界定之探微[J].湘潭大学学报(社会科学版),1992,16(4):75—77.

[2] 朱力.社会问题的理论界定[J].南京社会科学,1997(12):12—19.

[3] 青连斌.社会问题的界定和成因[J].中共中央党校学报,2002,6(3):97—102.

[4] 林荧章.结构性社会问题传播中的五大误区[J].广西师范学院学报(哲学社会科学版),2009,30(4):118—121.

[5] 赵铁.社会问题与公共政策的“公共性”[J].学术研究,2008(11):77—83.

[6] 郁建兴,关爽.从社会管控到社会治理——当代中国国家与社会关系的新进展[J].探索与争鸣,2014(12):7—16.

[7] 姚亮.坚持四种治理 提升社会治理水平[N].江西日报,2014—02—24.

[8] 刘伟,黄健荣.当代中国政策议程创建模式嬗变分析[J].公共管理学报,2008,5(3):30—40.

第二章　腐败问题

学习目标

了解当代中国社会中的腐败问题，理解腐败概念的含义及其与相关术语的区别和联系，掌握当前腐败问题的主要表现、特点、形成原因与危害，正确对待反腐败过程中出现的不同声音，进而了解新阶段反腐败工作的持续推进状况。

知识结构

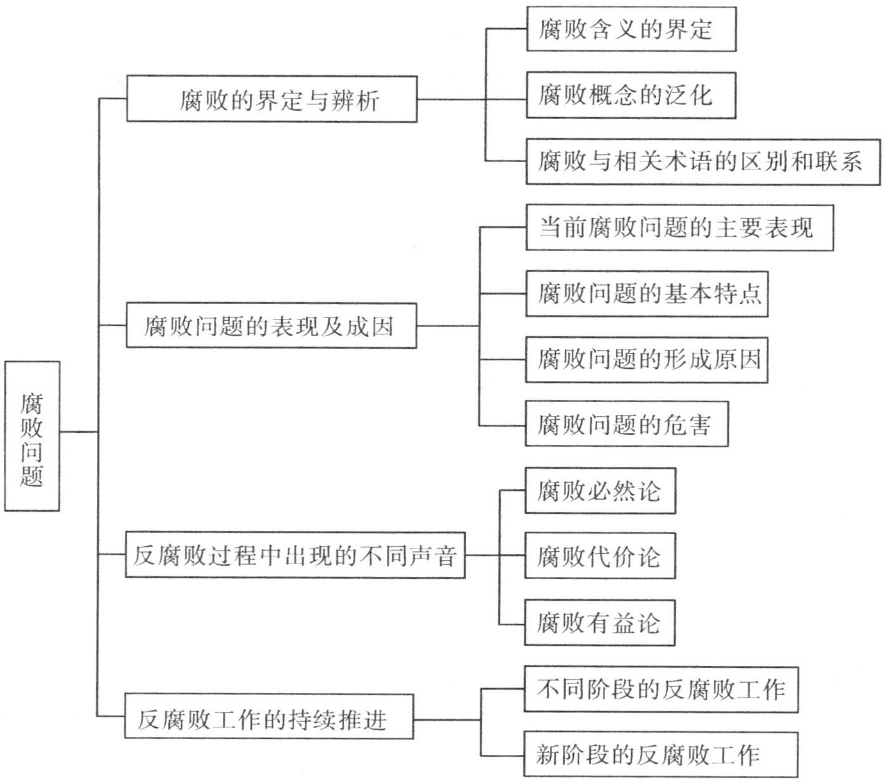

权力导致腐败，绝对权力导致绝对腐败。

——英国思想史学家阿克顿

第一节 腐败的界定与辨析

腐败和反腐败一直是当代世界的焦点话题之一。改革开放以来，我国在取得令人惊叹的经济增长成就的同时，还滋生了不少腐败问题。多次调查结果显示，腐败已经成为当代中国最为突出的社会问题之一。现实中的腐败案件也呈现出多发、高发的态势。但人们对于腐败的概念又是含混不清的，经常与一些社会现象相混淆，因此，分析腐败问题的前提是正确界定腐败概念的内涵。

一、腐败含义的界定

“腐败”一词古已有之，最早出现在《汉书·食货志·上》中，“太仓之粟，陈陈相因，充溢露积于外，腐败不可食”，指的是谷物发霉、腐烂。到了晚清时期，小说《女娲石》出现了“腐败官场”的词汇，用来指专权和腐朽。而邹容的《革命军》把革命者描述成“去腐败而存良善者也”，此处的腐败指的是社会丑恶现象。在西方社会中，腐败对应的英文单词是“Corruption”，意指对某些事物的破坏，如《牛津法律大辞典》的界定是“从原本纯洁的状态中发生的堕落，尤其指出自对捐款人有利的考虑接受金钱或其他好处，也指在淫秽出版物的影响下的堕落”；《布莱克法律词典》指出腐败是“意图给予他人好处的一种行为，这种行为与职责和他人权利是不一致的。官员或受托人利用自己的特殊身份和地位所做出的一种违背其职责和他人权利的一种行为，这种行为意在为自己或他人违法获得某种利益”。可以看出，腐败泛指的是一切事物由生机勃勃、健康的状态向着腐朽、败落状态转变的过程及其表现形态。在马克思主义经典作家的著作中，腐败不仅指代公权私用，还用以形容和批判封建主义、资本主义制度的腐朽。

随着腐败概念的发展，现代的腐败既是政治、经济现象，同时也是社会和法律现象，引起了学者从政治学、经济学、社会学、法学等学科领域展开研究。政治学视角倾向于用公权力、公共职责等政治概念描述腐败，认为腐败是政治权力的异化；经济学视角倾向于从经济收益、商品交换的角度定义腐败，起始于官员利用特权寻租，完成于寻租转变为实际承租，官员获取租金利益，与以市场为中心的定义比较相似，认为腐败是一种权力寻租；在社会学和法学视角下，腐败被定义为公职人员违反法律等社会规范的行为，认为腐败是一种表现为贪污、受贿、渎职等形式的犯罪行为。比较典型的学者(机构)和观点有：塞缪尔·P. 亨廷顿认为：“腐化，即公职人员为了谋取私利而违反公认准则的行为，腐败的基本形式就是政治权力与经济财富的交换。”F. A. 哈耶克认为：“腐败乃是那种强迫我们的意志服从于其他人的意志的权力，亦即利用我们对抗我们自己的意志以实现其他人的目的的权力。”透明国际对腐败下的定义是：“公共部门中官员的行为，不论是从事政治事务的官员，还是行政管理的公务员，他们通过错误地使用公众委托给他们的权力，使他们自己或亲近于他们的人不正当地和非法地富裕起来。”《联合国反腐败公约》没有对腐败概念做出明确定义，而是采用列举的方法，把贿赂、贪污、挪用、影响力交易、滥用职权、资产非法增加等列为需要定罪的腐败行为。国内学者杨春洗认为：“腐败是指执政党组织利用国家机关及其工作人员，包括受其委托从事公务的组织人员，为满足私欲、谋取私利或局部利益而实施的严重违背纪律和法律，侵犯人民利益并造成恶劣政治影响的蜕化变质行为。”黄百炼认为:“腐败就是权力行使者违背公有权力行使的应用界限和目标,将公有权力变为个人或小集团的私有资源并谋取私利的堕落行为。”王沪宁对腐败的定义则非常简洁,即“公共权力的非公共运用”。

延伸阅读:塞缪尔·P.亨廷顿

塞缪尔·P.亨廷顿(Samuel P. Huntington,1927—2008)是美国最有影响力的政治思想家之一,也是当代西方最负盛名的保守派政治学家之一。他早年就读于耶鲁大学、芝加哥大学和哈佛大学,1951年在哈佛大学获博士学位后留校任教,曾担任美国政治学会主席。在政治上,他以保守出名;在学术上,他以当代马基雅维利自诩,以提出极具争议的观点或理论闻名于学术界。他的学术研究横跨政治思想、比较政治学和国际政治学等领域,学术影响逾半个世纪,主要代表作有:《士兵与国家》、《变化世界中的政治秩序》、《美国政治:不和谐的希望》、《第三波:20世纪后期的民主化浪潮》、《文明的冲突与世界秩序的重建》、《我们是谁:美国国家特性面临的挑战》。

如今,腐败更多的是作为一个政治术语出现,主要包括三个方面的含义:一是公共权力的滥用,二是社会丑恶现象,三是制度腐朽。但是,腐败若作为反腐倡廉理论的一个专有名词,就是指对于公共权力的滥用。结合国内外学者的共识,可将腐败界定为:公共权力主体违反公共规则的以权谋私并严重损害公共利益的行为。其中,公共权力主体指的是掌握一定权力的公职人员。腐败要素包括能够运用公共权力的主体、违反公共规则的事实以及谋取私利并严重损害公共利益的行为(包括已经发生或正在发生的),具有主体公职性、行为涉权性、目的私利性、后果严重性等特征。

二、腐败概念的泛化

概念是理论和实践的基石,概念的明确化更是研究和解决问题的基础。对腐败的概念界定不只是一个纯粹的理论问题,还是一个反腐败的实践问题。尽管腐败是现代影响国家政治、经济、社会的重大现实问题,但由于对腐败概念的界定仍未达成共识,没有形成一个统一的定义,造成腐败概念泛化的问题,影响了人们对腐败的正确认识和反腐倡廉工作的进程。

(一)腐败词汇使用的随意性

近年来,在众多新闻媒体上大量出现与腐败相关的词汇,如学术腐败、交通腐败、足球腐败、医疗腐败、低龄腐败等,给人一种腐败无处不在、无时不有的错觉。细究起来,就会发现这些所谓的腐败并不能真正称为腐败,其原因在于对腐败概念的内涵与外延没有准确把握。从对腐败的界定来看,只有同时满足四大要素的行为才属于腐败的范畴,否则属于腐败概念的泛化和滥用。原本应属于社会不良风气范畴的行为,都被归为腐败范畴,这种随意性不仅会降低党和政府的公信力,动摇腐败治理的信心,还会使反腐倡廉工作失去理论基础,严重影响反腐败工作的开展。

(二)腐败行为主体的扩大化

从对腐败含义的界定中可以得出,腐败行为的主体是公共权力主体,也即掌握着一定权力的国家公职人员。公职人员既指的是在国家机关中任职的国家公职人员,也泛指在党组织、国家机关、事业单位、人民团体、公司等社会公共机构中担任领导职务的公职人员。腐败词汇使用的随意性事实上把腐败行为的主体由国家公职人员扩大到了一般干部、群众,甚至是老师、医生、学生等群体,显而易见这是不科学的。

小案例：福利与腐败的关联

逢年过节，一些政府机关、国有企事业单位乃至民企的福利问题便成为热议话题。

什么是福利呢？按照《国家税务总局关于企业工资薪金及职工福利费扣除问题的通知》等规范性文件，现有的福利费通常指为职工卫生保健、生活、住房、交通等发放的各项补贴和非货币性福利。这就涵盖了国有及民营各类企业的发实物及购物卡、消费券行为，一些事业单位也参照上述做法。

什么样的福利不能发呢？根据财政部2009年发布的《关于企业加强职工福利费财务管理的通知》，《企业财务通则》第46条规定，应由个人承担的支出，不得作为职工福利费开支：一是娱乐、健身、旅游、招待、购物、馈赠等；二是购买商业保险、证券、股权、收藏品等；三是个人行为导致的罚款、赔偿等；四是购买住房、支付物业管理费等；五是应由个人承担的其他支出。

近年来，福利开支的"异化"更趋严重，福利与腐败更发生了千丝万缕的联系，主要体现在：一是虚列开支，套取资金。比如，华润集团就虚列"原材料费"，套取854万元为职工发购物卡。二是报销腐败，借机逃税。"一些机关还频频被曝出借买月饼、洋酒开办公用品发票，巧立开支报销。"中国法学会财税法学研究会副会长贾绍华介绍，不把福利列入薪酬而是作为管理开支，其中的"门道"在于增加企业成本，减少所得税税基，实现不缴或少缴所得税。三是采购紊乱，中饱私囊。以实物形式发放的福利采购"一进一出"缺乏监督，成为腐败的高发区。"有的明明花了400万元，发票就开成600万元，已成为腐败分子容易利用的盲区。"四是标准自设，高低不均。部分福利还沦为高管"特供"。以北京市属一家非上市银行为例，其支行副行长发放补充公积金作为福利开支后，个人每月缴存7678元，单位再缴存后达每月15 356元——仅高管的一项福利费标准，就是同企业基层柜员的10余倍。

"从根本上说，部分福利费是传统计划经济的产物，是旧分配体制的一部分，本质是单位内小范围的社会再分配。市场经济、现代会计制度下，福利费需要更透明，改革方向之一就是控制职工福利费在职工总收入中的比重。"

改革职工福利费，一是要清理规范工资外收入，加快货币化改革，堵住采购腐败；二是逐步规范混杂于福利费中的业务支出，加强机关及企事业单位的报销管理；三是更重视福利再分配中的均等化。"从过去以企业为主办福利、自定福利水平的计划经济时代，逐步向社会福利水平的均等化过渡。"

资料来源于：福利与腐败关联有多紧？[N/OL]. 新民晚报.
http://finance.ifeng.com/a/20140911/13098611_0.shtml.

三、腐败与相关术语的区别和联系

正确区分腐败与违纪违法、不正之风、社会丑恶现象等相关术语，既是准确理解腐败含义的要求，也是避免腐败概念使用泛化的途径。

（一）腐败与违纪违法

在反腐倡廉工作中，经常可以看到关于违纪违法问题的通报，这就给人一种腐败等同于违纪违法的感觉，其实两者有着明显的区别。首先来看违纪，其中“纪”主要指的是党纪和政纪。当判定一个人是否违反了党纪时，主要依据是《中国共产党纪律处分条例》，在该条例中规定了130条违反党纪的行为，主要有违反财经纪律、廉洁自律规定和社会主义道德行为，妨碍社会管理秩序行为，腐败行为等，真正属于腐败行为范围的只有20多条；当判定一个人是否违反了政纪时，主要依据是一些规范公务员从政行为的重要文件，如《国家公务员法》、《行政机关公务员处分条例》、《国家行政机关工作人员贪污贿赂行政处分暂行规定》、《财政违法行为处罚处分条例》、《行政事业性收费和罚没收入实行“收支两条线”管理的若干规定》等。除了《国家行政机关工作人员贪污贿赂行政处分暂行规定》中规定的违反政纪行为以及《国家公务员法》、《行政机关公务员处分条例》规定的部分违反政纪行为外，大部分违反政纪行为不属于腐败行为。因此，违反党纪和政纪的行为并非全部符合腐败行为的要素与特征，与腐败行为不完全是一回事。再来看违法行为，一般是指违反国家法律、法规规定的行为，同时要受到相应的法律法规处罚。众所周知，我国法律法规种类众多，对违法行为的处罚程度也有罚款、有期徒刑、无期徒刑、死缓、死刑等。但是，同样地，并非所有的违法行为都是腐败行为，如违反婚姻法、民法的行为不属于腐败，而违反刑法的行为大部分也不是腐败行为。整体来看，根据对国家和人民利益造成损害的程度，违法行为比违反党纪政纪行为更严重，但是违纪不一定违法，而违法一定违纪。违纪违法与腐败虽然有着明显的区别，但也存在着密切的联系，党员干部严重的违纪违法行为大部分属于腐败行为。腐败在一定程度上是违纪违法的前提和条件，违纪违法是腐败造成的结果。

（二）腐败与不正之风

不正之风是指政府部门、公共服务单位及其工作人员发生的带有普遍性、严重性、多发性的不良行政行为或服务行为，其行为主体是政府部门和公共服务单位及其工作人员；客体是公民、法人、社会团体等的合法权益和正当权益。腐败与不正之风是两类不同性质的问题，而且在党风廉政建设和反腐败工作中，查处腐败案件与整顿党风、纠正部门和行业不正之风是不同的工作，具体承担工作任务的职能部门也各不相同。但是，腐败与不正之风既相互区别，又密切相关，有的不正之风性质恶劣、情节严重，本身就是腐败；有的不正之风会诱发腐败；地区和部门大量发生腐败案件，会进一步加重不正之风。发生在群众身边的不正之风和腐败问题，主要有利用职权或工作之便，吃、拿、卡、要、报；乱收费、乱罚款、集资摊派，为本单位或个人谋取私利；不给好处不办事、给了好处乱办事；部分部门难进、脸难看、话难听、事难办等。

（三）腐败与社会丑恶现象

随着经济快速发展、人们自身的需求迅速扩大以及社会网络日趋发达，近年来社会丑恶现象不时暴露在公众视野之下，如聚众赌博、卖淫嫖娼、制毒吸毒等。腐败与社会丑恶现象之间存在着一定的关系，从广义角度来看，腐败属于一种社会丑恶现象；但严格来看，腐败与社会丑恶现象之间又有明显的区别。社会丑恶现象产生于落后的、腐朽的社会观念和风俗，如果其没有与公共权力发生直接关系的话，是不能称为腐败行为的。虽然社会丑恶现象不同于腐败行为，但社会丑恶现象是滋生腐败行为的温床。实践证明，一个地方的社会丑恶现象抬头、泛滥，则那里的腐败案件就会明显上升。比如，卖淫嫖娼违法犯罪活动经常发生在歌厅、夜总会、洗浴中心、发廊等营业场所，这些活动的幕后操纵者往往得到了相关部门工作人员的非法保护和支持，而这正是以大肆行贿为前提的。为此，《娱乐场所管理条例(2016 年修订版)》(国务院令第 458 号)第五条规定：国家机关及其工作人员不得开办娱乐场所，不得参与或者变相参与娱乐场所的经营活动；与文化主管部门、公安部门的工作人员有夫妻关系、直系血亲关系、三代以内旁系血亲关系以及近姻亲关系的亲属，不得开办娱乐场所，不得参与或者变相参与娱乐场所的经营活动。

第二节　腐败问题的表现及成因

腐败不仅是一个理论概念，更是一个复杂的现实社会问题。政治学早有公理：绝对权力导致绝对腐败。在任何存在着公共权力的地方，都存在着腐败问题。如果我们不对腐败问题加以控制，其可能会变得更加严重。因此，尽可能全面分析腐败问题在不同领域中的表现成为重要的任务。在此基础上，总结出当代中国社会中腐败问题的基本特点、形成原因和危害。

一、当前腐败问题的主要表现

研究腐败和反腐败问题的资深学者邵道生认为，每当经济体制发生重大调整时，权力的腐败总是乘虚而入，总是利用手中执掌权力的优势与国(境)内外的不法商人相勾结，疯狂抢占"利益制高点"，将利益的天平向自己、自己的家族、自己的"利益集团"倾斜。现实中腐败问题发生的领域极其广泛且相互渗透，具体表现也各不相同。下面主要从政治领域和经济领域来描述腐败问题的具体表现。

(一)政治领域的腐败

政治领域的腐败通常表现为国家机关及其工作人员违背党纪、政纪和法律，在党和国家政治生活中利用自己手中的权力为自身或他人谋取私利，如投机钻营、拉帮结派、任人唯亲、个人专断、弄虚作假、有法不依、执法不严、官官相护等。具体而言：一是行政立法方面的腐败。立法的纯洁公正关乎法律所代表的民意，关乎法律的公正性和执行力，而现实中的某些立法主体抛开民意和公正，将立法权变成谋取私利的工具。利益输送的违法活动经常在朋友、熟人之间以互通有无、礼尚往来的形式发生，这就使得中国式行政立法腐败更具隐蔽性、区域性、局部性等特点，极易导致塌陷式、制度性腐败。二是行政司法方面的腐败。法律需要法官来参与实施，而法官的正义、智慧决定了司法判决的结果。不公正的司法判决不仅侵害了公民的利益，也使得公民对司法机关甚至法律产生怀疑。三是政绩方面的腐败，主要表现为地方政府官员为了个人或地方利益，虚构或夸大个人或地方业绩，或者不顾群众需要和实际状况做出劳民伤财、浮华无效的工程。四是人事行政方面的腐败，它是在行政人员选拔、任用、奖惩等过程中产生的谋取个人利益的行为，通常表现为任人唯亲、买官卖官等现象。这本质上就是一种对权力和物质的追求，是私欲至上的一种体现。

延伸阅读:腐败感知指数

腐败感知指数:Corruption Perception Index(CPI),反映世界各国企业界、学者、一般民众和风险分析人员对各国腐败状况的主观感受,是目前使用最广泛的腐败衡量指标。CPI 的取值范围为 0～10,0 分表示最腐败,10 分表示最清廉,而 0～10 之间可以分成四个层次:0～2.5 之间表示严重腐败;2.5～5 之间表示比较腐败;5～8 之间表示轻度腐败;8～10 之间表示比较廉洁。

(二)经济领域的腐败

经济领域腐败的发生是与市场发育不健全、行政权力垄断资源配置联系在一起的,主要表现为与经济生活相关的权钱交易、贪污受贿、以权经商、吃回扣、拿红包等行为。根据中央纪委执法监察室主任曾晓东的论述,部分官员利用双轨制索取非法利益,比如群众反映强烈的"官倒"问题,其存在的基础就是价格双轨制;利用资金管理和经济承包中的漏洞,挖蛀国家资财,如在信贷中以贷谋私行为严重,尤其是人情信贷、行政命令信贷、有偿(私吃回扣、抬高利息)信贷、让息或无息信贷等使大量资金流失或沉淀,形成呆账和死账;借机在多种经营或人员分流办公司中,以所谓经营性、政策性亏损为由,变国家资金为集体资金,变集体资金为个人所有,中饱私囊;把全部非法和部分合法资金纳入"小金库",把外部收入或乱收费、吃回扣、劳务费、放贷利息等统统存入"小金库";虚报产值、利润,浮夸成绩,掩盖问题,报喜不报忧,或者编造假项目、假合同、假贷款、假集资,生产假产品等。

二、腐败问题的基本特点

对于当代中国社会的腐败问题的基本特点,不同的研究者根据多年来公开的腐败案件,总结出了其共性规律与趋势,有助于更全面地了解腐败问题,更快地研制出防治腐败的"疫苗"。

(一)"一把手"腐败较为突出

十八大以来,党中央进一步加强了反腐败的工作力度。2014 年中央首轮巡视发现,"一把手"违纪违法案件不仅数量多、危害大,而且呈现上升趋势。"一把手"是一个俗称,并不是严谨的概念。狭义的"一把手"仅指一级政府领导班子的负责人,也就是中央、省、市、县、乡各级党委书记,全国总计约 4.5 万人,这类"一把手"可以称为书记"一把手";广义的"一把手"通常还包括各级政府部门的"一把手",以及国有企事业单位的"一把手"等。在查处的县处级以上贪官中,"一把手"占到 1/3 以上。由于狭义的"一把手"通常握有干部的人事任免权力,其腐败行为除了房地产、工程领域之外,还涉及用人腐败问题。

延伸阅读:"一把手"的腐败

山西翼城县原县委书记武保安与他的妻子在因腐败犯罪接受调查时,曾多次感慨地说:"当书记与当县长就是不一样。"他的体会说明了"一把手"和"二把手"之间的权力有质的区别。武保安在升任县委书记之前,就在该县任县长,其感受具有相当的可信度。正是因为"一把手"的特殊性,其腐败的危害也特别的大。不仅是一般的腐败犯罪情节严重,还可能导致一批人犯罪,形成一个个腐败的网络或集团，其腐败对于党和国家的执政合法性有巨大损害。一些位高权重的"一把手"通过腐败行为，建立起了腐败集团或"王国"，在，而这进一步刺激了他们的野心，他们很可能不满足于经济上的利益，而滋长起政治觊觎，对于党长期执政和国家政权的稳定来说将是一个威胁。

（二）群体性腐败，尤其是家族式腐败严重

群体性腐败主要包括横向集体腐败和纵向连续腐败。从横向看，腐败行为的集体性特征表现为集团化的官商勾结、官官相护，甚至涉及亲友，使得腐败窝案、串案增多，造成塌方式系统性腐败。从一起案件、一个犯罪嫌疑人入手，往往能牵出一大批案件，有的波及一个单位乃至整个行业系统。尤为突出的是家族式腐败屡屡发生，贪腐夫妻档、父子兵形成完整的家族腐败利益链，这在高官腐败中表现明显。官方信息显示，在落马高官的案情通报中，明确提及其配偶、子女等亲属及特定关系人参与利益输送的比例达40%，要么是赤裸裸的权钱交易，官员兜售权力，其家属负责收取贿赂；要么是实现公权力与市场资源的有效利己配置，帮助亲属从事经营活动。从纵向看，腐败行为的连续性特征表现为"前腐后继"的怪圈，在多年来的同一职位上连续发生腐败案件，如湖北省监利县16年里连续四任县委书记落马。

（三）腐败主体多元化，能力较强

目前腐败主体的文化层次、知识水平越来越高，既懂经济又懂法律，反调查能力比较强，其行为更加严谨、缜密。大部分腐败分子的法律知识比较丰富，从实施违法违纪行为开始，就注意同步进行反调查工作。不仅在经济领域、政治领域，科学、文化、艺术等领域都有腐败现象发生，甚至在一些被称为"清水衙门"的部门，腐败现象也偶有发生。一些年轻干部刚走上工作岗位不久就走向了腐化、堕落；一些离退休人员觉得自己辛辛苦苦一辈子，没有捞到什么好处，加上受社会"一切向钱看"错误思想的影响，出于一种补偿心理而利用余权、余热实施腐败行为。

（四）腐败手段迂回，方式更隐蔽

以权谋私期权化，权钱交易收益远期化，此种腐败的表现形式为直接利用权力进行寻租或通过权力干预来施加影响。现实中的表现是：有的高官在位时只帮忙不收礼，待离职后再兑现利益；有的则将部分违法所得投入公益事业以树立道德形象或者谋求政治地位。总体而言，违法犯罪方式更隐蔽，有意培植利益关联方代理作案，最终从中介方获得利益回流。亲朋好友、专家学者和退休干部，成为行受贿犯罪的专业经纪人且担当主力军，其中，退休干部作为行受贿代理人更受欢迎。行受贿"经纪人"是权钱交易的衍生品，只要存在权钱交易的市场，就可能滋生满足行贿人与受贿人之间不法需求的行受贿"经纪人"。同时，腐败问题国际化。腐败分子一方面将自己的非法财产转移到国外以避免监督审查，另一方面又可以在大势已去时提前溜走，或者在东窗事发后使家人在拥有财富的同时免受波及。

三、腐败问题的形成原因

腐败是当前世界各国普遍关注的问题，只有对其形成原因进行深入分析，才能对症下药。作为一个复杂的社会问题，腐败是由个体、正式制度、历史文化等因素综合影响的结果。

（一）个体层面

在“公共选择理论”中，政府建立的目的在于提供公共物品、控制经济运行以及保证社会稳定和法律实施，政治家和政府官员是追求利益或效用最大化的理性经济人，其动机在于追求更多的报酬、权力和威望。代理人或科层组织中的雇员不能获得履行职责的全部收益，也不承担渎职的全部损失。当其履行了职责后也只能得到契约收入，而如果腐败不受查处，除了获得契约收入，其还会得到额外的腐败收益，这可以认为是对个体层面产生腐败行为的一个理论性解释。因此，当代公务员需要具备过硬的政治素质、较高的文化程度以及严格的自我约束与监督，但由于社会转型期新的社会思潮、暂时困难与挫折的出现，加上干部任职条件不严、自我约束与监督缺位等因素的影响，公务员个体层面产生了可能引发腐败行为的问题。当前社会中尊重意识、公仆意识、宗旨意识、规矩意识普遍较为淡薄，形式主义、官僚主义、享乐主义、等级观念、特权思想等还未消除。当一些干部、公职人员出现或此或彼的需求而又不能及时化解时，其原有的信念、信仰，人生观、价值观、权力观等就会发生动摇，更加容易受到现实欲望的刺激，从而滋生私心杂念。有的干部目光短浅、视野狭窄、情趣庸俗，在急功近利、吃喝玩乐、好大喜功等官场不良风气的浸染下逐渐走上贪腐不归路；有的干部信奉“有权不用，过期作废”等人生信条，趁在位时利用手中权力进行钱权交易、权色交易，逐渐地蜕变为腐败分子；有的干部法治观念缺乏，对法律的权威性视而不见，骨子里存在的是权大于法，甚至出现红头文件不如口头文件的现象；有的干部公仆服务意识错位，以权压民，变仆人为主人。

（二）正式制度层面

腐败问题的发生既有公职人员的个体层面的原因，也有正式制度设计、变迁和约束层面的原因。前者是腐败行为产生的内部动机，后者是腐败问题产生的外部条件，两者共同导致了腐败问题的发生及其严重性。通常情况下，正式制度不仅包括宏观的制度环境与制度结构，也包括微观与中观的具体制度安排。

尽管在我国的运动反腐、权力反腐和制度反腐实践中，良好的制度建设已成为治理腐败的关键，但是制度建设过程中仍存在着制度缺陷、制度漏洞和制度软约束的问题。第一，任何的制度设计都不是完美无缺的，在制度设计之初就可能因制度设计主体本身存在利益冲突和行为悖论，或者制度设计下个人现实需求无法满足造成激励扭曲，进而使制度设计本身存在着先天性缺陷。第二，随着社会经济条件的不断变化以及新事物、新情况的不断涌现，需要对原先的制度安排不断修正与补充。现实中的制度变迁因多方利益博弈的过程呈现出渐进性特征，这样一来，时间上的延滞和衔接上的困难导致制度漏洞凸显，进而增加了腐败行为发生的机会。第三，现实中的制度约束软化问题日益突出，就是制度对不良行为的发生起不到应有的约束规范作用，反而导致该行为越来越偏离正轨。具体来看，现有的制度无法提高腐败行为的发现概率，无法对腐败行为进行有效惩处，进而造成公职人员责任感缺失。如，腐败的发现概率在很大程度上取决于对实名举报行为的奖励，要求形成对举报者的保护和激励机制，否则就会降低腐败行为的发现概率，也会进一步强化腐败者的侥幸投机心理；由于现实中的个人责任被过分扩大，同时行为者对其行为的实际后果不负责任，导致公职人员的责任感大大削弱。

(三)历史文化层面

历史文化层面因素属于非正式制度范畴,与个体层面和正式制度层面共同影响着腐败问题的形成与发展。在中华上下五千年的历史文化中,“人治”思想和“官本位”思想对于现代公职人员仍有着难以消除的影响。加上儒家文化的两面性特征,既要求官员自律以制约腐败,又要求民众安于世治,期待圣君贤相、清官廉吏。古代官员中既有如包拯、海瑞等廉洁之士,也不乏腐败骄奢之流。在学者讨论腐败问题时,“贪渎文化”经常被提及,其表象为:由于我国传统人际关系的一大特征是轻视公德、重视私人关系,礼尚往来便使官员贪腐具有了道德支撑。从某种程度上看,当代腐败问题是古老文化的一种延续,贪渎文化正是对我国历史上一直存在的大量腐败现象的反映和总结。现在非正式的社会关系网络盛行,这是一个既不同于计划体制又不同于规范市场化的资源配置系统。一旦这种网络、情感与权钱交易相结合,就会发生大面积的腐败行为。

四、腐败问题的危害

总体上,腐败问题的危害具有潜在性、长期性、严重性等特征,具体表现在下列方面:

(一)政治稳定方面

建设廉洁政治是加强党的建设和政权建设的应有之义,是发展社会主义政治文明的重要内容。这也从侧面说明了腐败问题对于政治稳定的危害不容忽视。具体地看,腐败问题在政治稳定方面的危害体现在:一是恶化干群关系,损害党和政府的形象。造成干部和群众关系疏远和紧张的原因有很多,贪腐行为就是其中一个重要方面。尤其是基层干部与群众接触最多,混迹里面的“苍蝇”无视民众的切身利益,或管理无方,或吃拿卡要,或服务缺失,如果继续将“一言堂”、权大于法、私大于公的理念、方式进行下去,势必会严重影响党和政府在群众中的威信。二是破坏基层民主,加剧社会矛盾。基层组织中的违规提拔、“带病提拔”、买官卖官等现象比较多,甚至在有些地方民主选举也是走形式、走过场。再加上部分官员的弄虚作假、阳奉阴违、瞒上欺下、贪赃枉法等腐败行为层出不穷,直接导致民众对政府整体的不满,使干群矛盾急剧激化。这些矛盾和冲突如果不能及时化解,必然会引发更大的、更多的社会矛盾。

(二)经济发展方面

处理好政府和市场的关系是全面深化改革的一个核心问题,其重要目标就是实现政企分开、政资分开、政事分开、政府与市场中介组织分开,使市场在资源配置中起决定性作用。现实中部分地方官员违反法律规定,过度干预和插手市场经济活动,扰乱了市场经济秩序,造成公共资源损失,最终损害人民利益。可以说,官员腐败的滋生与经济秩序的被干扰是一对孪生兄弟,相随相生。还有就是,在集团化腐败过程中容易形成强势利益集团,左右地方公共政策的制定和实行,对于实现善治、增加民众决策参与度是极为不利的,这些现象在权力监督机制不完善的县区更为明显。买官卖官、跑官要官现象不仅使得部分官员攫取了巨额财产,同时也无形地结成了利益集团。总体上,经济领域的腐败问题往往涉及工程项目、扶贫款项等方面,容易造成工程项目的质量得不到保障,降低公共基础设施的安全性。近年来频发的塌房、倒桥、矿难等安全事故,食品安全、房价居高不下等民生问题背后基本上都能找到腐败的影子。除此之外,还有学者指出,腐败对收入分配也有负面影响，还增加了非正规经济的规模，降低了人力资本积累、城市化水平、金融深化水平和国际贸易。

（三）社会文化方面

腐败的可怕之处在于，它不只是一种行为或者现象，甚至能产生腐败文化，影响整个社会的价值判断。如果说，政治经济对人的影响是直接的、明显的，那么文化思想道德建设的影响则更为深远和隐蔽。腐败文化不仅给官员的腐败逐利披上了文化的外衣，使得官员正在发生腐败行为时或即将发生腐败行为时更为心安理得，还会造成一种不良的社会风气，即人们普遍对官员的腐败行为感到麻木、习以为常，形成当官就是为了发财这样一种错误观点。在这种错误观点的导向下，人人都想当官，人人当官都贪腐，最终受到伤害的是国家和人民的根本利益。因此，整体上看来，腐败对于社会文化的侵蚀，一方面导致普通民众乃至部分官员是非颠倒，引导错误的社会价值取向；另一方面扭曲文化建设，阻碍文化软实力的进一步提升。

第三节　反腐败过程中出现的不同声音

在当前反腐败工作的推进过程中，出现了一些关于腐败的奇谈怪论，并在一定的范围和圈子中甚为流行，这对于正确认识腐败和持续推进反腐败是极为不利的，必须加以明辨。

一、腐败必然论

改革开放以来，我国经济高速发展，与之伴随的是腐败呈蔓延扩大趋势。腐败必然论在不少学者中得以讨论，认为腐败必然论冲垮了反腐败的心理防线。其实早在改革开放之初，当腐败日益成为人们关注的重点时，腐败必然论就已在社会上流行。这种论断主要分理论和实践两个层面：理论上，认为腐败是人类社会发展中一定会出现、非发生不可的现象，腐败是社会前进的伴随物，作为社会历史发展中的“恶”，腐败还是社会历史进步的动力；实践中，古今中外的任何社会只要存在着权力，就存在着腐败，腐败是难免的、必然的。具体说法又可分为四种：一是搞市场经济就免不了会出现腐败；二是经济不发达的国家必然滋生腐败，只有到经济高度发达之后才能逐步消除腐败；三是法制不完善必然产生腐败；四是腐败是市场经济的润滑剂。这些观点对人们的思想产生的影响绝不容小觑。在有些人心目中，能捞钱就是有本事，而不管钱的来路合不合法，长期形成的贪腐可耻的防线从此被冲垮。近些年来选举制度的内在缺陷造成了权力授受过程中的近位关联。这种近位关联分为两种情形：同层次之间的关联和上下层之间的关联。一些时候，选举实际上是走过场，权力的授受往往取决于少数人。然而，由于基本指导思想和运行程序并没有根本改变，任命制的弊端依然存在，而授权充分的优点却不复存在。

二、腐败代价论

腐败代价论的主要观点是：任何事物的存在和发展都需要付出成本，一个国家或地区的经济发展和社会进步也必须付出代价，而腐败就是其中的一种政治代价。如果把进步和发展作为一种收益，那么腐败造成的损失就是应该计入的一种成本。但需要注意的是，这是一种没有必要、没有正面意义的代价和成本，正是我们要竭力减少和避免的，因此必须要回击腐败代价论。腐败代价论产生的原因在于:部分领导干部只关心自己的"官位"进退,不关心群众的冷暖安危;只对个人的得失负责,不对党的事业负责。这些人思想深处折射的是宗旨意识淡漠、群众感情淡化。总体上,腐败代价论简单、片面地把反腐败与经济社会发展对立起来,是极其错误的一种观点。腐败现象涣散人心,干扰经济秩序,破坏投资环境,而反腐败为经济发展凝聚人心,扫除障碍,促进经济发展。为此,需要用事实说话,清除"官商勾结"、"官黑勾结"垄断市场的混乱局面,恢复公平竞争的市场经济秩序,真正优化投资环境,提高"民心指数",增强凝聚力。最主要的是注重引导干部群众正确认识腐败现象与反腐败斗争的长期性、复杂性,克服急躁情绪和悲观情绪,着力培养干部群众"常态反腐败"的心态。

三、腐败有益论

腐败有益论是20世纪80年代后期以来颇有市场的论调,并常常被推崇为能辩证地看待问题的典范。这种论调的出现是基于东亚国家曾经出现的腐败泛滥与经济高速增长并存的现象,主要包括三种形式:一是次优论,即在发展中国家各种僵化制度的特殊情形下,腐败有助于瓦解僵化的或不合理的制度安排,进而提高效率、促进经济增长;二是科斯式讨价还价博弈论,即如果贿赂存在竞争,那么最有效率的行贿者将有能力提供最高的贿赂金额,这样一来,腐败会使资源和机会从效率低的企业流向效率高的企业,提高资源配置效率;三是排队论或润滑油论,即腐败是提高官僚效率,让行贿者时间成本最小化的方式。

对于这些论断,学界给出了严厉的批评,认为腐败不仅不可能创造出良好的制度,甚至可能进一步诱导官员的设租行为;贿赂的金额不仅取决于行贿者能从中得到的好处,也取决于腐败双方讨价还价的能力,那么最终获得资源的极可能是最善于行贿者,而非经济效率最高者;即使腐败能促进商业的运作,也是不可取的。国内外的计量分析证实,尽管腐败可以在市场不完善时起到一定的资源配置作用,但从长远来看,腐败对投资和经济增长有负面影响。保罗·默罗(1995)利用95个国家1960—1985年的样本数据进行横断面分析,结果表明,腐败指数每改进1个标准差,将会使一国投资率提高4个百分点,人均GDP增长0.5个百分点。根据王绍光、胡鞍钢和丁元竹(2002)的估算,1999—2001年间,由于贪污、贿赂、挪用公款、海关走私、国企垄断行业腐败、税收流失、公共机构和公共支出腐败、公共投资腐败、资本外逃腐败、国有企业私有化、各类公共机构乱收费腐败、金融业腐败等,造成的经济损失占每年GDP总量的比重高达14.5%~14.9%。

腐败有益论是一种对社会危害极大的毒素,有悖于经济学基本原理,是一种极端自私利己主义思潮沉渣的泛起,其利益取得是建立在损害社会、损害他人利益的基础上。腐败有益论使腐败获得了一种文化理论上的支持,渗透到一些人的思维习惯和日常行为模式之中,渗透到当今社会生活深处,对社会风气和人们的生活方式会产生潜移默化的影响。鼓吹腐败有益论是对人类创造的优良制度文明的反动,要取得反腐败斗争的胜利,就必须旗帜鲜明地批驳腐败有益论。

第四节 反腐败工作的持续推进

马克思主义学说认为,腐败是一个大问题,必须要重视这个问题,要严厉打击腐败分子,决不能手软。毛泽东同志曾严肃地在全党指出，腐败现象是社会主义社会的一个基本乱源，轻则引起群众的反对和不满，重则会引起“第二次革命”，造成干部“霸王别姬”，党和国家改变颜色的局面。新时期，在以习近平同志为核心的党中央领导下，以壮士断腕之势严厉打击腐败，坚持“老虎苍蝇一起打”，反腐败取得了阶段性的胜利。

一、不同阶段的反腐败工作

腐败是一个历史性和世界性的问题。自新中国成立以来，党和政府一直进行着反腐败的斗争，大致经历了改革开放之前和改革开放以来两个大的阶段。

（一）改革开放之前的反腐败工作

新中国成立后，军队由农村转入城市，中高级干部数量增多，重点任务是防止军队生活腐化堕落。为防止权力失去监督进而滋生腐败，党和国家建立了强有力的监督机关。1949 年 11 月 9 日，中共中央发出《关于成立中央及地方各级党的纪律检查委员会的决定》，由朱德担任中央纪律检查委员会书记；同时，根据《共同纲领》第十九条的规定，成立了隶属于政务院的人民监察委员会，由著名民主人士谭平山担任主任。从 1950 年下半年起，全党开展了整风运动，1951 年至 1954 年开展了整党运动。整风的重点不仅是学风和思想作风，还包括官僚主义等现象在内的工作作风和生活作风。同时，整风方式被推及国家政权机关，与廉政建设结合起来，成为防治腐败的重要措施。1951 年 12 月起全国开展以反对贪污、反对浪费、反对官僚主义为内容的“三反”运动。1952 年 4 月新中国第一个惩治腐败的刑事法规——《中华人民共和国惩治贪污条例》颁布。当时最具典型性的事件是查处刘青山、张子善特大贪污案。1953 年至 1954 年上半年，总政治部直接受理的师以上党员干部违法乱纪案件中，30%属于生活腐化问题。1954 年 9 月，第一届全国人民代表大会第一次会议决定，正式设立国家监察部，钱瑛被任命为监察部部长。从此，新中国有了覆盖全党的专门监督机关和执纪机关，初步奠定了中国共产党执政后纪律检查体制和纪律检查工作的基本格局。

1956 年 9 月，中共召开第八次全国代表大会，标志着我国开始进入全面建设社会主义时期。刘少奇在第八次全国代表大会的政治报告中指出：今后我们必须经常从思想上和组织上进行反对腐化堕落的斗争，经常把不可救药的腐化堕落分子清除出党。1956 年 11 月，毛泽东在中共八届二中全会上讲话强调，要警惕党内形成脱离人民的贵族阶层，建议自 1957 年下半年起开展以整顿主观主义、宗派主义、官僚主义为内容的党内整风运动。1963 年，先后在全国部分城市开展新“五反”运动和在全国农村开展“四清”运动，打击对象是城市和农村基层政权中的蜕化变质分子。总体来看，当时是在“左”倾理论的指导下开展反腐败斗争，虽然打击了一些腐败分子，但同时损害了大批的基层干部，严重地挫伤了广大基层干部社会主义建设的积极性。“文化大革命”期间，滥用权力、拉帮结派、专横跋扈现象严重，使党风、政风、社会风气受到严重污染。直到 1975 年，邓小平全面主持党政军工作，开始对全国进行整顿，其中包括对军队的整顿。全军上下普遍开展“反骄破满”教育和作风纪律整顿。一部分违反群众纪律的人员和单位，受到了批评和处理；对部分人和单位占用地方大量房屋、土地及其他财物的，按军委要求进行清退，暂时不能清退的要向地方做出解释和交代。邓小平对军队的整顿为全军官兵所接受，保证了军队的战斗力和纯洁性。

（二）改革开放以来的反腐败工作

改革开放以来，党对腐败现象和反腐败斗争的重要性、紧迫性的认识经历了一个逐渐发展的过程。1982年，十二大指出："现在我们正在深入进行打击经济领域中严重犯罪活动的斗争。进行这种犯罪活动的，除了社会上的不法分子，还有党内、政府和军队内部的极少数被资本主义思想腐蚀的腐化变质分子。""对这些破坏分子必须依法给予严厉的惩处。"1984年《中共中央关于经济体制改革的决定》指出："越是搞活经济、搞活企业，就越要注意抵制资本主义思想的侵蚀，越要注意克服那种利用职权谋取私利的腐败现象。"1989年十三届四中全会强调，要"大力加强党的建设"，"坚决惩治腐败"。1992年十四大提出："坚持反腐败斗争，是密切党同人民群众联系的重大问题。要充分认识这个斗争的紧迫性、长期性和艰巨性。"1997年十五大进一步明确提出："反对腐败是关系党和国家生死存亡的严重政治斗争。"2002年十六大提出："坚决反对和防止腐败，是全党一项重大的政治任务。"2007年十七大创造性地提出了反腐倡廉建设这一重要概念，并将反腐倡廉建设同党的思想建设、组织建设、作风建设、制度建设并列为党的建设的重要组成部分，强调"着力加强反腐倡廉建设"。

总体看来，改革开放新时期的反腐败工作主要体现在下列方面：一是确立了反腐倡廉建设的总体思路。十三大首次提出"在党的建设上走出一条不搞政治运动，而靠改革和制度建设的新路子"，并且指出，"必须把反腐败寓于建设和改革之中"。党的十五大明确提出："坚持标本兼治，教育是基础，法制是保证，监督是关键。通过深化改革，不断铲除腐败现象滋生蔓延的土壤。"党的十六大提出："坚持标本兼治、综合治理的方针，逐步加大治本的力度。"十七大强调："更加注重治本，更加注重预防，更加注重制度建设。"二是形成了反腐倡廉建设的领导体制和工作机制。中共中央、国务院先后颁布和修订了《关于实行党风廉政建设责任制的规定》。十一届三中全会重建纪委，选举产生了以陈云为第一书记的中央纪委。十二大党章专门列了"党的纪律"和"党的纪律检察机关"两章，明确规定了纪委的领导体制和主要任务。十六大党章重新确定了纪委的职能，明确纪委发挥组织协调作用，承担三大任务和五项经常性工作。三是构建与完善惩治和预防腐败体系。正确运用政策和策略查办案件，宽严相济、区别对待，综合运用法律、纪律、经济处罚、组织处理、行政处罚等多种方式惩处违纪违法行为，更加注重办案的政治、经济和社会效果，充分发挥办案的警示教育作用和在治本方面的建设性作用。通过建立健全反腐倡廉的各项基本制度和配套制度，逐步形成用制度管权、用制度管事、用制度管人的长效机制。四是在反腐败领域加强了国际交流与合作。中央纪委和监察部同80多个国家和地区的反腐败机构开展了友好交往。我国还成功举办了重要的国际反腐败会议，多次参加国际性反腐败和廉政建设会议，在国际舞台上展示了我党和政府反腐败的决心和能力。在缉拿外逃贪官方面也取得了重大进展，打击了腐败分子的嚣张气焰，维护了我国司法主权，追回了大笔涉案资金，挽回了国家的部分经济损失。

二、新阶段的反腐败工作

反腐败是十八大以来最令人关注的国家政务焦点，习近平总书记用三个"依然"来形容当前的腐败形势，即"腐败现象依然多发，滋生腐败的土壤依然存在，反腐败斗争形势依然严峻复杂"。

通过对比发现，在保持之前的判断的同时，加入了“复杂”二字，“这个判断到目前为止没有发生根本性变化，这说明反腐败永远在路上”。“中央对反腐败形势的判断，表明当前中国反腐败工作已经进入新阶段。”

(一)突出廉洁政治

十八大报告明确提出要建设廉洁政治。反对腐败、实现廉洁是世界范围内反腐败工作的共同目标，也是我国反腐败工作的目标。廉洁政治已经被提升到党和国家的高度，并首次被列为官方反腐败战略的目标。习近平在十八届中共中央政治局第一次集体学习时讲道：“反对腐败、建设廉洁政治，保持党的肌体健康，始终是我们党一贯坚持的鲜明政治立场。”在第十八届中央纪律检查委员会第二次全体会议上，习近平指出：“党的十八大提出建设廉洁政治的重大任务，要求做到干部清正、政府清廉、政治清明。这‘三清’对党风廉政建设和反腐败斗争提出了更高的要求。”王岐山书记在十八届中央纪委二次全会的工作报告中提出：“强调反对腐败、建设廉洁政治，是党一贯坚持的鲜明政治立场，是人民关注的重大政治问题，要坚持中国特色反腐倡廉道路，做到干部清正、政府清廉、政治清明……要树立长期作战思想，注重深化改革，健全体制机制，加强源头治理，逐步铲除滋生腐败的土壤和条件，不断以反腐倡廉实际成效推进廉洁政治建设。”习近平总书记在十八届中央纪委三次全会上深刻指出：“不断铲除腐败现象滋生蔓延的土壤，必须深化各领域改革，更加注重改革的系统性、整体性、协同性，与防范腐败同步考虑、同步部署、同步实施，避免出现制度真空，堵塞一切可能出现的腐败漏洞，保障改革健康顺利推进。”十八届六中全会通过的《关于新形势下党内政治生活的若干准则》的第十二部分中强调：“建设廉洁政治，坚决反对腐败，是加强和规范党内政治生活的重要任务。”十九大报告更是指出，只有以反腐败永远在路上的坚韧和执着，深化标本兼治，保证干部清正、政府清廉、政治清明，才能跳出历史周期律，确保党和国家长治久安。按照党的战略部署要求，反腐败必须树立整体性视野，从规范国家权力运行秩序、推进民主政治建设进程的战略高度来谋篇布局，与全面深化改革各项任务同步谋划、同频推进，在政策取向上相互配合，在实施过程中相互促进，在改革成效上相得益彰。

(二)强化监督的“无禁区、全覆盖、零容忍”

以习近平同志为核心的党中央在判断反腐败斗争形势的基础上，提出了“信任不能代替监督”的重要论断，坚持反腐败“无禁区、全覆盖、零容忍”的思想和理念，以全力查处腐败问题。一是始终保持遏制腐败的高压态势。2014 年 10 月 23 日，习近平总书记在十八届四中全会第二次全体会议上强调：“深入推进反腐败斗争，持续保持高压态势，做到零容忍的态度不变、猛药去疴的决心不减、刮骨疗毒的勇气不泄、严厉惩处的尺度不松，发现一起查处一起，发现多少查处多少，不定指标、上不封顶，凡腐必反，除恶务尽。”这既是对反腐败“无禁区、全覆盖、零容忍”思想和理念的深刻论述，同时也彰显了党中央有腐必反的决心和态度。所谓“无禁区”，是指党纪国法面前人人平等，党内监督没有禁区、没有例外，党内不允许有不受制约的权力，也不允许有不受监督的特殊党员。所谓“全覆盖”，是指坚持“老虎”和“苍蝇”一起打，既坚决查处领导干部违纪违法案件，又切实解决发生在群众身边的不正之风和腐败问题。所谓“零容忍”，是指坚持有腐必反、有贪必肃，“凡是损害党的先进性和纯洁性的病症都要彻底医治，凡是滋生在党的肌体上的毒瘤都要坚决祛除”，“党内决不允许有腐败分子藏身之地”，“不管腐败分子跑到天涯海角，也要把他们绳之以法”。2016年10月的十八届六中全会继续把反腐败“无禁区、全覆盖、零容忍”思想和理念制度化，通过了《中国共产党党内监督条例》，并在公报中首次提出“建立党内监督体系”。2017年10月的十九大报告中，提出“要坚持无禁区、全覆盖、零容忍，坚持重遏制、强高压、长震慑，坚持受贿行贿一起查，坚决防止党内形成利益集团”。二是把握遏腐惩贪的具体路径。各级纪检监察机关坚持“抓早抓小”，建立健全早发现、早处置机制，对相关人员“拍拍肩膀、拉拉袖子、咬咬耳朵”，防止小毛病养大、“小苍蝇养肥”；构筑反腐败的党纪国法防线底线、思想道德防线高线，避免党员干部在两线之间做“自由落体运动”；把追逃追赃工作纳入党风廉政建设和反腐败斗争总体部署，把反腐败斗争引向深入；注重开展APEC主场外交，推出中国主导的《北京反腐败宣言》，推动国际反腐新秩序的构建。

（三）坚持以标促本的“标本兼治”思想和理念

习近平总书记指出：“深入推进全面从严治党，必须坚持标本兼治”，“要坚持治标不松劲，不断以治标促进治本”。“治标，对腐败分子能够起到惩治、震慑、遏制作用，突出‘惩’的功能。治本，对权力进行制约和监督，对腐败现象能够起到预防、阻拦作用，重在‘防’的功能。在腐败存量比较大的情况下，只有以治标为先，才能遏制腐败现象滋生蔓延的势头。”可以看出，治标主要是强化惩治，“老虎”、“苍蝇”一起打，目的是“治已病”、减少腐败存量；治本主要包括制度建设、纪律建设、道德建设、党性修养，目的是“治未病”、遏制腐败增量。为把以标促本的“标本兼治”思想和理念具体化，党中央提出了反腐败的“三阶段论”，即坚持党要管党、从严治党，正风肃纪、反腐肃贪，坚决遏制腐败蔓延势头，形成“不敢腐”的有力震慑；把严肃纪律作为治本之策，守住纪律底线，穿越底线动辄得咎，强化“不能腐”；坚持理想信念宗旨这条高线不动摇，最终达到“不想腐”。当前，“不敢腐的目标初步实现，不能腐的制度日益完善，不想腐的堤坝正在构筑，党内政治生活呈现新的气象”。

（四）发挥巡视的“利剑”作用以强化党内监督

“巡视是党章赋予的重要职责，是加强党的建设的重要举措，是从严治党、维护党纪的重要手段，是加强党内监督的重要形式。”习近平总书记“四个重要”的精辟概括，不仅为巡视工作指明了方向，而且为反腐倡廉建设找到了重要抓手。他对巡视给出了明确的职责定位，指出：“巡视工作就是要发现和反映问题。”“巡视组要当好中央的‘千里眼’，找出‘老虎’、‘苍蝇’，抓住违纪违法问题线索。”此外，还强调推动巡视内容、方式方法、制度建设等方面与时俱进，完善工作机制，增强巡视工作的针对性、实效性，发挥巡视的遏制作用，切实运用好巡视成果。2013年，中央政治局、中央政治局常委会审议通过《建立健全惩治和预防腐败体系2013—2017年工作规划》、《中央巡视工作规划（2013—2017年）》，并实行巡视组组长不固定、巡视对象不固定、巡视组与巡视对象关系不固定，建立巡视组组长库，一次一授权，选派有经验的办案人员参加巡视，以提高巡视质量和水平。巡视方式方面，常规巡视和专项巡视“双线出击”，中央巡视和地方巡视“双剑合璧”，不断提高直击问题的精准度。2017年，党的十九大报告中指出，“深化政治巡视，坚持发现问题、形成震慑不动摇，建立巡视巡察上下联动的监督网”。在中央纪委立案审查的中管干部中，50％以上是根据巡视移交的问题线索查处的，中央组织部对巡视移交的、反映较为集中的选人用人问题进行专项检查，已处理纠正和追究问责1100多人。巡视制度和巡视工作正日益成为党风廉政建设和反腐败斗争的“撒手锏”，

"出剑效率更高","用剑准度更高","磨剑水平更高"。

本章小结

腐败是公共权力主体违反公共规则的以权谋私并严重损害公共利益的行为,包括能够运用公共权力的主体、违反公共规则的事实、谋取私利并严重损害公共利益的行为(包括已经发生或正在发生的)等要素,具有主体公职性、行为涉权性、目的私利性、后果严重性等特征。腐败与违纪违法、不正之风、社会丑恶现象等术语之间既相互区别,又相互联系。腐败呈现出"一把手"腐败突出、群体性腐败严重、腐败主体多元化、腐败手段迂回和隐蔽的基本特点,对政治稳定、经济发展、社会文化建设等方面产生了长期的、潜在的危害。作为一个复杂的社会问题,腐败是由个体、正式制度、历史文化等因素综合影响的结果。在反腐败工作推进过程中,出现了腐败必然论、腐败代价论、腐败有益论等不同声音,并在一定的范围和圈子中甚为流行,必须对此加以明辨。自新中国成立以来,党和政府一直进行着反腐败的斗争。十八大以来,中国反腐败工作进入了新阶段,突出廉洁政治,强化监督的"无禁区、全覆盖、零容忍",坚持以标促本的"标本兼治"思想和理念,发挥巡视"利剑"作用,以强化党内监督。

关键术语

腐败　公共权力　公共利益　违纪违法　不正之风　社会丑恶现象　群体腐败　正式制度　反腐败　廉洁政治　无禁区　全覆盖　零容忍　标本兼治　巡视

推荐阅读文献

邵景均. 科学发展观视野下的反腐败 6 论[M]. 北京:中国方正出版社,2007.

本书编写组. 反腐倡廉学习读本[M]. 北京:新华出版社,2013.

[美]魏德安. 双重悖论:腐败如何影响中国的经济增长[M]. 蒋宗强,译. 北京:中信出版社,2014.

复习思考题

1. 腐败具有什么特征?
2. 腐败的形成原因有哪些呢?
3. 腐败的危害是什么?
4. 如何看待社会上存在的关于腐败的不同声音?
5. 如何持续推进反腐败工作?

案例分析题

层出不穷的“小官巨贪”

十八大以来，党中央坚定不移地深入推进反腐败工作，在“老虎”、“苍蝇”一起打的高压之下，一批贪污腐败分子受到了党纪国法的严惩。人们发现，不仅是“大老虎”值得高度警惕，一些不引人注目的小官贪腐也可能演变成为巨贪，“小官巨贪”现象在中央巡视组的反馈报告中频频被提及。

“小官巨贪”案件，是指职务犯罪人员职务、级别不高(在此特指基层科级以下干部)，但涉案金额在50万元以上的案件。2012年以来，江苏省镇江市检察机关查办此类案件共60件72人，其中，2012年查办6件7人，2013年查办12件13人，2014年查办13件16人，2015年查办17件23人，2016年上半年已查办12件13人，呈逐年上升趋势。在所办案件中，涉案金额50万元至100万元有12件，占查办案件总数的20%；涉案金额100万元至500万元有37件，占查办案件总数的62%；500万元至1000万元有4件，占查办案件总数的7%；1000万元至1亿元有5件，占查办案件总数的8%；1亿元以上有2件，占查办案件总数的3%。“小官巨贪”案件频发，不仅危害后果严重，而且群众反映强烈，严重影响了干群关系，亟须引起重视。

“小官巨贪”案件主要有以下特点：

一是基层党政领导干部占相当比例。随着国家对基层基础工作扶持力度不断加大，基层党政领导干部直接管理和发放的资金量较大，极易滋生严重腐败。在查办的案件中，涉案人员中担任基层党政组织领导职务的有17人，其中镇(街道)党委书记6人，镇长、副镇长6人，村(社区)支部书记5人。

二是重要岗位权力节点和民生民利领域成发案重灾区。在检察机关所查办的案件中，有36名涉案人员为一般工作人员，占所查办总人数的一半。这些人员通常掌握资金管理、项目审批等实权，所在的岗位处于重要权力节点，以权谋利、中饱私囊的空间很大。同时，发生在新农村建设、惠民补贴、征地拆迁、医疗卫生等民生民利领域的案件有35件41人，占涉案总人数的58.3%。

三是涉案人员系统化、群体化现象明显。“小官巨贪”案件大多伴随“群蛀”现象，在共同经济利益链条的驱动下，涉案人员相互勾结，利益均沾。有的还把家庭当成了权钱交易场所，间接搞利益输送掩人耳目，亲人、情人等特定关系人成了贪腐利益共同体。在查办的案件中，属窝串案的有42件53人，占所查办案件总数的70%。

四是作案手段日趋智能化、隐蔽化。“小官巨贪”案件多为“能人腐败”，作案大都经过精心策划，手法多样。涉案人员基层经验丰富，熟悉相关政策法规，有的涉案人员利用上下信息不对称的机会为自己敛财，有的涉案人员利用政策漏洞为自己谋利，仅从表面审查很难发现。部分涉案人员以“人情往来”、“业务回扣”名义进行累积式敛财，并对作案痕迹加以掩饰，一发现风吹草动即进行串供、销毁物证、转移藏匿财产，导致此类案件查证难、追赃难问题突出。

资料来源：“小官巨贪”案件四大特点亟须警惕[N]. 检察日报，2016—08—07.

请讨论：“小官巨贪”案件产生的主要原因有哪些？应如何遏制“小官巨贪”？

参考文献

[1] 李晓明,张长梅.腐败概念的泛化与界定[J].当代法学,2008,22(3):52—57.

[2] 杨芳.共词分析:腐败概念之再审视[J].广州大学学报(社会科学版),2013,12(4):11—15.

[3] 秦馨,黄义英.实践理性视角下腐败的概念内涵探析——反腐败的法治认同功能研究系列论文之一[J].学术论坛,2017(2):128—133.

[4] 岳磊.腐败行为的概念界定及其对我国的适用——基于社会学视野的探析[J].郑州大学学报(哲学社会科学版),2013,46(2):18—22.

[5] 雷玉琼,曾萌.制度性腐败成因及其破解——基于制度设计、制度变迁与制度约束[J].中国行政管理,2012(2):110—113.

[6] 王沪宁.论中国产生政治腐败现象的特殊条件[J].上海社会科学院学术季刊,1989(4):72—80.

[7] 曾晓东.当前腐败现象的特点[EB/OL].http://www.qlgov.org/phtml/19950315/2281.html.

[8] 邓崧,李目文.中国省部级官员腐败问题研究——以2009—2015年50个案件为例[J].北京航空航天大学学报(社会科学版),2017,30(1):1—9.

[9] 曾明,李闯.腐败类型、腐败层级和反腐败省际分布——基于党的十八大以来被查处官员数据分析[J].领导科学,2017(3):55—58.

[10] 张欣.新时期行政腐败诱因及对策分析[J].理论与当代,2012(2):30—33.

[11] 冯曦,陈海春.权力监督制约缺失下县委"一把手"腐败问题思考[J].湖北社会科学,2013(6):32—36.

[12] 杨春学.中国经济模式与腐败问题[J].经济学动态,2011(2):43—49.

[13] 聂辉华,王梦琦.政治周期对反腐败的影响——基于2003~2013年中国厅级以上官员腐败案例的证据[J].经济社会体制比较,2014(4):127—140.

[14] 李耀波.新中国建立后反腐败斗争的历史考察[J].华南师范大学学报(社会科学版),2001(3):75—88.

[15] 邓晓川.中国共产党反腐败的历史考察[J].厦门特区党校学报,2014(5):21—26.

[16] 李献峰.中共三代中央领导集体反腐败比较研究[J].郑州大学学报(哲学社会科学版),2007,40(6):23—27.

[17] 任建明,马喆.廉洁政治:概念与目标[J].理论与改革,2017(5):10—19.

[18] 张荣臣.习近平党风廉政建设和反腐工作思想梳理——兼论中国共产党从严治党历史经验[J].人民论坛,2015(4):24—28.

[19] 邱静.浅谈习近平总书记关于党风廉政建设和反腐败斗争的新理念新经验[J].行政与法,2017(8):10—16.

[20] 汲传排.十八大以来党中央反腐败思想和理念的重大创新[J].前线,2017(8):51—57.

[21] 吴桂韩.十八大以来党风廉政建设新思想新观点新举措[J].理论学习,2017(8):7—11.

第三章　人口问题

学习目标

了解当代中国社会中的人口问题，形成对于人口问题比较清晰的概览框架，掌握当前人口问题的主要表现、形成原因和连锁性影响，了解不同历史阶段的人口政策变迁，梳理现行人口政策的形成脉络，进而理解新形势下全面两孩政策的出台和实施效果。

知识结构

- 人口问题
  - 人口问题的界定
    - 人口对于社会的作用力
    - 人口问题的含义界定
  - 人口问题的主要表现及成因
    - 当前人口问题的主要表现
    - 人口问题的形成原因
    - 人口问题的连锁性影响
  - 应对人口问题的政策变迁与成效
    - 不同历史阶段的人口政策变迁
    - 全面两孩政策的出台及其实施成效

人类数量增多到必须为其增长规定一个限度的这种抽象可能性当然是存在的。

——恩格斯

第一节　人口问题的界定

2015年10月，党的十八届五中全会做出“坚持计划生育的基本国策，完善人口发展战略。全面实施一对夫妇可生育两个孩子政策”的重大部署；12月，第十二届全国人民代表大会常务委员会第十八次会议修改了《人口与计划生育法》，发布了《中共中央　国务院关于实施全面两孩政策　改革完善计划生育服务管理的决定》。全面两孩政策的落地标志着生育政策的重大调整，在当代中国人口发展历史上具有里程碑式意义。人口生育率、老龄化、性别比失调等人口问题的相关词汇再次进入公众视野，迅速成为社会关注的热点问题。人口问题本身是一个比较宽泛的概念，只有对其内涵进行准确界定，才能深入分析人口问题的表现、成因与影响。

一、人口对于社会的作用力

狭义的人口概念是特定时空下的一定数量和质量的人的总称。人口具有多维度的特征属性（数量、质量、区域分布、性别比、年龄构成等）和多层次的社会关系（家庭关系、民族关系、经济关系、政治关系等）。人口的特征属性和社会关系的发展变化，影响着社会生活的各个领域。

人口是构成社会的基本要素。马克思和恩格斯认为：“任何人类历史的第一个前提无疑是有生命的个人的存在。”[①]人与社会的辩证关系是显而易见的，社会是人的社会，人是社会的人。从这个角度看，一定数量的人口是构成社会的基本要素，是社会存在的合理性保证，更是社会发展的必要前提。第一，人口影响资源配置，人口发展是一个伴随有资源消耗的过程。无论是有形的矿产、能源、水、土地等自然资源，还是医疗、教育、卫生等公共服务资源，都会随着人口特征属性的变化而改变配置方式。如果配置方式不当，就会无法满足人口均衡发展的需要，进而引发一系列的自然环境或社会问题。特别是在我国人口多、底子薄、自然资源人均占有量低、公共服务资源供给不力的情况下，人口对于资源的需求更为敏感，更易因人口问题而引发环境与社会问题。第二，人口影响经济发展。人口作为生产要素直接参与到生产环节中，为经济发展提供劳动力要素支撑，还影响着产业发展和国际分工。同时，人口也是影响消费市场的主导因素，其特征属性和社会关系的变动必然对经济发展产生深刻的影响。如，人口红利就是一个体现了人口年龄结构变化对经济发展显著影响的典型概念。

总体上，人口是一个发展变化的概念，在人口—资源—经济的巨大系统中，三者相互作用、相互影响、相互协调，并影响着社会发展的各个领域。

① 中共中央马克思恩格斯列宁斯大林著作编译局. 马克思恩格斯全集（第3卷）[M]. 北京：人民出版社，1960.

背景知识:人口红利

“人口红利”最先出现在1997年世界银行发布的《世界发展报告》中。该报告认为,一国人口生育率的迅速下降在造成人口老龄化加速的同时,少儿抚养比例迅速下降,劳动年龄人口比例上升,在老年人口比例达到较高水平之前,将形成一个劳动力资源相对丰富、抚养负担轻、于经济发展十分有利的黄金时期。

部分学者认为,人口红利效应主要通过三个方面影响经济发展:一是创富效应,即劳动力供给充裕,价格低廉,如果就业充分,就能创造出较多的社会财富;二是投资效应,即人口年龄结构还不太老,储蓄率较高,如果资本市场健全,就能将储蓄转化为投资,可加速经济增长;三是积累效应,即人口老龄化高峰到来之前,社会保障支出少,财富积累速度快。复旦大学社会发展与公共政策学院社会学系王丰教授认为:“中国过去30年的经济快速增长,除了制度变化的因素外,在相当大的程度上受益于人口转变过程中所产生的人口红利,即由年轻劳动力人口占总人口比例扩大而带来的经济收益。这部分年轻劳动力与大量的外来资本结合,造就了历史性的无法重复的经济增长。”

资料来源于:国家发展和改革委员会.人口和社会发展报告2014:人口变动与公共服务,2015.

二、人口问题的含义界定

人口问题是最主要的全球性社会问题之一,是当代许多社会问题的核心。虽然不同国家人口问题的具体表现各异,但其实质主要是人口再生产与物质资料再生产的失调。已故著名人口学家刘铮认为,人口问题归根结底是人口发展与经济发展的内在联系问题;更宽泛地讲,是人口变量与其他变量的关系问题。所谓问题,就是指这种关系的失调、失衡。由此可见,人口问题在本质上就是人口多维度的特征属性和多层次的社会关系之间出现失调与失衡而造成的一系列社会问题。

在当前和未来一段时期内,我国人口发展呈现出新的特征,即生育率持续下降、老龄化快速发展、劳动年龄人口开始减少。人口问题形势多变且严峻,总量压力在未来一段时间内仍会持续增加,对经济运行全领域、社会建设多维度、可持续发展各环节乃至国家综合实力的影响将会更加突出,人口各要素之间的关系更趋复杂。总之,当代中国人口发展面临着前所未有的复杂局面。

第二节　人口问题的主要表现及成因

人口问题在不同的国家和地区的具体表现有着极大的差异性。因此,当务之急必须要理清当代中国人口问题的主要表现,并有针对性地分析其形成原因和连锁性影响,才能有效应对人口问题。

一、当前人口问题的主要表现

人口问题的总体范围较大,可主要从数量、区域分布、总体质量、年龄结构和性别比五个方面着手进行具体分析。

(一)人口数量问题

人口数量是人口问题的基础性体现。一般情况下,人们对于当代中国人口数量问题的直接认知就是“多”,事实也确是如此。截至 2017 年底,中国仍以 13.90 亿的人口总量雄踞世界第一位。但是,在全面推行计划生育 40 多年的背景下,人口数量问题发生了新的变化。中国社会科学院蔡昉教授课题组的《“十三五”国家人口发展总体思路研究报告》指出,进入 20 世纪后期,中国人口发展首次实现了由高出生率、高死亡率、高增长率向低出生率、低死亡率、低增长率的转变。人口过快增长得到有效控制,再生产类型实现历史性转变,对资源环境的压力有效缓解,有力地促进了经济发展、社会进步和民生改善,为现代化建设提供了重要保障和基础性支撑,为全面建成小康社会奠定了坚实的基础。

据统计,2011 年,15—49 岁育龄妇女人数达到 3.8 亿人的峰值,20—29 岁生育旺盛期妇女人数达到 1.1 亿人的小高峰,在之后开始减少,人口增长惯性趋弱。尽管调整完善生育政策将使出生人口在短期内有所增多,但是,由于人口年龄结构的变化,加上人口老龄化导致人口死亡率上升的影响,将使人口自然增长率最终趋于下降。据预计,2031 年中国人口总量将会达到峰值 14.5 亿人,在此后转为持续负增长。[①] (参见图 1)

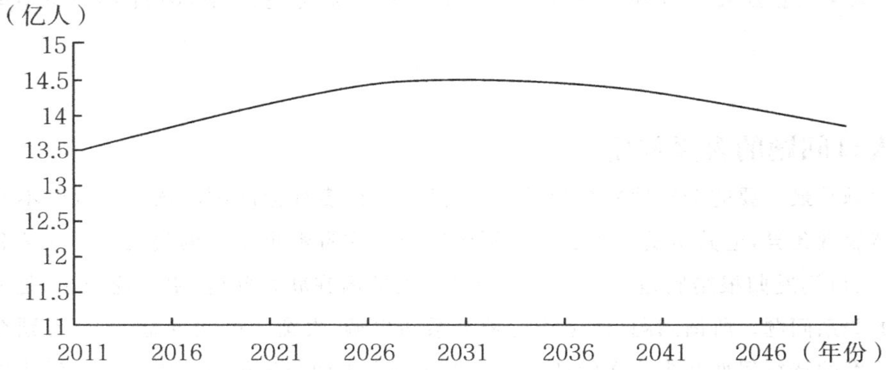

图 1　2050 年前中国人口总量变化预测

随着中国人口发展转变的深入推进,生育水平已经接近低生育率陷阱。《中国统计年鉴 2016》对于“育龄妇女分年龄、孩次的生育状况”的计算结果显示,2015 年总和生育率(TFR)已经低到 1.05(全国 1%人口抽样调查样本数据、抽样比为 1.55%)。总和生育率又被称为总生育率,是指一定时期(如某一年)各年龄组(一般以 15 岁至 49 岁)妇女生育率的合计数,表明每名妇女按照某一年的各年龄组生育率度过育龄期,平均可能生育的子女数,这是衡量生育水平最常用的指标之一[②]。该数据令人震惊,非常低,低于 2014 年世界银行统计表中所有其他 199 个国家和地区的生育率。由于调查方式和数据采集方面的因素,这一数据不能和实际的总和生育率画等号。国家统计局公布的数据显示,2015 年全年出生人口 1655 万,在育龄妇女结构和生育模式基本稳定的情况下,测算出总和生育率大约为 1.54,虽然高于 1.05,但形势仍然严峻。有的学者指出,中国已经或正在滑向低生育率陷阱。

---

① 国家发展和改革委员会.人口和社会发展报告 2014——人口变动与公共服务[R],2015.

② 国家人口发展战略研究课题组.国家人口发展战略研究报告[J].人口研究,2007,31(1):1—10.

背景知识:低生育率陷阱

人口学家 W. 卢茨(W. Lutz,1997)等提出,生育率一旦下降到一定水平(TFR=1.5)以下,由于价值观转变、生存压力增加等方面因素的共同作用,生育率会继续不断下降,很难甚至不可能逆转,这一假设被称为低生育率陷阱。

人口发展已经成为一个国家政治、经济、社会、文化等领域取得和保持全球影响力的关键因素之一。人口数量因素在国际格局演变和大国力量消长中的作用日益突出。众多西方智库已将人口数量列为研判大国发展的重要指标。过多或者过少的人口数量都不符合国家与社会稳定发展的要求,因此,如何通过政策手段让总和生育率维持在健康水平,保持适度的人口规模,从而保持强大的综合国力,是当今决策者的必修课之一。

(二)人口区域分布问题

人口区域分布问题可从空间和城乡两个方面进行分析。

第一,人口空间分布不均。1935 年,人口地理学家胡焕庸画出"瑷珲—腾冲"地理分界线,当时此线东南的土地面积约占全国的 36%,但人口占全国总人口的 96%;此线西北的土地面积占全国总面积的 64%,却只有 4%的人口居住。这条分界线描述了当时中国最显著的人口空间分布特点。

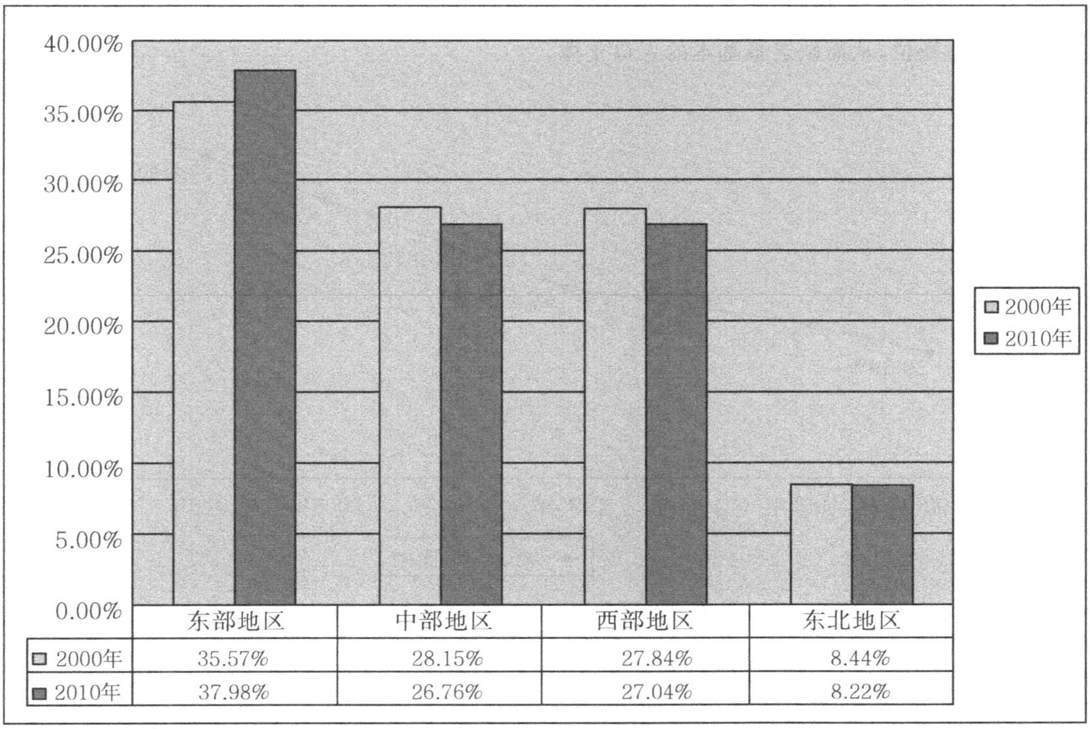

图 2　各地区常住人口比例变化(数据来源:国家统计局)

2011 年 4 月 28 日,第六次人口普查主要数据发布。从人口空间分布来看,东部地区人口占 31 个省(自治区、直辖市)常住人口的 37.98%,中部地区占 26.76%,西部地区占 27.04%,东北地区占

8.22%。与2000年第五次人口普查相比,东部地区的人口比重上升2.41个百分点,中部、西部、东北地区的比重都在下降,其中中部地区下降幅度最大,下降1.39个百分点;其次是西部地区,下降0.8个百分点;东北地区下降0.22个百分点。(参见图2)

这些调查数据表明,"瑷珲—腾冲线"所表示的人口空间分布特征没有显著改变,人口在空间分布上仍然存在着分布严重不均的问题,东部沿海地区较中部地区、西部地区、东北地区人口分布多,且中部地区、西部地区、东北地区人口有着明显向东部地区迁移的倾向。

第二,人口城乡分布失衡。城乡分布是人口区域分布的一项属性。改革开放以来,伴随着大规模的人口流动迁移,我国城镇化进入快速发展阶段,并逐步实现由农村社会向城市社会的转型。在城镇化过程中,越来越多的流动人口聚集到经济较为发达的城市,导致人口城乡分布失衡。城镇人口由1978年的1.7亿人增加到2010年的6.6亿人,平均每年增加1583.9万人;城镇人口占全部人口的比重由1978年的17.90%提高到2015年的56.10%。(参见图3)

总体上,人口的空间分布不均和城乡分布失衡,是当代中国人口区域分布问题的主要体现。从空间分布来看,人口向东部沿海地区迁移的趋向,造成东部地区人口密度远高于中西部地区,导致区域经济发展的不协调。从城乡分布来看,随着城镇化进程的加快,越来越多的农村人口离乡离土向城市流动,导致人口城乡分布失衡,并给社会发展带来了严重的问题。一方面,过度的人口涌入给城市资源环境、社会管理和公共服务带来了空前的压力;另一方面,农村地区出现人口洼地,致使农村建设主体缺位,从而缺乏最基本的人口支撑。

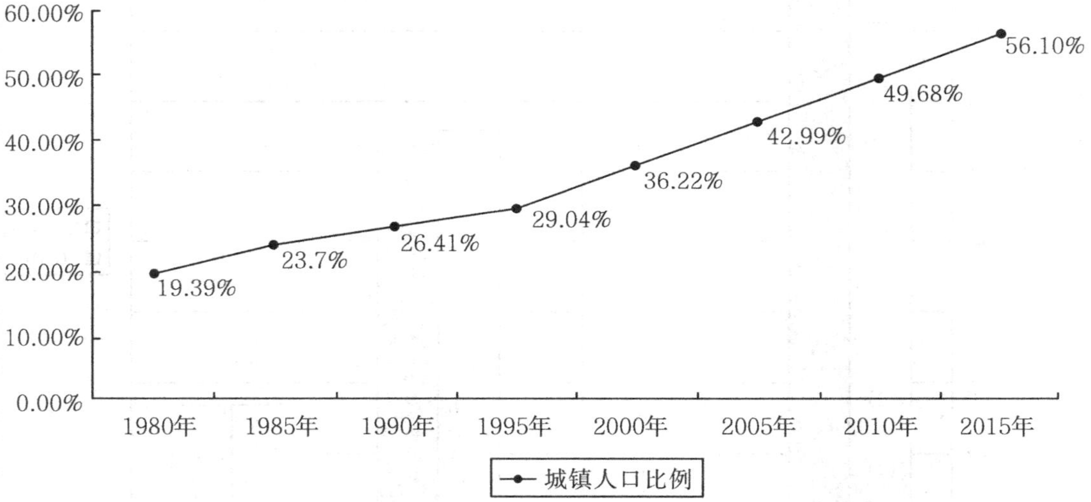

图3 1980年以来城镇人口比例变迁(数据来源:国家统计局)

(三)人口总体质量问题

人口质量的内涵与外延非常宽泛,究竟由哪些指标构成以及如何测量一直以来都是一个有争议的问题。国内学者主要有两种观点,即"二要素论"(身体素质和文化素质)和"三要素论"(身体素质、文化素质和思想道德素质)。可以认为,人口素质的外延包括身体素质、智力素质(或文化素质)和非智力素质(或心理素质)。总体上,人口质量是反映人口总体所具有的认识世界、改造世界的能力。人口质量的本质是人力，包括体力、智力和心力三个方面，潜力、储力和显力是人口质量的静态表现形式，而人力积累（自我发展的依据）、人力消耗（个人能力的显示）和人的活动（社会功能的发挥）是人口质量中的动态表现形式。① 显然地，“三要素论”对于人口质量的释义更为全面。以统计指标来看，人口平均预期寿命、人口平均身高和体重、新生儿缺陷比例能比较直观地反映人口质量中的身体素质要素，人口的受教育程度、文盲率能体现人口质量中的文化素质。在知识经济的大背景下，美国经济学家舒尔茨认为，相较于传统的物质资本而言，以知识、能力以及健康为核心要素的人力资本的快速增长，对于国民经济的拉动作用更为显著。加之思想道德素质尚未有明确的量化指标体系，故本部分内容涉及的人口总体质量，主要是指人口教育质量。

2010 年第六次人口普查结果显示，大陆 31 个省、自治区、直辖市的人口和现役军人中，具有大学（指大专以上）文化程度的人口为 119 636 790 人；具有高中（含中专）文化程度的人口为 187 985 979 人；具有初中文化程度的人口为 519 656 445 人；具有小学文化程度的人口为 358 764 003 人。与 2000 年人口普查数据相比，每 10 万人中具有大学文化程度的由 3611 人上升为 8930 人；具有高中文化程度的由 11 146 人上升为 14 032 人；具有初中文化程度的由 33 961 人上升为 38 788 人；具有小学文化程度的由 35 701 人下降为 26 779 人。

在大陆 31 个省、自治区、直辖市的人口和现役军人中，文盲人口（15 岁及以上不识字的人）为 54 656 573 人，同 2000 年第五次全国人口普查相比，文盲人口减少 30 413 094 人，文盲率由 6.72% 下降为 4.08%，下降了 2.64 个百分点，虽然人口质量指标自新中国成立以来有了明显的提升，但与发达国家相比，差距还比较大。劳动年龄人口的人均受教育年限远低于发达国家，人口总体质量不高，人口质量红利没有得到充分的释放。

（四）人口年龄结构问题

人口年龄结构是人口转变的重要表现形式。第六次人口普查结果显示，0—14 岁人口占 16.60%，比 2000 年下降了 6.29 个百分点；60 岁及以上人口占 13.26%，比 2000 年上升了 2.93 个百分点，其中 65 岁及以上人口占 8.87%，比 2000 年上升了 1.91 个百分点。可以看出，人口年龄结构变化明显：0—14 岁人口比重加速下降，65 岁及以上老年人口比重加速上升，15—64 岁劳动年龄人口比重稳步上升。（参见表 1）随着中国经济社会快速发展，人民生活水平和医疗卫生保健水平得到巨大改善，生育率持续保持较低水平，少子化、人口老龄化成为中国人口年龄结构的基本发展趋势。

---

① 于长永，刘二鹏，代志明．生育公平、人口质量与中国全面鼓励二孩政策[J]．人口学刊，2017，39(3)：5—20．

表 1　近年我国各年龄人口数量及比重(数据来源:国家统计局)

	0—14 岁		15—64 岁		65 岁及以上	
年份	人口数(万人)	比重(%)	人口数(万人)	比重(%)	人口数(万人)	比重(%)
1987	31 347	28.7	71 985	65.9	5968	5.4
1990	31 659	27.7	76 306	66.7	6368	5.6
1995	32 218	26.6	81 393	67.2	7510	6.2
2000	29 012	22.9	88 910	70.1	8821	7.0
2005	26 504	20.3	94 197	72.0	10 055	7.7
2010	22 259	16.6	99 938	74.5	11 894	8.9
2015	22 715	16.5	10 0361	73.0	14 386	10.5

国际上对于人口老龄化的通常看法是,当一个国家或地区 60 岁以上老年人口占人口总数的 10%,或 65 岁以上老年人口占人口总数的 7%时,意味着这个国家或地区已经处于老龄化社会。2000 年,我国 60 岁及以上人口比重达到了 10.3%,标志着我国已经进入国际公认的老年型社会。2010 年,这一比重上升至 13.3%。10 年间老年人口比重提高了约 3 个百分点。在 2010 年之后 40 年内,我国人口的老龄化将进入高速发展阶段。据预测,每 10 年老年人口比重将分别提高 4.7,8.0,5.2 和 5.3 个百分点,到 2050 年,60 岁及以上老年人口比重将达到约 37%,老年人口规模将达 4.4 亿人。

与城镇化、经济社会发展程度、社会物质财富积累程度、精神文明发展程度不协调的未富先老型老龄化社会,将是未来相当长一段时期内的社会常态,这意味着劳动力人口比例下降、抚养比上升、社会活力减弱,将会深刻影响到公共服务资源配置,而收入分配制度、公共资源分配制度、社会保障制度、医疗卫生制度、就业和退休制度等也都面临着一系列的调整和创新要求。如何积极回应这些要求,建立完善符合老龄化社会需要的制度体系,并制定配套政策,是我国未来社会发展的核心议题之一。

(五)人口性别比问题

2015 年,我国总人口男女性别比为 105.02,男性人口比女性人口多出大约 3366 万,悬殊的人口性别数量差异背后是出生人口性别比长期失衡的结果。人口性别比问题的关键是出生人口性别比问题,国际上通常以每出生 100 名女婴相对应出生的男婴数量来表示。联合国明确表示,在没有人为干扰的情况下,人类生殖过程的生物性特征决定正常的出生性别比应在 103～107 之间,高于或低于这个比例都将会对人口结构的均衡产生影响。

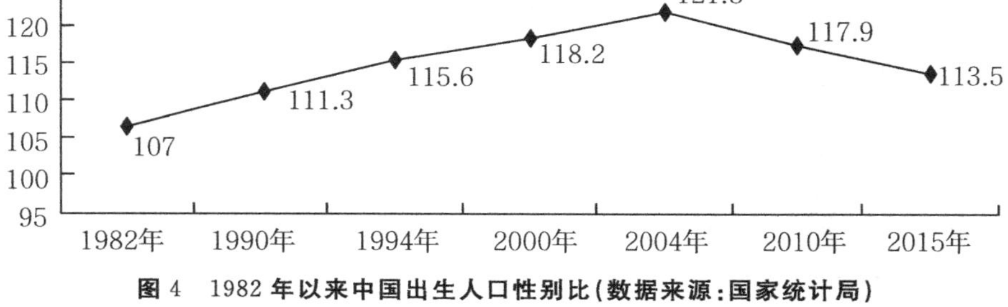

图 4　1982 年以来中国出生人口性别比(数据来源:国家统计局)

统计数据表明，自1982年我国出现出生人口性别比失调开始，就长期处于偏高型失衡状态。（参见图4）长期的出生性别比失衡造成的积累效应已经显现：在婚姻市场上，会有数量巨大的男性找不到婚姻对象，面临“打光棍”的局面。女性的缺失，造成大龄未婚男性的被迫性、聚集性和脆弱性特征，并引发了诸多个人和社会心理健康、家庭养老和安全稳定等各种社会问题。

尽管国家对出生人口性别比失衡的问题越来越重视，陆续颁布《关于严禁用医疗技术鉴定胎儿性别和滥用人工授精技术的紧急通知》、《关于禁止非医学需要的胎儿性别鉴定和选择性别的人工终止妊娠的规定》，严厉打击“两非”行为。2011年，首次将性别比的明确目标纳入国家规划，在《国家人口发展“十二五”规划》中提出将性别比下降至115以下。《国家人口发展规划（2016—2030年）》中再次强调“出生人口性别比趋于正常，性别结构持续改善”的目标。在一系列综合治理下，出生性别比失衡问题得到一定程度的缓和，实现了2009—2015年出生性别比的七连降。但是，由于人口基数庞大，长期偏高的出生人口性别比的累积效应巨大，各年龄段的性别结构均出现失衡，并将长期处于失衡状态，中国社会正在进入性别失衡社会①。

人口性别比问题是影响人口均衡发展的重要因素。人口从性别构成来看是由男女共同组成的，两性结构均衡是人口均衡发展的基本前提。人口性别结构失衡，违背了性别结构平衡的自然法则，破坏了个人、家庭、人群和社会之间的协调关系，也破坏了人口、社会可持续发展的基本前提。人口性别失衡已成为公共管理领域和人口发展研究领域亟须解决的问题，同时也是中国目前与人口相关的社会可持续发展领域最亟须解决的重大战略和民生问题。

二、人口问题的形成原因

人口多维度特征属性和多层次社会关系变化复杂，因而，人口问题的形成原因呈现出多变量共同作用的特征，归纳起来主要有以下方面：

一是人类社会发展的必然结果。人类社会由低级向高级、由简单到复杂发展演变，在这个过程中，具有动物属性的人类首先要解决繁殖问题。亚历山大·莫里斯·卡尔-桑德斯在其著作《人口问题——人类进化研究》一书中指出：“自然状态中各种生物无论在数量方面或质量方面都存在着繁殖问题”“一切有机体都繁殖其族类。繁殖显然是一种需要，因为一切生物易于因伤害而死亡，如果没有繁殖，则每种生物都会很快地灭绝。”②事实上，这些在数量或质量方面表现出来的繁殖问题对人类而言就是人口问题。另外，随着人类社会的发展，科学技术的革新、社会财富的积累也都直接或间接影响着人口问题，如随着生活、医疗水平的提高，人类平均预期寿命延长会造成人口数量问题、人口年龄结构问题等。

二是政策实施的导向性结果。政策方面的原因主要有两个维度。第一，前期政策的后遗症。我国自20世纪80年代初开始实行严格的计划生育政策，虽然在短期内有效地抑制了人口快速增长的趋势，但是也造成了人口出生率急剧下降的现象，对人口年龄结构的变动产生了显著的影响，使我国在经济发展水平相对较低的阶段过早地迈入老龄化社会。第二，人口政策的制定缺乏前瞻

① 李树茁，孟阳. 中国性别失衡与社会可持续发展[J]. 人口与计划生育，2017(4)：23—25.

② [英]亚历山大·莫里斯·卡尔-桑德斯. 人口问题——人类进化研究[M]. 宁嘉风，译. 北京：商务印书馆，1983：23—24.

性。人口领域的公共管理政策具有明显的滞后性特征，从时间上来看，多数人口政策只是在人口问题出现之后才制定的，鲜有预见性；从逻辑上来看，多数人口政策制定的目的是解决既有的人口问题，缺乏前瞻性。纵观新中国成立后人口领域政策特别是生育政策的历史变迁，人口政策的导向是“鼓励—抑制—鼓励”的循环，而且单个“鼓励—抑制”的周期逐渐延长，这体现了国家对人口发展规律认识的深化，也体现了人口领域政策的逐渐成熟。

三是中国传统文化的影响。以人口性别比失衡为例，以儒家文化为主导的中国传统伦理思想具有浓厚的男尊女卑色彩，导致女性在社会上长期处于被支配的地位，从而形成了男女不平等的传统观念，由此衍生了诸如“多子多福”、“传宗接代”、“儿孙满堂”的生育文化，这种生育文化培育的重男轻女观念使人们在生育上优先选择男性。如，1990 年宋丹丹和黄宏主演的小品《超生游击队》亮相中央电视台元旦晚会，讲述了一对农村夫妻在生了三个女儿之后，为了躲避计划生育政策，争取生一个儿子而背井离乡，这反映了当时不少人特别是农村居民的重男轻女思想。他们为了生男孩而舍家弃田，拖儿带女四处流浪，以躲避计生人员的监管。“养儿防老”的陈旧传统观念，再加上 B 超等医疗技术手段的非法运用，为人们进行生育性别的选择提供了可能，在实际上加剧了人口性别比失衡。

四是新思想、新观念的影响。随着经济社会的发展，抚养孩子的压力加大，“儿童医疗”、“学区房”、“孩奴”等新兴热词进入公众视野，在热词的背后反映出人们对妇幼医疗资源匮乏、教育资源紧俏、养孩经济压力过大的担忧。这些都体现了人们在生育思想、观念方面有了较大的改变，即由以往政策限制性的“想生不让生”向个人意愿性的“让生不想生”的转变。计划生育政策实施以来的独生子女陆续进入适婚适育年龄，在全面两孩政策的导向下，如若生育 2 个子女，家庭成员将会呈现“4＋2＋2”的结构，即 2 位年轻夫妇，不仅要赡养双方共 4 位老人，还要养育 2 个孩子，这样的生活压力不言而喻。这使不少家庭的生育意愿降低，在多元文化丰富发展的大背景下甚至出现了极端的“丁克”现象。“丁克”的名称来自英文“Double Income No Kids”中四个单词的首字母 D、I、N、K 的组合——DINK 的谐音。仅从单词字面意义解释是双份收入、没有孩子，具体是指那些具有生育能力但选择不生育的群体，除了主动不生育，也可能是因客观原因而被动选择不生育的人群。这些伴随经济社会发展而出现的新思想、新观念正在影响并产生新的人口问题，在政策的制定过程中要予以充分考量。

三、人口问题的连锁性影响

人口问题的连锁性影响是指各类别的人口问题互为因果、环环相扣的连锁性效应，造成了一系列的社会问题。

计划生育政策的实施，直接导致人口出生率急剧下降，对人口年龄结构的变动产生了显著的影响，使我国过早进入“未富先老”的老龄化社会，为养老、医疗、家庭、经济社会发展带来了沉重的压力。人口老龄化对经济的影响已经成为时下经济学领域的热点问题。根据“人口老龄化与经济可持续发展研究”课题组的研究成果，人口老龄化主要从八个方面影响经济发展：一是人口老龄化降低中国的国民储蓄率；二是人口老龄化降低中国的劳动供给能力；三是人口老龄化对资本积累、劳动力供给的显著不利影响，最终将导致中国长期经济增长潜力下降；四是人口老龄化增加中国转变经济增长方式的紧迫性；五是人口老龄化将增加中国转变经济增长方式的难度；六是人口老龄化增加了消费对中国经济增长贡献的复杂性与不确定性；七是人口老龄化将显著增加经济社会成本；八是人口老龄化同时会带来某些发展机遇。人口老龄化已经成为深刻影响中国经济可持续发展的重大基础性因素，在全面建成小康社会的决定性阶段，如何全方位地积极应对和解决这一问题，关乎经济社会健康发展，关乎国家长治久安。同时，人们也应该看到挑战与机遇并存。习近平在中共中央政治局第三十二次集体学习时强调："要努力挖掘人口老龄化给国家带来的活力和机遇，努力满足老年人日益增长的物质文化需求。"进入老龄化社会后，诸如"养老院"、"老年食堂"、"社区养老服务站"、"老年社团"等老年性的物质、文化、服务的需求快速增长，社会的消费结构明显改变，进而推动产业结构调整，为第三产业的发展提供动力，为经济发展搭建新的增长极。

由于计划生育政策的实施，加之"重男轻女"的传统陋习的影响，有相当一部分人通过非法的手段进行生育性别选择，造成了人口性别比失衡的现状。女性事实上的数量缺失，让不少大龄未婚男性"被迫失婚"，这种人口性别结构会在一定程度上影响婚姻市场，加剧落后地区天价彩礼、拐卖妇女、买卖婚姻、性犯罪现象的发生，最终影响整个社会的安全与稳定。

另外，针对人口数量过快增长的计划生育政策给目前人口空间分布不均和城乡分布失衡埋下了伏笔。计划生育政策"硬约束"对城市居民之所以是一种"可置信惩罚"，主要是由于城市居民(主要包括机关事业单位职工)工作的相对固定性所带来的监督与惩罚机制的有效性。具体体现在：城市居民一般有着固定的单位，而单位有责任监督本单位员工的生育行为，并实行"一票否决制"；机关事业单位员工的流动性较差，很多人一旦进入这个行业，几乎就是一辈子从事这个职业，违反计划生育政策者将被纳入"黑名单"；机关事业单位员工大多数有编制，即便是一些员工没有编制，也希望好好表现从而获得编制，编制对于员工来说是一个"铁饭碗"(改革开放前后几乎都是如此)，对于他们而言，违反计划生育政策的后果，无论是编制被撤销，还是永远不能获得编制，这种违法的成本都太过巨大。因此，对于城市居民来说，计划生育政策的"硬约束"是一种"可置信惩罚"。结果是城市居民生育子女较少，而农村居民生育子女较多。① 随着城镇化的持续推进，农村人口过度地涌向城市，导致许多城市接近或突破承载的极限，出现了人口膨胀、交通拥堵、环境恶化、住房紧张、就业困难等"城市病"。

治理或改善人口问题的连锁性影响造成的社会问题，要从整体上进行把握，着眼全局，统筹好各方面的关系和利益，不遗余力地推进人口长期均衡发展，为人口自身发展创造更好的内部条件和外部环境。从小系统逐步延伸到大系统，在人的自身发展、人口制度、政策和人口与外部环境的相互协调和促进方面做足文章。

① 于长永，刘二鹏，代志明. 生育公平、人口质量与中国全面鼓励二孩政策[J]. 人口学刊，2017，39(3)：5—20.

第三节 应对人口问题的政策变迁与成效

新中国成立以来，随着人口形势的发展变化和人们对于人口发展观念的转变，国家的人口政策也在不断调整变迁。不同时期的政策重点和内容有着极大的差别。因此，有必要梳理和总结不同历史时期的人口政策变迁，总结其成效与问题，这有助于深入理解当代中国的人口问题及提出应对措施。

一、不同历史阶段的人口政策变迁

人口政策是调控人口发展的重要手段。由于人们对人口发展的认识一直处在不断调整的动态过程中，与此相应的生育政策也在不断发生变化。新中国成立以来，人口政策大体上可以分为八个阶段。

（一）1949—1953 年：鼓励生育，促进人口增长

新中国成立之初，政府通过限制避孕和禁止人工流产的政策，鼓励人们生育，达到促进人口再增长的目的。1950 年 4 月 20 日，国家卫生部和军委卫生部联合发布了《机关部队妇女干部打胎限制的办法》，规定："为保障母体安全和下一代生命，禁止非法打胎。"1952 年，国家卫生部制定了一个面向全民的《限制节育及人工流产暂行办法》，将适用于机关部队妇女干部的规定在全国推广。1953 年，卫生部又以"与国家政策不符"为理由，通告海关禁止进口避孕用具和药物。在当时，通过这些政策的实施，强化了人们避孕限制、打胎非法、多生多育的观念和行为。

（二）1954—1959 年：从鼓励生育转向节制生育

1953 年的第一次人口普查发现，人口增长远远高于预期，这与当时我国有限的资源与贫弱的综合国力形成鲜明对比。当时，从中央领导到学术界开始提出一些关于节制生育的观点，鼓励生育的政策由此开始发生转变。1955 年 3 月，中央在卫生部党组关于节制生育问题的报告上指示："节制生育是关系到广大人民生活的一项重大政策性问题。"1956 年初，中央公布了《1956 年到 1967 年全国农业发展纲要（修正草案）》，在纲要中明确提出："除了少数民族的地区以外，在一切人口稠密的地方，宣传和推广节制生育，提倡有计划地生育子女。"1957 年，著名经济学家马寅初发表《新人口论》，提出了控制人口的主张。

（三）1960—1969 年：提出计划生育号召，实行宽松控制政策

"大跃进"的反思和"三年困难时期"结束后，人口增长的压力使控制人口和节制生育的思想得以复苏。1962 年 12 月，中共中央和国务院发出了《关于认真提倡计划生育的指示》，要求各级党委和政府把这一工作列入议事日程。"文化大革命"初期，虽然控制人口过快增长的政策方向没有变化，但受社会环境影响，节制生育的实际工作停顿。

（四）1970—1980 年：明确控制人口增长，推行"晚、稀、少"政策

1969 年，我国总人口突破 8 亿大关，人口过多与经济增长和社会承载能力的矛盾更加突出，中

央政府开始重申控制人口的重要性。1971 年 7 月，国务院强调指出："除人口稀少的少数民族地区和其他地区外，都要加强对这项工作的领导，深入开展宣传教育，使晚婚和计划生育变成城乡群众的自觉行为。"

1973 年，第一次全国计划生育工作汇报会正式提出了"晚、稀、少"政策，并在全国进行推广，人口发展第一次被列入国家国民经济和社会发展五年计划和年度计划。1978 年 6 月，《国务院批转卫生部关于全国卫生局长会议的报告的通知》(国发〔1978〕28 号)，进一步明确发出了"晚婚晚育、生育间隔加长、少生"的号召，并提出了一对夫妇生育子女数"最好一个、最多两个"的新要求。

(五)1980—1984 年：进一步严格生育调节，提倡独生子女政策

"晚、稀、少"的政策推行后成效显著，但是，由于人口增长惯性的存在，根据有关方面预测，要实现在 20 世纪末人口总数不超过 12 亿人的目标，必须实行一对夫妇只生一个孩子的独生子女政策。再加上实行联产承包责任制后，农民生活水平较以前有了较大幅度的提高，其生育意愿有所上升，而"大跃进"及三年困难时期后补偿性生育的人口也开始进入育龄阶段，因此，这一时期人口出生率、自然增长率、总和生育率都有所反弹。在这样的背景下，全国开始严格落实计划生育政策。

1980 年 9 月 25 日，党中央发表的《关于控制我国人口增长问题致全体共产党员、共青团员的公开信》指出："为了争取在 20 世纪末把我国人口总数控制在 12 亿人以内，国务院已经向全国人民发出号召，提倡一对夫妇只生育一个孩子。"

(六)1984—2013 年：统筹解决人口问题，稳定低生育水平

1984 年 4 月 13 日，中央转发了《关于计划生育情况的汇报》的七号文件，要求进一步完善当前计划生育工作的具体政策，即所谓的"开小口子，堵大口子"，主要是：第一，在农村继续有控制地把口子开得稍大一些，按照规定的条件，经过批准，可以生二胎；第二，坚决制止大口子，即严禁生育超计划的二胎和多胎；第三，严禁徇私舞弊，对在生育问题上搞不正之风的干部要坚决予以处分。

1991 年 5 月 14 日，中共中央、国务院根据实际生育控制能力与政策间的差距，实事求是地颁布了《关于加强计划生育工作　严格控制人口增长的决定》，提出要切合实际地将 1991—2000 年人口计划控制目标定在年均自然增长率为 12.50‰以内，即 2000 年末总人口控制在 13 亿以内。

2000 年 3 月 2 日，《中共中央　国务院关于加强人口与计划生育工作稳定低生育水平的决定》提出，在实现了人口再生产类型的转变之后，人口与计划生育工作的主要任务将转向稳定低生育水平，提高出生人口素质，并进一步推出了人口与发展综合决策、稳定现行的生育政策、综合治理人口问题、国家指导与群众自愿相结合、整体推进与分类指导相结合、以人的全面发展为中心等计划生育工作的基本方针。

2001 年 12 月 29 日，颁发了《中华人民共和国计划生育法》(2002 年 9 月 1 日施行)，将原有的政策性规定法律化："国家稳定现行生育政策，鼓励公民晚婚晚育，提倡一对夫妻生育一个子女；符合法律、法规规定条件的，可以要求安排生育第二个子女。具体办法由省、自治区、直辖市人民代表大会或者其常务委员会规定。"

2006 年 12 月 17 日，《中共中央　国务院关于全面加强人口和计划生育工作　统筹解决人口问题的决定》(中发〔2006〕22 号)明确了坚定不移走中国特色统筹解决人口问题的道路："面对新的形

势和任务，既要坚持多年来行之有效的基本经验，又要解放思想、实事求是、与时俱进，研究新情况、解决新问题，不断丰富和发展中国特色统筹解决人口问题的思路、内涵和途径。要全面贯彻落实科学发展观，优先投资于人的全面发展，稳定低生育水平，提高人口素质，改善人口结构，引导人口合理分布，保障人口安全，促进人口大国向人力资本强国转变，促进人口与经济、社会、资源、环境协调和可持续发展。”

（七）2013—2014 年：积极应对老龄化，实行“单独两孩”政策

随着计划生育政策的实施，人口过快增长的势头得到了有效的控制。到 20 世纪 90 年代人口转变初步完成，总和生育率下降到更替水平 2.1 以下；到 2012 年，人口出生率进一步下降到 12.1‰，死亡率为 7.15‰，人口自然增长率为 4.95‰，总和生育率约为 1.6，已经进入世界低生育率国家的行列。① 与此同时，人口老龄化加速、劳动年龄人口比重下降、出生性别比偏高等结构性问题更为突出，要求对现行人口政策进行完善调整的呼声也越来越高。2013 年 12 月，中共中央、国务院印发《关于调整完善生育政策的意见》，启动实施一方是独生子女的夫妇可以生育两个孩子的政策，到 2014 年年底，各地普遍实施了“单独两孩”政策。

（八）2015 年至今：深化人口政策改革，实行全面两孩政策

2015 年 10 月 12 日，第十二届全国人民代表大会常务委员会第十八次会议修改了《人口与计划生育法》，中共中央、国务院发布《关于实施全面两孩政策　改革完善计划生育服务管理的决定》，标志着生育政策的重大调整，在中国人口发展历史上具有里程碑式意义。

二、全面两孩政策的出台及其实施成效

全面两孩政策是十八大以来以习近平同志为核心的党中央根据人口自身的发展规律，根据人口和经济社会发展相适应的情况、人口和资源环境协调发展的情况做出的科学决策。从 2016 年 1 月 1 日实施政策以来，可以用“成效初显、符合预判”来概括。2016 年，全国出生人口超 1786 万，相比 2015 年的出生人口 1655 万，增加了 131 万；相比 2014 年的出生人口 1687 万，增加了 99 万。这与政策出台时的预判基本吻合，但据调研，仍有相当一部分的育龄妇女和单孩家庭因生育力因素、家庭经济条件、住房和人力条件等因素限制，尚不敢有生育二孩的打算，这说明政策激发的生育势能还有进一步释放的空间。

随着全面两孩政策的出台，相关领域出现了一些新的问题，诸如高危高龄产妇增多、女性就业歧视、医疗资源短缺、公共服务供给不足等。针对这些全面两孩政策的伴生问题，中央高度重视研究解决群众养育子女的后顾之忧，明确提出要构建家庭发展支持体系，鼓励按政策生育。一段时间以来，卫计委会同国家发展改革委、教育部、交通部、文化和旅游部、总工会、妇联等部门强化妇幼保健服务供给，合理规划产科、儿科、教育等资源，推动建设标准化的母婴设施，保障女性的就业权益，推动各地进一步完善延长产假、设立陪产假等制度，增加惠民利民服务措施。下一步，卫计委将会同相关部门按照中央的要求，坚持问题导向，总结地方经验，按照工作方案和任务分工，进一步健全

① 国家发展和改革委员会. 人口和社会发展报告 2014——人口变动与公共服务，2015.

完善税收、社会保障、住房、就业等政策，优先配置妇幼保健、托幼、学前和中小学教育等公共服务资源，构建生育友好的社会环境，鼓励群众按政策生育，保持适度生育水平，促进人口长期均衡发展。无论从公共资源的角度还是从社会资源的角度来看，这些配置都应该尽快调整，以期跟上需要。

另外，地方政府在国家实施全面两孩政策的大背景下陆续出台了配套政策，让更多的人“生得起、生得出、生得好”，促进全面两孩政策扎实落地。以重庆市为例，2016 年 3 月 31 日，经重庆市第四届人民代表大会常务委员会第二十四次会议修订通过《重庆市人口与计划生育条例》，并于 2016 年 4 月 1 日起施行。新条例实施后，政府主要从四个方面着手采取具体措施，以缓解家庭生育二孩所面临的压力：一是依法保障女性的就业权益。严格落实《中华人民共和国劳动法》、《妇女权益保障法》等法律法规，制定和完善保障妇女合法权益的配套措施，保障妇女就业、休假的权利，支持女职工生育以后能重返工作岗位。特别是鼓励用人单位制定有利于女职工平衡职业和家庭关系的政策，帮助女职工做好职业规划，坚决反对在妇女就业问题上的歧视。二是增加相关基本公共服务。合理配置幼儿照料、学前教育和中小学教育等公共服务资源，满足新增加的公共服务需求。三是完善家庭支持发展政策。研究完善生育保障、住房、税收等相关经济社会政策和家庭发展政策，为生育、幼儿养育、青少年发展提供支持。四是加强妇幼保健服务能力。健全服务网络，增加妇产科和儿科床位，特别是完善职责分工，推广母婴保健手册，在妇幼保健机构开展一条龙保健服务。加强危重孕产妇和新生儿的救治能力，保证母婴的安全。

同时，新条例还调整了生育政策，将原条例的“提倡一对夫妻生育一个子女”，修订为“提倡一对夫妻生育两个子女”；调整了有关婚假规定，原条例规定“晚婚的职工，增加婚假十个工作日”，而新条例删除了“鼓励公民晚婚、晚育”的规定，将其修订为“依法登记结婚的夫妻享受婚假十五日”；调整了产假及护理假的规定，新条例取消了晚育假，但规定对符合法律法规生育子女的夫妻，产妇在享受国家规定产假的基础上，增加产假三十日，男方所在单位给予护理假十五日。除此之外，《生育登记服务制度》和《再生育服务证管理办法》实施，全面实行生育登记服务制度，简化再生育审批，大力推行网上办理和承诺制度、代办服务制度等政策的落地实施，从婚姻、生育、产后等方面着手，提供了一系列的政策支持。

据预计，在实行全面两孩政策后，2031 年我国总人口将为 14.5 亿。在未来相当长的时期内，我国人口众多的基本国情不会根本改变，人口对经济社会发展的压力、人口与资源环境的紧张关系将客观存在。同时，人口与经济社会的发展变化，计划生育政策的调整完善，赋予了计划生育基本国策新的内涵。当前，坚持计划生育基本国策，就是要实施好全面两孩政策，推进计划生育服务管理改革，引导家庭负责任、有计划地安排生育，调控人口总量、提升人口素质、优化人口结构、引导人口合理分布，促进家庭幸福和人口均衡发展。

本章小结

人口是构成社会的基本要素。在人口—资源—经济系统中，三者相互作用、相互影响、相互协调，并影响着社会发展的诸多领域。人口问题在本质上就是人口多维度的特征属性和多层次的社会关系之间出现失调与失衡而造成的一系列社会问题。人口问题的总体范围较大，主要体现在数

量、区域分布、总体质量、年龄结构和性别比五个方面。人口问题的形成原因呈现出多变量共同作用的特征，主要是人类社会发展的必然结果、政策实施的导向性结果、中国传统文化的影响以及新思想、新观念的影响。人口问题的连锁性影响是各类别的人口问题互为因果、环环相扣的连锁性效应，造成了一系列的社会问题。人口政策是调控人口发展的重要手段。新中国成立以来，人口政策大体上可以分为八个阶段：鼓励生育、促进人口增长；从鼓励生育转向节制生育；提出计划生育号召，实行宽松控制政策；明确控制人口增长，推行"晚、稀、少"政策；进一步严格生育调节，提倡独生子女政策；统筹解决人口问题，稳定低生育水平；积极应对老龄化，实行"单独两孩"政策；深化人口政策改革，实行全面两孩政策。从2016年1月1日以来，全面两孩政策成效初显、符合预判，但政策激发的生育势能还有进一步释放的空间。

关键术语

人口问题　老龄化　性别比失衡　区域分布　计划生育　人口政策

推荐阅读文献

[英]亚历山大·莫里斯·卡尔-桑德斯.人口问题——人类进化研究[M].宁嘉风，译.北京：商务印书馆，1983.

李建新.中国人口结构问题[M].北京：社会科学文献出版社，2009.

国家发展和改革委员会.人口和社会发展报告2014——人口变动与公共服务[R]，2015.

复习思考题

1. 当前中国有哪些人口问题？
2. 如何理解目前严峻的人口形势？
3. 如何评价计划生育的基本国策？
4. 如何看待促进人口均衡发展？
5. 现实中存在哪些由人口老龄化引起的社会实际问题？

案例分析题

日本如何鼓励生育？[①]

日本是经合组织中老龄化和少子化最为严重的国家，甚至"少子化"这个词就是个日语词。日本政府在鼓励生育方面不可谓未下功夫，但结果却收效甚微，无法扭转出生人口不断下降而老年人

① 日本鼓励生育 为何难以奏效？[EB/OL]. http://news.xinhuanet.com/world/2015-11/02/c_128386024.htm.

口不断增加的趋势。

日本政府官方统计数据显示，日本的出生人口不断下降，2013 年出生人口不足 103 万，不足日本战后第二次婴儿潮时（1971 年至 1974 年）年均出生人口的一半。出生率也一路下滑，2013 年的生育率仅为 1.43，虽然比 2005 年的最低值 1.26 略有回升，但仍然不足以扭转高龄、少子化大势。2015 年日本 14 岁以下人口仅有约 1500 万。随着医疗和生活水平的提升，日本老年人口不断增加，预计到 2050 年 65 岁以上的老年人约占总人口的 40%。预计到 2048 年日本人口将跌破一亿。

日本政府很早就意识到日本正陷入高龄化和少子化泥潭，也通过了《少子化社会对策基本法》和《少子化社会对策大纲》等种种应对少子化的法律法规和国家战略，试图提高生育率，但收效甚微。政府从儿童补贴、保育设施、职场支援、税收优惠等几个方面做了一定的努力。但不少日本人仍然觉得养育子女是一项沉重负担，加上收入下降和就业职场的不稳定，对于很多人来说甚至连结婚都成为一件困难的事情。2010 年统计显示，日本 30—34 岁女性未婚率达到约 35%，甚至 35—39 岁女性的未婚率也达到了 23%。而 35—39 岁日本男性的未婚率更是高达 35%，超过 20% 的日本男人终生未婚。

为了鼓励生育，日本从 1972 年起就断续施行了儿童津贴制度，每月补贴数千日元（1 万日元约合人民币 524 元）。早期的儿童津贴制度对儿童年龄等有较多限制，有些仅限于儿童 3 岁以前或者 6 岁以前，并且对家庭收入有限制。而 2010 年施行的儿童津贴制度则取消了家庭所得限制，规定 15 岁前每月可领取 1.3 万日元。2012 年这一政策又有变化，对家庭所得有所要求，并且对 3 岁以下和 3 岁以上 15 岁以下的儿童实行 1.5 万日元和 1 万日元的差异补贴。考虑到巨大的育儿成本，这一津贴只不过杯水车薪，有研究指出其对提高出生率并无实质性意义。

中国家长们普遍感觉到压力山大的入托难，在日本同样存在，被称为“待机儿童”问题，即幼儿不能及时地送进保育机构而需要“排队”。据新华国际客户端了解，由于日本妇女婚后继续工作的情况在增多，而日本家庭通常没有长辈带孙辈，所以对保育设施的需求也随之增加，逐渐成为一个社会问题。1994 年日本政府就提出了“天使计划”，完善保育服务制度，2001 年日本政府制定了“待机儿童 0 作战”计划，2004 年又提出了“儿童、育儿支援计划”。2014 年日本全国的待机儿童还有 2 万多，虽然这一数字并不大，但并没有完全解除父母的后顾之忧，日本中央政府和地方政府仍然在想方设法为育儿父母提供更多的后援。有研究指出政府需要提高幼儿园老师待遇等。

和国内的入托难不同的是，日本的幼儿园和保育园绝大部分为公立，其中保育园可接受 0 岁以上儿童，有些还在摇篮中的婴儿就被送入保育园。费用根据家庭收入而定……不管是儿童津贴还是晚上保育设施，都难以根本提高日本家庭的生育意愿。日本女性生育率下降，最主要的因素还是在于经济环境的恶化。由于家庭收入下降和观念的转变，越来越多的日本女性婚后或者产后继续工作的情况增多，此外由于劳动力不足，日本政府也希望女性更多地为经济增长发挥作用。一方面鼓励女性婚后继续在职场工作，一方面又希望女性多生育，这本身就是一个难以两全的问题。

虽然日本政府从立法上保障育儿女性的各种权利，但女性选择育儿的同时必然面临巨大的成本，比如职位的变动和收入的下降。在现实的经济压力面前，从家庭的角度无法安心添丁，而从雇佣方企业的角度，越是宽松的育儿休假制度越是对企业经营不利，因此雇佣方往往变相提高女性育儿的机会成本。日本工会总联合会近日汇总的一项调查结果显示，过去 5 年内在职怀孕的女性中有约40%未能如愿取得育儿休假。此外，超过60%的女性表示“感觉不到”社会对职业女性怀孕生子的意识变化。

参考文献

[1] 中共中央马克思恩格斯列宁斯大林著作编译局. 马克思恩格斯全集(第3卷)[M]. 北京：人民出版社，1960.

[2] [英]亚历山大·莫里斯·卡尔-桑德斯. 人口问题——人类进化研究[M]. 宁嘉风，译. 北京：商务印书馆，1983.

[3] 李建新. 中国人口结构问题[M]. 北京：社会科学文献出版社，2009.

[4] 娄淑华. 论人口素质在和谐社会发展中的作用[J]. 人口学刊，2005(4)：6—9.

[5] 于长永，刘二鹏，代志明. 生育公平、人口质量与中国全面鼓励二孩政策[J]. 人口学刊，2017，39(3)：5—20.

[6] 李树茁，孟阳. 中国性别失衡与社会可持续发展[J]. 人口与计划生育，2017(4)：23—25.

[7] 李树茁，果臻，尚子娟. 中国性别失衡与社会可持续发展的理论、实践与政策创新——国家社科基金重大攻关课题“中国人口性别结构与社会可持续发展战略研究”成果概述[J]. 西安交通大学学报(社会科学版)，2014，34(6)：1—13.

[8] 国家发展和改革委员会. 人口和社会发展报告2014：人口变动与公共服务，2015.

[9] 米红，李骅. 重议人口安全：安全化的视角[J]. 浙江大学学报(人文社会科学版)，2016，46(2)：136—146.

[10] 叶文虎，宁淼. 中国农村人口问题与中国可持续发展[J]. 中国人口·资源与环境，2005，15(3)：26—31.

[11] 申秋红. 印度人口发展状况与人口政策[J]. 人口学刊，2014，36(1)：24—31.

[12] 李春霞. 抑制或鼓励：民族危机下的人口问题[J]. 郑州大学学报(哲学社会科学版)，2015，48(2)：162—165.

[13] 冯剑锋，陈卫民. 我国人口老龄化影响经济增长的作用机制分析——基于中介效应视角的探讨[J]. 人口学刊，2017，39(4)：93—101.

[14] 史本叶. 我国人口结构变化对经济转型的影响[J]. 人口学刊，2016，38(4)：17—23.

[15] 王永涛. 我国农村贫困人口问题及对策[J]. 现代经济信息，2017(7)：4—5.

[16] 黄俊凌. 台湾的人口问题及应对分析[J]. 现代台湾研究，2015(5)：50—54.

[17] 魏益华，迟明. 人口新常态下中国人口生育政策调整研究[J]. 人口学刊，2015，37(2)，41—45.

[18] 辜胜阻，王建润，吴华君. 京津冀协同发展中的人口问题研究[J]. 经济与管理，2017，31(1)，10—13.

[19] 熊琳，张平宇，谭俊涛，等. 东北三省人口结构与经济发展的时空耦合特征[J]. 中国科学院大学学报，2017，34(3)：342—350.

[20] 侯力，于潇．东北地区突出性人口问题及其经济社会影响[J]．东北亚论坛，2015(5)：118—128.

[21] 刘铮，曹苑达．城镇化进程中新增城镇贫困人口问题研究——以上海郊区为例[J]．毛泽东邓小平理论研究，2015(2)：40—44.

[22] 杨博，张媛，汪叶丹，等．当前河北省农村人口问题研究[J]．农村经济与科技，2017，28(2)：181—182.

[23] 刘丽．提高人口质量的若干思考[J]．鞍山科技大学学报，2007，30(2)：194—197.

[24] 李建民，周保民．中国人口与发展关系的新格局和战略应对[J]．南开学报(哲学社会科学版)，2013(6)：25—31.

[25] 李建民，原新，陈卫民，等．中国人口与社会发展关系：现状、趋势与问题[J]．人口研究，2007，31(1)：33—48.

[26] 穆光宗．"全面二孩"政策实施效果和前景[J]．中国经济报告，2017(1)：24—26.

[27] 刘晓艳，石洪波．"全面二孩"政策下的中国人口结构解析[J]．统计与决策，2017(8)：77—80.

[28] 鲍常勇．我国286个地级及以上城市流动人口分布特征分析[J]．人口研究，2007，31(6)：67—75.

[29] 赵新正，李梦雪，李秋平，等．中国副省级及以上特大城市人口空间分布与多中心性研究[J]．干旱区地理，2017(2)：416—423.

第四章　分配不公问题

学习目标

了解当代中国社会中的分配不公问题，掌握分配不公的概念与标准，理解分配不公问题的主要表现、原因及社会影响，进而明确政府对于分配不公问题的矫治责任及其“两难悖论”。

知识结构

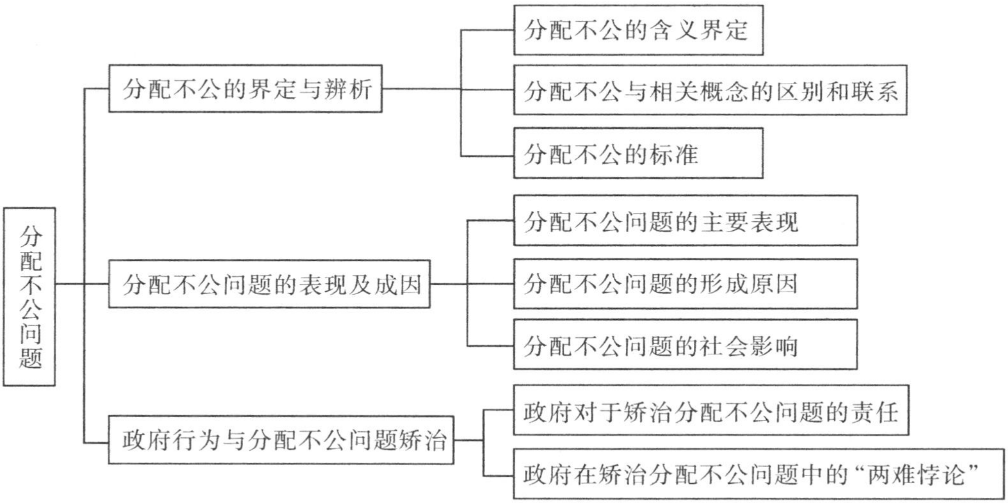

更大的机会均等会带来更大的收入平等。

——美国经济学家阿瑟·奥肯

第一节　分配不公的界定与辨析

“事不公则心不平，心不平则气不顺，气不顺则难和谐。”由此可以看出，公平在人们心中有多么重要。目前劳动报酬偏低、收入分配不公、居民财富悬殊，已经成为影响当代中国社会的重要问题。有专家指出，分配不公问题已经接近社会所能忍受的“红线”，受到上至党和国家、下至广大群众的高度关注。在了解分配不公问题的表现及成因之前，有必要对分配不公的概念、标准等方面进行界定，对与分配不公相关的概念进行区分。

一、分配不公的含义界定

在界定分配不公的含义之前，首先要明确什么是分配，什么是公平，什么是分配公平。一般地讲，分配指的是在一定领域内将一定的成果在不同的享有者之间进行分配，既包括权力的分配，又包括利益的分配。与分配相对应的英文及物动词是 distribute 或 allot，名词是 distribution 或 allocation。作为一个经济学概念，分配是社会再生产过程中的一个环节，即在一定时期内所创造的社会产品或价值在不同的主体间进行的权力和利益的分配。而公平是一个相对比较宽泛的概念。早在春秋时期，先哲们就对公平进行过定义。孔子在《论语》中提出：“有国有家者，不患寡而患不均，不患贫而患不安。盖均无贫，和无寡，安无倾。”他向人们展示了公平应该是一种什么样的状态，即公正而不偏袒。《管子·形势解》中专门论述道：“天公平而无私，故美恶莫不覆；地公平而无私，故小大莫不载。”《汉书·杨恽传》提出：“恽居殿中，廉洁无私，郎官称公平。”在西方社会中，以亚里士多德为代表的先进知识分子更多的是从正义角度对公平展开探讨。亚里士多德在《政治学》中提到：“政治学上的善就是正义，正义以公共利益为归依。”在此之后，包括卢梭、孟德斯鸠在内的思想家对社会公平正义进行过研究，对其内涵众说纷纭、莫衷一是。在《辞海》中，公平被定义为“一种道德要求和品质，指按照一定的社会标准（法律、道德、政策等）、正当的秩序合理地待人处世，是制度、系统、重要活动的重要道德品质。”结合分配和公平的含义，分配公平可以被认为是对各种成果、收益的分配结果的积极评价，主要体现为个人消费品分配的相对公平，要求社会成员之间的收入差距不能过大。因此，分配公平与否并不取决于是否有差距，而取决于这种差距是否合法、合情合理、合乎民生发展。分配公平作为一个动态过程，贯穿于生产活动的各个阶段，一般包括分配起点公平、分配过程公平和分配结果公平。

与分配公平相对应，分配不公是对各种收益、成果的分配结果的消极评价，即各个主体间的权力或者利益的差距不合理、不合法，不合乎民生发展。具体包括三个方面内容：

第一，分配起点不公平，这是指取得收益的机会不公平，对生产资料、基础设施等资源的占有不公平。处于社会中的个人通常都是凭借自己占有并充分运用一定的生产资料，依靠自己的辛勤努力得到相应的收入机会。但由于社会、家庭、个人之间的差异性，每个人初始占有的生产资料不同，而生产条件的不同使得生产成本不同，这就造成了分配的起点不公平。

第二，分配过程不公平。分配过程是指社会运用分配的相关制度和标准对成果进行分配的过程。理论上，每个人在从投入到收入的过程中应该都是平等的，不受其他因素的影响，多劳多得，少劳少得，不劳不得。但在实际的分配过程中，由于分配的标尺不一致或者个人偏好不同，往往容易受某些因素的干扰造成分配过程的不公平，如企业单方面决定员工工资，不接受集体商谈工资等。

第三，分配结果不公平。分配公平不是绝对的相等，而是分配的差距能被人们所接受。因此，分配结果的不公平是指分配的差距已经达到让人们无法接受的程度。正常的分配差距既能提高劳动者的积极性，又能照顾社会弱势群体，促进社会稳定。相反，过大的分配差距会使得社会弱势群体产生心理上的抵抗，从而妨碍社会发展。分配结果不公平主要表现在人与人实际得到的收益不公平，如劳动报酬在初次分配中的比重过低，垄断行业的收入过高等。

二、分配不公与相关概念的区别和联系

在理论研究和现实应用中，经常可以看到分配不公、收入差距和分配不均等概念被混用。因此，必须对其进行辨析，理清彼此之间的关系，才有助于更好地理解分配不公问题。

（一）分配不公与收入差距

西方学者在研究分配公平时经常使用“equality”，意为相等、相同，通常指的是数量上的一致，而在翻译成中文文献时译为“分配公平”，因此造成了一定的概念混乱。实际上，收入差距对应的是收入均等，指的是公民之间由于主客观条件的限制，在收入分配的结果上存在的差距。收入差距强调的是分配结果上的不同，不涉及分配的起点和过程是否公平，而且通常指经济收入差别。而分配不公反映的是利益主体在整个分配过程中由于各种原因使得其在分配起点、分配过程和分配结果上受到了不平等的对待，这是一个动态的过程。简单来说，收入差距是分配不公的一个直接表现形式，即无论是分配起点不公，还是分配过程不公，或者是分配结果不公，最终都会导致收入差距；分配不公是造成收入差距的一个重要原因，但并不是其唯一的原因。

（二）分配不公与分配不均

分配不公与分配不均是两个比较容易混淆的概念。从字面上理解，不公就是不公平，是相同的人得不到同等的权利或权益，如同工不同酬、同城待遇不同；不均就是不平均，是一起做相同事情的人得不到同等的权利或者权益。在国内学者的定义中，公平是一个在政治或者社会权力中的概念，指的是主体的地位平等，因而分配不公指的就是社会成员在分配中的权利不平等。分配不均是分配不均等，指的是在分配的整个过程中，既得收益或整体资源在各个相同的利益主体之间分配不均等，如教育资源、医疗资源在不同城市之间分配不均，相比于欠发达地区，发达城市对这些资源的占有量更大，即使是在同一城市的城乡之间也存在分配不均问题。因此，从总体上可以这样理解：分配不公的结果不一定是分配不均，而分配不均也不一定都是由分配不公造成的。

（三）收入差距与分配不均

通过上文的界定，可知收入差距是最后的收入有所差别，而分配不均是分配不平均，涉及分配的整个过程，既包括收入层面，也包括社会权益、就业机会等层面。相比于收入差距，分配不均的范围更大。因此，可以认为：分配不均会造成收入差距，但收入差距并不一定是由分配不均引起的。

三、分配不公的标准

分配不公的现实标准有三个方面。一是不符合现阶段的发展特征。公平是客观的，取决于一个社会的生产力发展水平，这也就是说，在一个特定的生产力水平上，大多数社会群体采取的分配方式被认为是公平的，不被大多数群体采取的分配方式则是不公平的。如果一个人通过自己的能力和努力得不到自己应有的社会产品份额，这就是分配不公。分配公平更多地强调人们之间横向利益的分配，不会因为社会产品的多或者少而消失，公平存在于社会发展的每个阶段。因此，以社会资源和产品不丰富为理由，不按照当前社会发展规律分配就是分配不公。二是不符合人口、资源与环境条件。每个社会都是在一个特定的自然条件基础上发展建立起来的，并有着与之相适应的分配方式。因此，要根据自然条件来决定需求状况和分配方式。当分配方式与当前的人口、资源与环境不相符时，就是分配不公。如在资源短缺时，相应的产品应由公共机构提供；在战乱期间，生活必需品应公平分配。三是不符合社会共同的文化传统。一个社会在长期的历史过程中形成了特有的价值、文化观念，为分配制度的形成奠定了基础。一般来说，如果分配制度不符合社会的主流价值观，不能对社会成员产生激励作用，就是分配不公。

第二节　分配不公问题的表现及成因

从不同的视角来看，分配不公问题可以有多重表现，既有宏观层面的，又有微观层面的。因此，要全面准确地认识分配不公问题，就要从宏观和微观相结合的角度识别分配不公问题的具体表现。在此基础上，有针对性地分析各种问题表现的形成原因。

一、分配不公问题的主要表现

根据分配不公的理论界定，结合当前的社会现实，分配不公问题主要表现为下列五个方面。

（一）居民收入在初次分配中占比低

党的十八大以来，国内生产总值(GDP)年均增长率保持在7%以上的较高水平，在高基数上实现了中高速增长。2016年，我国GDP总量达到74.4万亿元人民币，人均GDP达到53 817元；居民人均可支配收入23 821元，比上年名义增长8.4%，扣除价格因素之后的实际增长率为6.3%。通过计算可知，居民人均可支配收入占人均GDP的比重仅为44.3%，远低于发达国家的占比(60%以上)。国内居民消费在GDP中的比重不断下降，从而造成国内消费需求不足。

背景知识:国民收入的相关概念

国民生产总值(GNP)与国内生产总值(GDP)。国民生产总值,指一个国家或者地区在一定时期(通常为一年)内本国国民所生产的各种最终产品和劳务的市场价值总和。国内生产总值,是指在一定时期(通常为一年)内在一国领土范围内生产的各种最终产品和劳务的市场价值总和。国民生产总值是国内生产总值与国外净要素收入(NFP)之和。

国民生产净值(NNP),是国民生产总值扣除固定资产折旧后的余额。

国民收入(NI),是一国国民所用于生产产品和提供劳务的各种生产要素所获得的报酬总额,等于国民生产净值扣除间接税净额(即间接税与政府补贴的差额)。

个人收入(PI),是指一个国家或地区在一定时期内(通常为一年)所有个人得到的收入总和。从国民收入中减去企业所得税、企业未分配利润和社会保障金,再加上政府对个人的各种转移支付,就是个人收入。

个人可支配收入(DPI)。个人收入并不全归个人支配使用,个人还要缴纳个人所得税以及某些非税支付。只有缴纳税收后的个人收入才是个人可以支配、用于消费或者储蓄的收入。

在政府的财政支出中,行政性开支占了20%左右,而用于老百姓住房、医疗、教育等民生方面的支出所占的比例较小。2016年全国一般公共预算支出187 841亿元,其中:教育支出28 056亿元,科学技术支出6568亿元,文化体育与传媒支出3165亿元,社会保障和就业支出21 548亿元,医疗卫生与计划生育支出13 154亿元,城乡社区支出18 605亿元,农林水利支出18 442亿元,住房保障支出6682亿元。其中,直接涉及老百姓的医疗卫生、社会保障和就业福利方面的开支,总共约50 000亿元,相当于财政总开支的15%,占全年GDP的6.7%。平均到13亿人口,人均3800元(相当于城镇居民人均可支配收入的16%)。

(二)劳动收入占比下降

首先,劳动收入在GDP中的比重逐年下降。2007年至2016年,政府财政收入占GDP的比重基本稳定在20%左右,而劳动者报酬在GDP中的比重却在逐年下降。其次,最低工资标准过低。2016年全国城镇非私营单位就业人员年平均工资为67 569元,城镇私营单位就业人员年平均工资为42 833元,但最低工资却不高。经济最为发达的北京、上海、深圳等地,月最低工资也只有2000元左右,其他地区更低,难以维持基本生活。

(三)居民收入分配不公

归纳起来,主要有同工不同酬、同城待遇不同和同等身份权利不同。同工不同酬指的是从事相同工作的人得不到相同的回报,既包括经济收入,也包括社会权利和地位,这是分配不公最主要的表现形式。同城待遇不同是指生活居住在同一城市的人没有相同的待遇,主要体现在户籍方面,即本地人口和外地人口的社会权利地位有很大的差别,农民工得不到与本地职工相同的就业、教育和居住条件。同等身份权利不同是指同样身份的人由于居住的地方不同,不能享受到相同的权利,主要体现为地区差距。不同地区占有的社会资源不同,如发达一线城市占有的教育、医疗、交通资源就要远远多于经济欠发达城市。

1. 同一单位的同工不同酬

同一单位的同工不同酬现象较为普遍，在此选取非公有制企业、国有企业和事业单位为例，具体论述单位内部的同工不同酬现象。

非公有制企业是处于完全竞争市场内的，以绩效工资最为普遍。无论是计时工资还是计件工资，多劳多得必然带来绩效工资的差异。由于学历、工龄、经验等方面的原因，基础工资会有所差异；由于非公有制企业的经营者有决定员工工资的权力，个人偏好会造成同一单位员工的收入不同；非公有制企业的管理相比其他类型的企业较不规范，工资的浮动也会较大。

国有企业的同工不同酬，主要体现在合同工、临时工和劳务派遣工之间的区别。合同工是指与企业签订正式的用工合同的员工，合约中规定了签约年限，到期即可续签，企业不得随意辞退员工。如果没有存在较大的过错，企业不得拒绝续签合约，因此相对比较稳定，收入也较高，享有全部的工资、福利和休假。临时工是指一般不与企业签订正式的劳动合同的员工，虽然也享受全部的工资待遇，但不享受社会保险、企业年金、公积金等，一般以一段时间为工作期限，到期后企业无义务与临时工续约。劳务派遣工是企业的一种特殊的用人形式，是指员工序列不在企业却在企业工作的人，一般是员工与劳务派遣公司签订用人合同，劳务派遣公司与企业签订合作协议，再由劳务派遣企业派遣员工到国有企业中工作，员工的工资由用人企业直接发放到劳务派遣企业，劳务派遣企业扣除一部分后再发放到员工个人手中。这类员工不仅要接受双重管理，而且只享受工资的一部分。一般来说，劳务派遣工即使与正式职工从事相同的工作，工资收入及福利待遇也会大大地少于正式员工。以扬州为例，2016 年国有企业工人的工资主要由基本工资、工龄工资和绩效工资组成。基本工资按工龄计算：15 年以下工龄 2000 元，15 年工龄 2300 元，20 年工龄 2500 元，25 年工龄 2800 元，30 年工龄 3000 元，40 年工龄 3500 元。另外，工龄工资为每年 30 元，绩效工资大约占到工资的 10%①。可以看出，同一单位的员工会因为工龄、工作量而有不同的工资收入。

在事业单位中，员工分为编制内与编制外两种类型。编制外的员工又分为正式聘用人员和临时聘用人员，二者的区别在于是否签订正式的用人合同，收入差别较大。编制内的员工，一般通过统一招考进入事业序列。编制外的员工则一般由事业单位自行组织选拔面试，没有正式的编制，不享受事业待遇。在事业单位中，员工的工资来源分为自收自付、差额拨款和全额拨款三类。自收自付单位中员工的工资完全由单位的收入拨付，单位收入高，员工的工资就高。差额拨付单位中员工的工资和福利，一部分由政府负担，一部分由单位负担，工资水平受单位盈利的影响较小。全额拨款单位中员工的工资全部由政府负担，基本上等同于公务员的固定工资水平。当然，无论工资的来源是来自政府还是企事业单位自身，编制内与编制外员工的工资收入待遇都会存在很大的差别。相比之下，差距最大的是全额拨款的单位，差距最小的则是自收自付的单位。除此之外，编制内的员工通过事业单位统一招考进入，有正式的编制，被统称为国家干部；编制外的员工由单位自主招聘，一般从事行政后勤工作，二类人员在身份上有着明显的差别。

2. 不同单位之间的同工不同酬

不同单位之间的同工不同酬，指的是同一个地区之内的不同企业之间的相同工种或者相同岗

---

① 2017 年退休工资新规定：国企职工退休工资最新标准一览[EB/OL].[2018-10-21]. http://money.yznews.com.cn/2017-02/19/content_5896492.htm.

位的员工得不到相同的待遇或者报酬。这是一种普遍存在的现象,不同的单位由于行业性质不同、盈利水平不同、管理风格不同,员工的收入会有较大的差别,福利待遇、社会保险的购买比例也存在着一定的差别。其中,又分为同一行业的同工不同酬与不同行业的同工不同酬。

同一行业的同工不同酬是市场机制运行的结果。由于企业的自身条件、管理者的风格、经营方式的不同,造成企业的盈利不同,这就直接决定了员工的收入水平。一般来说,企业的盈利高,那么员工的工资就高。不同行业之间的同工不同酬是由经济发展的客观规律决定的。不同的产品价格不同,相同的产品在不同的生产周期或市场条件下价格也不同,造成企业的盈利不同,员工收入就不同。调查显示,不同行业之间的同工不同酬要大于同一行业的同工不同酬。根据 2015 年初公布的《2014 年央企高管薪酬排名》,位居榜首的中海油董事长年薪高达 1204.7 万元,是上一年全国城镇单位就业人员年均工资的 234 倍,而排名最低的中航光电董事长年薪只有 28 万元。

3. 不同地区之间的同工不同酬

不同地区之间的同工不同酬,指的是不同的省份、城市、区县之间相同岗位的员工之间的报酬不同,也称为区域差别。如,2014 年 4 月,智联招聘对全国 28 个主要城市的白领月薪进行了分析和统计。从各城市的薪酬水平看,上海以 7214 元的月薪高居榜首,超出排在第二位的北京(6947 元)约 300 元,深圳以 6819 元的月薪排第三位。接下来,依次为东部沿海城市,如宁波、杭州、广州等。排名最后的三个城市是:天津 4819 元,福州 4801 元,合肥 4698 元。可以看出,收入最低的地区和收入最高的地区相差将近 3000 元。这种现象的出现,一方面是由于地区之间的经济发展水平、消费水平、物价水平等不同造成的,另一方面也是由于不可避免的地区歧视造成的。人们从工资水平低的地区流入工资水平高的地区,如北京、上海、广州一类的一线城市,由于经济比较发达,就业机会多,工资水平也高,自然就成了劳动力输入的大省。

(四)同城居民待遇不同

同城居民待遇不同,指的是在同一个城市生活工作的居民享受不同的待遇,除了社会福利待遇之外,也包括一些地域歧视。最突出的就是本地户籍人口和外地户籍人口的差异,主要体现在就业、教育、住房、就医、社会保障等方面。同城不同待遇是本地政府对外来人口身份歧视政策的一种表现。户籍制度如同一道壁垒,隔离了本地居民和外来人口。在一线发达城市,户口千金难求,没有户口就无法享受市民待遇,不能购房、享受社会保障。政府在享受外来人口税收等贡献的同时,通过户籍壁垒等身份制度对外来人口予以排斥,不给予其市民的待遇。一方面在积极吸纳外来人口缓解本地的劳动力压力,一方面却又在尽力地回避承担劳动力成本,使得外来人口受到很多歧视。

1. 就业歧视

就业歧视主要包括工资收入歧视、录取歧视和职业歧视三个方面,其中,工资收入歧视是最直观的表现形式。同一单位从事相同工作的员工,由于户籍不同造成收入不同,本地户籍人口除了工资较高外,享有的社会保障也比外地户籍人口多。如,本地居民在失业期间享有失业保险,但外地户籍人口不享有失业补助,在失业期间多数是靠自己过去的积蓄生活,靠向亲友、老乡借钱生活。很多外来人口在务工期间生病,但由于没有医疗保险,通常不去医院看病,而是自己买点儿药解决;在遇到患大病重病时,看病支出绝大部分是自费,用人单位一般不会为其支付医疗费。录取歧视也是最常见的表现形式，部分地区的企事业单位在招聘条件中列明“只限本地户口”或“本地户口优先考虑”。中国政法大学宪政研究所曾经对 2011 年中央国家机关公务员招考所涉及的 9762 个岗位做过研究，结果显示就业歧视主要存在于性别、民族、社会身份、残障、政治面貌、年龄、身体特征等方面，其中健康和年龄的歧视比例均为 100%。政治面貌、社会身份和性别歧视也比较明显，要求政治面貌为共青团员或者党员的占 19.1%，存在户籍和地域歧视的占 85%。①

从总量看，中国已经超过了刘易斯拐点，劳动力开始出现短缺的局面。但是在北京、上海、广州一类的一线城市，由于收入水平较高，依然对劳动力具有强大的吸引力，局部的劳动力市场竞争激烈，特别是在较好的企事业单位等高端就业市场依然存在较大的就业歧视，部分岗位对外来人口并不开放，即使开放也不接收户口转移。在一些技术密集型产业中，出于地方保护主义，也不会让外来人口从事产品研发、核心技术处理等相关工作。这就使得大部分外来务工人口只能从事服务业、建筑业和制造业等工资收入较低的岗位②，这些人提供的劳动人口红利成为支撑一线城市社会经济发展的重要基础，但劳动力的生产和再生产成本却由流出地的政府来负担。

2. 教育歧视

近年来，为解决农民工子女的读书问题，减少农村留守儿童数量，政府不断加大义务教育资源的投资力度，但教育歧视依然存在。根据国家统计局数据，2016 年我国约有 18 岁以下流动儿童 2000 万名，占全部流动人口的 19.37%。这些流动儿童在城市就读，主要是通过四种途径：缴纳一定的借读费在公立学校就读、读收费较高的民办私立学校、读政府设立的农民工子弟学校或者读私立的农民工子弟学校。相比之下，公立农民工子弟学校大多位于城乡接合部，办学条件较差，硬件设施和师资力量都比较薄弱，而且名额还有一定的限制；私立的农民工子弟学校虽名额较多，但条件较差；民办学校收费较高；公立学校每年给予农民工子女的名额很少，甚至没有。因此，很多农民工子女依然留在老家读书，常年不能见到父母，留守儿童问题突出。

根据教育部部署，流入地政府有义务解决农民工子女的教育问题。虽然政府已经采取措施解决义务教育阶段子女的就学问题，但非义务教育阶段尤其是高中教育阶段，教育资源分配不公平的问题依然突出。如农民工子女的高考问题，虽然教育部已经出台政策让农民工子女可以就地高考，但出于对本地户籍考生的保护，打工地政府依然有许多条件限制农民工子女的高考，如必须出示父母的暂住证、父母必须有当地企事业单位发给工资或劳务费的证明或者从事经营向税务机关纳税的证明、有在务工所在地读完三年高中的学历证明等。

3. 住房歧视

由于商品房价格上涨过快，目前很多城市都开始限制外地户籍人口买房炒房，这也造成了外地务工人员只能进入房屋租赁市场。而租房需求的旺盛，不仅把外来人口收入的大部分转化为本地居民收入，进一步扩大了收入分配不公，也在一定程度上助长了房价的上涨。除了购房歧视，租房也存在歧视，部分房东不租给外地人或不租给某些省份的外地人。除了以上能观察到的显性歧视外，还有看不到的隐性住房歧视。隐性住房歧视主要表现在将本应作为居住商品房的部分土地开

---

① 中国政法大学调查：国考存在严重的就业歧视[EB/OL]. [2018－10－22]. http://www.edu.cn/kao_shi_xin_wen_11359/20111121/t20111121_709184.shtml.

② 上海市外来务工人员状况的调查分析[EB/OL]. [2018－10－22]. http://blog.sina.com.cn/s/blog_54abf46701000avp.html.

发为商业用地，占用居民本就有限的商品房资源，地方政府以此来支撑高房价，获得超额的土地转让费。除此之外，住房歧视还表现在外来务工人员是否享有单位分配住房方面。同样的外来务工人口，由于单位性质或者盈利条件不同，有些能提供宿舍居住，有些甚至连租房补贴都没有。

4. 社会保障歧视

社会保障歧视主要表现在地区分割方面。由于现在我国的社会保险并未全国统筹，各个地区自己单独管理，呈现出地区分割的碎片化格局，不同地方的社会保障不能接续。无论是哪个行业的员工，在辞职后跨省再找工作，需从头再缴。加之社会保障体系的设计是以效率原则为基础的，对再分配的考虑不足，使得各地的社会保障呈现出逆向再分配的格局。当外来人口流入一个新地区时，流入地政府积极推进社会保障全覆盖，提高社会保障的参保率，增加社会保障收入。但当需要支出的时候，外来人口受益较少。2011 年 7 月 1 日起实施的《中华人民共和国社会保险法》第九十五条规定，"进城务工的农村居民依照本法规定参加社会保险"，各地逐渐将农民工纳入本市社会保险覆盖范围，和城镇职工缴纳相同的费用，享受相同的待遇，缴费满 15 年即可在 60 岁之后按月领取养老金，但领取的金额由养老保险缴纳的金额和年限来决定。

但就目前情况来看，农民工的参保率依然不高。以河南省为例，截至 2016 年底，河南省农村劳动力转移就业规模达到 2876 万人，而在省内转移的 1709 万人中，参加工伤保险的农民工只有 193.3 万人，参保率仅为 11.3%，其中建筑业农民工参保率仅为 3.5%。而政府工作人员、高端企事业单位的职工参保率为 100%，用人单位为职工缴纳"五险"的比例也是 100%。这也在一定程度上加大了分配不公。

（五）同等身份不同权利

由于多年来一直实施的城乡户籍制度，我国公民在事实上已经被划分为三个层面：城镇居民、农民工和农村居民。城镇居民持有的是城镇户口，居住在城镇地区；农村居民持有的是农村户口，居住在农村地区；农民工介于二者之间，虽生活在城镇，但依然是农村户口，依然享受不了城镇居民的待遇。近年来，我国各个地区的城镇化水平虽然逐步提高，但城镇居民、农民工和农村居民之间的待遇区别依然很明显。在就业方面，大多数城市都实施居民就业保护政策，优先录用本地户籍人口，农民工即使被录用，也很少能和本地人口一样享有正式职工待遇，在工资、福利方面都有着较大的差别。在教育方面，教育资源都是向城市倾斜的，城市的教育经费、基础设施和师资力量都要明显优于农村。在社会保障方面，在城镇地区实行的是城镇居民养老保险和基本医疗保险，而在农村地区实行的是新农保和新农合。在土地享有方面，农村地区一般是按人口分给土地，但是农村的土地使用权一般不能出售和转让，而且一户只能分到一处宅基地；而在城镇地区，则可以一户购买多处住房，可出租、出售，这也是造成城乡收入差距过大的一个原因。

除了上述表现之外，分配不公还有其他表现形式。如，两极分化严重，基尼系数远远超过 0.4 的国际警戒线等。近些年来，中国地区、城乡、行业、群体间收入差距加大，分配格局失衡，导致社会财富向少数人集中，一部分人先富起来的战略目标已经算是达到，"共同富裕"的目标不仅没有得到实现，反而呈现渐行渐远的发展态势[①]。由此带来的诸多社会问题正日益成为社会各界关注的焦点。

① 纪宝成.我国目前分配不公的六大表现及其应对[J].领导科学，2011(22)：18—19.

二、分配不公问题的形成原因

分配不公问题的复杂性和严重性，是由历史遗留原因、经济条件限制、社会保障不健全、分配制度不完善等方面综合作用的结果。

(一)历史遗留原因

1. 户籍制度

分配不公问题并非一朝一夕产生的，而是在长期的发展过程中累积下来的，尤其是户籍制度壁垒使得人口分化现象明显，农村人口和城镇人口的差距越来越大。纵观户籍制度改革历程，它是一个由放任到强化，到放松，再到放开的过程。新中国成立之初，人口迁移完全自由，但由此造成了粮食、居住条件的紧张。从1958年到1980年是逐步强化的阶段，通过户籍改革来控制人口的全面迁移。1963年公安部将居民户口划分为“农业户口”和“非农业户口”。1975年《宪法》中取消了允许公民自由迁徙的条文。从1980年到2000年，户籍制度开始逐步放松，1984年允许农民自理口粮到城市落户，1998年开始解决户口迁移中的突出问题。从2000年至今，户籍制度基本放开，但依然对户口迁徙设置了很多的前提条件，这些严重阻碍了持续健康的城镇化进程。

2. 政策倾斜

由于气候、地势的问题，我国大部分的工业和交通运输设施都集中在中东部。改革开放以来，东部沿海地区发展迅速，大量的资金持续涌入，加之政策的支持，使得东、中、西部地区之间发展不平衡。同时，由于开放较早，东部沿海地区居民的思想相对比较开放，投资需求较大，商品经济意识相对比较强烈；相比之下，中西部地区除了自然资源优势外，其余方面都不能与东部沿海城市相提并论。特别是1978年改革开放后国家对东部沿海地区实行倾斜政策，投入了大量的人力、物力、财力资源。经济特区的成立，更是使得沿海地区经济飞速发展，进一步拉大了地区差距，这也是造成分配不公的一个重要原因。

3. 单位制度

作为一种社会管理制度，单位制度源远流长。单位，一般是指机关、团体、法人等非自然人的实体或其下属部门，政府机关、公司、工厂、学校等都被称为单位。所谓单位体制，是中国革命战争胜利后在社会现代化进程中诞生出来的一种社会调控体系设立的组织形式。它形成于20世纪50年代初期，是计划经济时代政府实施管理的重要手段——以户籍制度为基础，对非农业人口实施管理。在这种体制下，单位对职工进行管理和控制，发放各种福利，个人的命运与单位紧紧相连。一方面，由于单位收益不同，造成不同单位职工之间收入待遇不同；另一方面，也拉大了单位员工和非单位员工之间的身份与收入差距。改革开放以来，单位制功能逐渐弱化，但仍然发挥着重要的作用。

4. 曲解“先富”

新中国成立初期，百废待兴，国家提倡全体人民齐心协力搞建设，共享发展成果，但未能很好地提高人们的积极性，还造成了“吃大锅饭”的局面。改革开放以后，邓小平提出允许一部分人、一部分地区先富起来，先富带动后富，最终达到共同富裕，开始在强调公平的同时注重效率。政府的原意是将工资和奖金的控制中心下移,允许收入差距的存在,允许通过从事第二职业获得其他收入,使得效率在社会主义市场经济的环境中得到有力的发展。但这样一来也使许多人对“先富”产生了曲解,认为允许“先富”就意味着可以完全抛弃“公平”,觉得先富有理,而将带动后富抛之于脑后,这对收入分配产生了很多副作用,如忽视了公平的相对性和历史性,造成分配不公问题非常突出。

背景知识:先富

1985年10月23日,邓小平在会见美国时代公司组织的美国高级企业家代表团时说:“一部分地区、一部分人可以先富起来,带动和帮助其他地区、其他的人,逐步达到共同富裕。”1986年3月28日,在会见新西兰总理朗伊时说:“我们的政策是让一部分人、一部分地区先富起来,以带动和帮助落后的地区,先进地区帮助落后地区是一个义务。”1986年8月19日—21日,在天津听取汇报和进行视察的过程中邓小平说:“我的一贯主张是,让一部分人、一部分地区先富起来,大原则是共同富裕。一部分地区发展快一点,带动大部分地区,这是加速发展、达到共同富裕的捷径。”

(二)经济条件限制

我国的基本经济制度是实行以公有制为主体,多种所有制经济共同发展。由于处于社会主义初级阶段,必须维护公有制的主体地位,电力、石化、烟草、盐业等事关国计民生的部门,没有允许民间资本的进入。这在一定程度上限制了民营企业的投资权利,造成机会和权利的双重不平等。垄断行业凭借国家赋予的行政垄断地位,既享受国家的政策扶持,又在生产要素、经营范围、产品价格等方面垄断市场,排斥其他经营主体,从而获取垄断高额利润。同时,国有企业虽然属于全民所有制企业,但其通过各种手段将大部分利润留在企业内部,并转化为本行业员工的高收入和高福利,从而造成了行业员工之间的收入差距。垄断行业的高收入水平本身就是一种不公平,既阻碍了生产力的发展,又损害了劳动者劳动的积极性。

同时,市场经济是一种优胜劣汰的竞争,高收入者凭借着较强的经济实力和综合素质成为竞争的优胜方,强者越来越强;而低收入者则在竞争中越来越弱,收入越来越低,加重了分配不公问题。十一届三中全会以来,经济体制改革的目标是克服平均主义的计划经济体制,逐步建立起社会主义市场经济体制。而在当时,发展社会主义市场经济所需的体制机制还未建立起来,就先摒弃了旧的收入分配机制,这样势必导致分配不公平。此外,现行的经济制度造成的灰色收入也是分配不公的一大诱因。如果说合法收入是白色的,不合法收入是黑色的,那么灰色收入就是说不清合法与否的收入,比如某些差价收入、公款消费等。所谓“灰色收入”,是指凭借某人的特定身份和地位,利用法律、政策的某些漏洞取得的不正常的、不合理的收入。现在“灰色收入”主要包括:土地供给、贷款利率、公款消费等,该部分“灰色收入”可以让一些人谋取大量的利益,加剧贫富差距。

(三)社会保障不健全

社会保障是指国家通过立法,积极动员社会各方面资源,保证无收入、低收入以及遭受各种意外灾害的公民能够维持生存,保障劳动者在失业、工伤、生育、年老时的基本生活不受影响,同时根据经济和社会发展状况逐步提升公共福利水平,提高国民生活质量。可见,良好的社会保障体系有助于缩小贫富差距。但目前,社会保障覆盖面窄、保障水平低、管理服务社会化程度不高,整个社会保障体系仍处于建立阶段。归结起来，我国的经济虽保持着较好的增长势头，但由于发展起步晚、人口众多、技术落后等问题，仍处于发展中国家序列，人均 GDP 不高，国家财政收入不高，这是造成社会保障体系不健全的主要原因。其次，由于对“公平”的过分强调，社会保障体系实行同一把标尺，并未充分关注弱势群体，这也在一定程度上加剧了社会贫富分化。

（四）分配制度不完善

社会主义初级阶段的以公有制为主体、多种所有制经济共同发展的基本经济制度，决定了收入分配领域必然实行以按劳分配为主体、多种分配方式并存的分配制度，坚持按劳分配与按生产要素分配相结合。在这种分配制度下，占有生产要素的多少、质量的好坏成为影响公民之间收入差距的重要因素。目前我国有三轮分配：初次分配、二次分配和三次分配。初次分配依照效率优先的原则，按生产要素进行分配，多劳多得，少劳少得，不劳不得。二次分配也被称为社会转移分配，是指在初次分配的基础上，通过税收、法律等工具调节各社会主体的收入差距，强调社会公平。三次分配是在二次分配的基础上通过各种慈善组织进行捐赠等慈善活动，是自愿进行的分配。综观我国的分配，相比于发达国家而言，仍存在一些问题。

1. 初次分配：市场体制不健全

首先，政府的财政收入与居民可支配收入的比例严重失调，政府自己花销的部分较大，而真正用于百姓住房、医疗、教育等民生方面的支出所占比例很小。同时，多数从业人员的工资过低，且多年不做调整，从业人员的劳动报酬在国民收入中的比重逐年下降，资本回报比重却逐年上升，进而造成分配不公。其次，分配秩序比较混乱，政策明显偏向于企业和政府，使得居民、企业和国家三者的收入比例严重失调，居民可支配收入下降，但政府和企业的收入却逐年上涨。近年来收入分配领域正在推行改革，从单一的按劳分配到以按劳分配为主体、多种分配方式并存的分配制度的演变体现了社会的进步，但是改革不够深入，且在不同的地区、领域、行业改革推进的先后顺序和力度不均衡，造成机会不等、资源占有不均。因此，体制的不健全、不完善，改革的不到位，使少数人钻政策和法律的空子，获得大量非法劳动收入，必然造成分配的不公平。如果这种不公平的程度超过了社会的心理承受能力，必然会导致人们的不满情绪，对社会稳定造成不利影响。

2. 二次分配：手段不完善

我国目前的二次分配手段不完善，不能有效地调节并扭转收入分配不公的局面。第一，财政体制不完善，财政转移支付能力不强。国家财政收入在国民收入中所占的比重偏低，制约了政府在财政支付方面的能力，因此不能给予经济欠发达地区有力的财政支持。第二，税收体制不合理，在税收征管上存在漏洞，没有充分发挥税收在调节收入分配不公局面中的应有作用。如，个人所得税征收的原意是为了调节个人收入差距，但实际上使得工薪阶层成为纳税的主体，由于制度和监管的不到位，私企偷税漏税情况严重，真正上报的收入较少，纳税相应较少。相反，工薪阶层的工资比较透明，在发放过程中就直接扣减了税收。据税收专家贾绍华统计，1995 年到 2000 年中，每年的税收流失额绝对值都在 4000 亿元以上。据不完全统计，中国每年外逃资金 700 多亿元，偷税漏税金额至少 500 亿元①。第三，社会保障制度不完善。一方面，由于经济发展水平的限制，我国目前社会保障

① 杨强. 中国个人收入的公平分配[M]. 北京：社会科学文献出版社，2007：242—263.

层次低，覆盖面窄，只覆盖到国家机关、国有企业、事业单位等领域，而私营企业和乡镇企业很少享受，甚至没机会享受，应保未保的情况比较常见。尤其是农民、农民工、城市无业人员和城乡残疾人士等群体的社会保障问题比较突出。另一方面，城乡实行不同的社会保障标准，城市的社保标准高于农村，这是制度上的不公平。此外，最低生活保障水平低，赶不上物价增长的速度，不能完全满足贫困人口的基本生活需要，这种情况在事实上削弱了社会保障的应有功能，进一步拉大了收入差距，造成分配不公，对社会的稳定与发展构成了潜在威胁。

3. 三次分配：手段乏力

三次分配是先富起来的人或地区自愿通过捐赠、奖励等方式把自己的部分财富捐给在初次分配和二次分配中利益受损的群体和地区的一种手段。但是，目前三次分配效果不明显，慈善事业的发展依然存在很多缺陷。由于慈善机构不健全、捐赠法律法规不健全、捐赠规模小、捐赠水平低、社会慈善观念落后，导致整体捐赠水平不高。政府在慈善事业上利用行政手段干预过多，门槛过高。如，慈善组织必须挂靠在一个政府机构下面，才能注册成为合法组织。很多组织因为门槛高，找不到挂牌的单位，只能将基金会登记为企业，严重阻碍了民间组织的发展。同时，缺乏相应法律条款的监督，慈善组织变味现象频发，捐款使用不透明，慈善组织公信力低，都使人们不愿意主动参与到第三次分配中来。

此外，对工资的发放也缺乏有力的监管。首先，对各类私人企业的监管不力。改革开放以后，私人企业获得了空前的发展机会，迅速发展壮大。但是在企业内部，有法不依现象依然存在，损害员工利益的事情时有发生。我国至今没有出台与工资发放直接相关的法律条款，在工资发放方面存在很大的法律漏洞，对拖欠、扣减员工工资的行为缺少直接的法律制裁。其次，对相关权力机构及人员的工作缺乏有力的监管。

三、分配不公问题的社会影响

法国籍瑞士经济学家西斯蒙第(Sismondi)在《政治经济学新原理》一书中指出，不公平的分配将财富集中到少数人的手中，使得广大劳动人民的收入不足，导致市场的消费不足，消费市场越来越萎缩，生产和消费之间的比例被破坏，最终将会导致生产过剩，爆发经济危机。也就是说，分配不公必然导致经济危机。

延伸阅读：第一个和经济自由主义传统决裂的经济学家西斯蒙弟

西斯蒙第，法国政治经济学家，经济浪漫主义的莫基人。1803年出版《论商业财富》时，他还宣传斯密的学说。但法国大革命后，小生产者的破产分化和英国的经济危机使其成为英国古典政治经济学的激烈反对者。他于1819年发表《政治经济学新原理》，从小生产者的立场出发，批评英国古典政治经济学以财富为研究对象，忽视了人和人的享受，认为经济自由主义给社会带来灾难，要求依靠国家政策调节社会经济生活。他强调消费先于生产、生产服从消费，反对李嘉图为生产而生产的思想。西斯蒙第还指出，资本家为利润拼命扩大生产，但小生产者的破产和社会分配不公使广大人民收入不足，收入不足使消费不足，因而一部分产品不能实现价值而必然造成经济危机。他最早论述了资本主义生产过剩危机的必然性，这是他的科学功绩。但他的经济危机理论仅归结为主要是生活资料消费不足，并未真正认识到危机的原因。他赞美中世纪行会手工业和宗法式农业的原则和规范，他的改革建议实际上未超出小生产者的眼界，从而形成了小资产阶级经济浪漫主义的思想体系。

（一）影响经济可持续发展

马克思主义政治经济学中提到，生产决定分配，分配反作用于生产。在当前的生产力水平下，一定的分配差距可以提升人们的生产积极性，促进居民消费的多样化，消费结构的多样化又会引起产业结构调整，有利于促进经济增长。由此可见，消费不足源于分配问题，一是分配不公带来的收入差距过大，高收入者的消费需求随着收入的增加变化不大，而低收入者又无能力消费；二是公共服务体系和社会保障体系不健全，由此导致的医疗、教育、住房保障不到位，使得居民的不安全感上升，不得不增加储蓄，由此导致储蓄增加、消费减少；三是政府对 GDP 盲目追求，鼓励高收益企业的发展，忽视了劳动密集型企业的发展，使得社会就业岗位不足。分配的反作用主要体现在，分配差距的过大会影响生产积极性。如果分配差距超过了人们可以接受的程度，就会出现过大的贫富差距，影响人们的消费需求，阻碍经济发展。

（二）影响社会和谐发展

分配不公会造成社会群体的分离，从而引发很多社会问题，严重影响和谐社会的构建。一方面，由于分配的不公使得贫富悬殊、城镇居民与农村居民的收入差距拉大，使得社会各群体之间产生对立和仇视，降低社会的凝聚力。在分配不公的社会里，人们因为收入的压力产生不安和恐惧，甚至仇视高收入人群，使得社会充满不和谐因素，甚至会引起社会的崩塌。另一方面，由于分配不公使社会成员产生抵触心理。低收入者认为收入的差距是由于富人阶层的压榨，而富人则认为穷人人穷志短，从而引发社会不和谐。同时，分配不公意味着社会成员并没有平等地享受到社会发展的成果。对于低收入群体来说，他们在社会生产中得到的回报少，社会地位低，容易对现行的分配制度、政府的方针政策产生怀疑，不信任政府。这两种心理状态发展下去，就会产生社会对立和抵抗情绪。此外，分配不公也容易滋生犯罪。许多罪犯往往是因为不能通过合法手段取得相应的收入而产生愤怒，对社会感到失望而采取极端的手段进行报复。古人言“不患寡而患不均”，不公相比贫困更容易引发犯罪。总而言之，分配的不公会极大地影响社会的凝聚力和整合力，违背社会发展的初衷，最终影响社会发展。

（三）加剧资源与环境问题

分配不公会影响到人与自然的和谐。收入的差距过大，会加剧不同的社会群体对资源的争夺和对环境的污染。迫于生存的压力，低收入者往往以杀鸡取卵、竭泽而渔的方式透支自然资源来满足当前的需求。如，在大部分山区，由于缺少技术、知识等，周边居民对自然资源疯狂地开采，靠山吃山、靠矿采矿，造成资源的枯竭，山区也只会更加贫困。同时，高收入者看到了分配的倾斜，加快利用自己手中的资源，也在无节制地消耗着自然资源，同时排放大量污染物。最终，生态环境破坏了，穷人越穷，富人越富。因此，一个社会如果分配不公，会加剧资源与环境问题。

由此可以看出，分配不公的影响是多方面的，不仅影响着国民经济的健康、协调、可持续发展，而且挑战着社会的公平正义，危害社会的和谐稳定发展。因此，分配不公问题亟待解决。

第三节　政府行为与分配不公问题矫治

党的十九大报告指出:"坚持按劳分配原则,完善按要素分配的体制机制,促进收入分配更合理、更有序。鼓励勤劳守法致富,扩大中等收入群体,增加低收入者收入,调节过高收入,取缔非法收入。坚持在经济增长的同时实现居民收入同步增长、在劳动生产率提高的同时实现劳动报酬同步提高。拓宽居民劳动收入和财产性收入渠道。履行好政府再分配调节职能,加快推进基本公共服务均等化,缩小收入分配差距。"由此可见,要解决分配不公问题,政府责任重大。

背景知识:《关于深化收入分配制度改革的若干意见》

2013 年 2 月 6 日,国务院批转的《关于深化收入分配制度改革的若干意见》正式公布,这是贯彻党的十八大精神的重要措施,对于促进经济持续健康发展和社会和谐稳定、推进全面建成小康社会具有十分重要的意义。该文件在分析当前形势的基础上,全面阐述了下一步深化收入分配制度改革的总体要求和方向,提出两个"坚持"、三个"重点"、四个"目标",从初次分配、再分配、农民增收和分配秩序等四个方面提出了 30 条政策措施,积极回应了社会关注的热点难点问题。

一、政府对于矫治分配不公问题的责任

国务院在《国务院批转发展改革委等部门关于深化收入分配制度改革的若干意见的通知》(国发〔2013〕6 号)中明确提出,收入分配制度是经济社会发展中的一项带有根本性、基础性的制度安排,是社会主义市场经济体制的重要基石。深化收入分配制度改革,要坚持共同发展、共享成果。初次分配与再分配都要兼顾效率和公平。坚持市场调节、政府调控。充分发挥市场机制在要素配置和价格形成中的基础性作用,更好地发挥政府对收入分配的调控作用,规范收入分配秩序,增加低收入者收入,调节过高收入。妥善处理好改革、发展与稳定的关系,着力解决人民群众反映突出的矛盾和问题,突出增量改革,带动存量调整。由此可见,政府对于矫治分配不公问题的责任主要体现在下列方面。

(一)对"认识范式"的转变

分配不公问题是伴随着经济的高速增长而产生的。与过去相比,现在经济增长结构、分配制度、国内主要矛盾都发生了极大的变化,政府对于收入分配不公问题的"认识范式"也需要转变。第一,应把关注的重点从收入差距转变到分配不公上来。在过去的 30 多年中,政府过多地关注收入差距本身的问题,如地区差距、城乡差距、企业之间的差距等;现在,政府关注的应该是收入差距背后的原因,关注分配的起点不公、过程不公和结果不公,思考如何解决分配不公问题。第二,从关注二次分配转变到关注初次分配上来。过去政府对于解决收入差距问题,大多寄希望于二次分配,希望更好地发挥税收调节作用,通过转移支付缩小收入差距。但其实收入差距从初次分配就存在着问题,二次分配是在调节初次分配的问题。第三,从关注个人收入分配转移到关注国民收入分配上来。过去政府关注更多的是个人收入的分配问题,旨在解决居民之间的收入分配如何体现公平。

现在,则需要更多地关注国民收入问题,重点关注政府、企业、居民所得在国民收入分配中的比例和结构问题、财政税收的分配问题。

(二)对收入分配的调控

在初次分配中,要完善生产要素市场化价格形成机制,充分体现按劳分配和按生产要素分配,进一步推进要素市场化改革,完善初次分配制度。如:完善户籍制度改革,使得劳动力能够自由流动;推进垄断行业和国企改革,通过充分的竞争缩小同工不同酬的程度;推进利率市场化进程,推进新型城镇化和新型工业化发展,完善资本收益分配机制。

在二次分配中,推动税收制度改革,充分发挥税收对于收入分配的调节作用,完善再分配制度。如:调整和完善税收结构,降低流转税和间接税的比重,提高收入税的比重。推动非税收入纳入税收征管体制中,推动社会保障领域的费、税分离。同时,建立健全相应的税收配套制度,努力实现中央与地方的匹配。此外,构建推进分配公平的税收体系,建立以房产税为主、土地使用税和车船使用税为辅的收入调节税收体系。此外,还需要适时地调整各项税率,降低增值税税率,减轻工薪阶层的负担,同时适当增加资本所得税、金融交易税来调整税收收入,适当提高高收入群体的税率。

同时,深化垄断行业收入分配制度改革,缩小垄断行业与其他行业的收入差距。第一,要引入竞争机制,鼓励多种所有制经济共同发展。通过推进国有企业改革,打破国有企业在市场上的垄断地位,引入竞争机制,鼓励私营经济、个体经济等多种所有制经济共同发展。第二,要增大政府在垄断行业的分红。加大税费征收力度,提高垄断行业税后利润上缴比例,减少其过高的收入。第三,合理限制垄断行业职工工资水平,缩小行业间的差距。

(三)对经济增长的把控

如果将国民经济收入看作一个大蛋糕,那么在关注怎么将蛋糕分均匀的同时,也要注重把蛋糕做大,让每个居民分到更多的蛋糕。第一,需要优化经济增长结构。在保护生态环境的同时,追求经济的持续增长。第二,在增加财产性收入的同时,增加居民的经营性收入。通过鼓励创新创业,推动中小企业的发展,既能增加公民的收入,也有助于经济增长。第三,优化外商投资环境,引入国外优秀企业,增加就业机会,优化经济增长方式。

同时,需要不断完善社会主义市场经济,规范市场行为。如果社会主义市场经济还一直是二元体制,旧体制打破了但是旧的东西还存在,新体制又没有健全完善,就很容易出现贫富不均、两极分化的现象。如果将社会主义市场经济体制完善,使市场行为有序、规范,那么一夜暴富的现象就会减少,贫富差距也能缩小。

(四)对相关立法的建设

第一,进一步规范收入来源,从源头上解决分配不公问题。当前,关于收入来源的相关法律相对欠缺,公民关注的重点也在分配结果带来的收入差距上,并未关注不合理的收入来源。因此,应加大财产和收入申报力度,减少不规范、不合理的收入。第二,加大对收入的把控力度,完善与财产性收入分配相关的房地产税、遗产税、赠予税等方面的立法。第三,要增加与分配相关的法律的透明度,规范收入分配的立法程序,规范收入分配秩序,依法减少分配不公。第四,依法规范慈善捐赠行为。增加慈善组织数量,确保经常性捐赠、持续性捐赠。合理引导捐赠,充分发挥三次分配的作用。

（五）对财政支出的安排

财政支出政策更能体现和调节分配不公问题。从现行的支出政策可以看出，教育、医疗、住房等方面都存在严重的地域差异。究其原因，是经费支出主要由地方政府承担。各个地方由于经济发展水平的不同，财政收入存在较大的差距，收入高的地方有能力在教育、医疗、住房方面安排较多的支出，这也就造成了各地教育、医疗水平的差距，进一步扩大了地区的分配不公。因此，应转变地方政府一力承担的局面，变为中央政府统筹、地方政府负担，对于经济欠发达地区则由中央政府给予补贴，缩小地区差距。同时，还应加大公共服务和社会保障支出，适度降低经济建设支出。

（六）对社会保障体系的完善

社会保障体系是社会发展的稳定器和加速器，加快建立健全与经济发展相适应的社会保障体系，主要包括社会保险、社会救助、社会福利、社会优抚、社会救助等，对于社会稳定发展有着重要的意义。第一，需要加快社会保障体系的创新进度，扩宽资金筹措渠道。一方面继续扩大社会保险的征收覆盖面，另一方面合理规划政府的社会保障支出比重。同时，加大宣传教育力度，鼓励个人参加，社会、集体和个人多方筹资。第二，完善医疗保险改革，增强政府对于弱势群体的医疗救助，将部分门诊药物纳入医保报销中，减轻弱势群体的负担。第三，积极采取措施应对人口老龄化，如增大老龄化方面的资金，改进老龄人口的社会保障。第四，完善农村最低生活保障制度，在人员识别、资金发放方面多加监管，规范筹资渠道。

二、政府在矫治分配不公问题中的“两难悖论”

改革开放以来，允许收入差距，提倡“多劳多得、少劳少得”，鼓励一部分人先富起来，大大激励了人们的生产积极性，这说明分配制度本身是正确的。但是，随着贫富差距不断拉大，由此带来内需不足、社会矛盾尖锐的问题，极大地增加了社会的不和谐因素。政府虽采取各项措施缩小收入差距，缓解阶层矛盾，但力度并不大，效果并不明显。究其原因，是政府在处理分配不公问题时陷入了“两难”的境地。

（一）公平与效率的兼顾

何谓公平？理论界有这样四种观点：第一，收入差距大小适宜的公平观，把收入差距大小作为判断社会分配公平与否的标准，以结果的均等作为判断公平的标准；第二，按劳分配的公平观，要求废除分配上的平均主义，切实贯彻按劳分配原则，实行“多劳多得、少劳少得”的原则，体现了激励作用；第三，机会均等的公平观，强调的是给每一个人提供均等的机会；第四，收入分配中的公平，是分配尺度、分配过程、分配规则的公平，而不是单纯的结果公平。何谓效率？它原本是一个自然学科的专有名词，指有用功率对驱动功率的比值。在社会科学中，效率指的是单位时间内完成的工作量，或指最有效地使用社会资源以满足人类的愿望和需要。处理好效率与公平的关系是构建和谐社会的核心问题。20世纪80年代以来，随着经济体制改革的深入，社会主义市场经济逐步取代了传统的计划经济，在改革效率大幅提升的同时，分配出现了差距过分扩大的现象。政府在处理效率和公平之间的关系时处于一个两难的境地：过分提倡效率容易扩大贫富差距，而过分强调公平又难以激发人们的生产积极性，拉动经济增长。

在处理分配不公问题时,政府难以把握效率和公平的均衡点。这一均衡点并没有固定的数量界限,只要求符合社会的可接受程度,也就是说,在社会可承受的范围内都可以以效率为主,当社会难以承受时就必须注重公平的尺度。既包括区域之间收入差距的均衡点,也包括行业之间收入差距的均衡点,还包括个人之间的相对收入差距的均衡点,同时包括地区资源分配的均衡点。

(二)先富与共富的矛盾

先富与共富概念的首次提出。邓小平1985年10月23日在会见美国时代公司组织的美国高级企业家代表团时说:"一部分地区、一部分人可以先富起来,带动和帮助其他地区、其他的人,逐步达到共同富裕。"自此以后,无论是收入分配制度还是资源分配制度都允许差异的存在,提倡、鼓励部分人和部分地区先富起来,但是哪部分人或者哪部分地区先富起来?先富多长时间?"先富"如何带动"后富"?这些问题是困扰政府在解决分配不公问题时的难点。

从收入分配政策来看,初次分配突出的是"先富",提倡以按劳分配为主体、多种分配方式并存。多劳多得,少劳少得,不劳不得。这必然使得一部分人由于先天优势或者后天努力而获得较高的收入,先富起来。二次分配的本意是想实现"共富",通过税收调节收入差距,实现共同富裕。但综观我国目前的再分配制度,出现了逆向再分配的情况。究其原因,主要有两个方面:首先,二次分配的税收制度以间接税为主,使得社会底层人员成为纳税的主体。如,消费税、增值税等都是以广大消费者为纳税对象的,工薪阶层本应是享受所得税的,却变成了纳税主体。其次,能调节高收入群体的房产税、遗产税等税收制度尚未完善,高收入群体缴纳的税额与其收入完全不符。由于缺乏有效的税收监管制度,企业偷税漏税情况普遍。政府如果过多地强调先富,贫富差距会更加拉大,社会会更加不稳定;如果过多地强调共富,又会使社会变成一潭死水,缺乏发展动力。

从资源分配来看,教育、医疗、基础设施等资源大部分都是集中在东部沿海发达城市,而中西部地区相对较少。正是因为大量的人才、资金涌入东部沿海地区,更加加剧了地区差距。在同一个省市,由于政策的偏向,大量的资源集中在城镇,导致农村占有的资源较少,发展相对落后。由于地理环境、气候条件等的差异,政府如果一味要求共富、强调平等,在不同的地区投入相同的资源,必然造成资源的浪费,阻碍社会发展的步伐;如果过分地强调先富,资源过多地集聚在东部沿海地区,劳动力的大量涌入将对流入地造成过大的压力,不仅住房、医疗、环境等方面受影响,也会加剧地区的差异。

》》本章小结

分配不公是对各种收益、成果的分配结果的消极评价,即各个主体间的权利或者利益的差距不合理、不合法,不合乎民生发展。分配不公包括分配起点不公、分配过程不公和分配结果不公。分配不公、收入差距和分配不均三个概念之间既有区别,又有联系。分配不公的现实标准体现在不符合现阶段的发展特征,不符合人口、资源与环境条件,以及不符合社会共同的文化传统。当前,分配不公问题的主要表现是居民收入在初次分配中占比低、劳动收入占比下降、居民收入分配不公、同城居民待遇不同和同等身份不同权利。造成分配不公问题的原因主要有历史遗留原因、经济条件限制、社会保障不健全、分配制度不完善等。分配不公问题能够影响经济可持续发展、社会和谐发展,加剧资源与环境问题。在矫治分配不公现象的过程中,政府的主要责任体现在转变"认识范式”、调控收入分配、把控经济增长、建设相关立法、安排财政支出、完善社会保障体系等方面，同时注意存在的“两难悖论”，即公平与效率的兼顾、先富与共富的矛盾。

关键术语

分配不公　收入差距　分配不均　初次分配　再次分配　三次分配　社会歧视　政府矫治　两难悖论

推荐阅读文献

罗松，罗金．人类的困局与出路[M]．北京：人民日报出版社，2013.
王小鲁．国民收入分配战略[M]．北京：学习出版社，海口：海南出版社，2013.
盛庆琜．统合效用主义与公平分配[M]．杭州：浙江大学出版社，2006.

复习思考题

1. 什么是分配不公？
2. 分配不公的主要表现形式是什么？
3. 分配不公的形成原因是什么？有哪些危害？
4. 结合所学知识回答，政府应在哪些方面加大力度以解决分配不公问题？
5. 如何理解效率与公平的关系？

案例分析题

国家统计局数据显示，2014 年我国城镇居民人均可支配收入为 28 844 元，其中东部地区城镇居民人均可支配收入 33 431 元，中部地区 24 356 元，西部地区 23 694 元；收入最高的地区是上海市，达到 47 710 元，收入最低的地区是甘肃省，为 20 804 元，前者是后者的 2.29 倍，而 1978 年两者的比仅为 1.37。2014 年我国农村居民人均纯收入为 10 489 元，其中东部地区农村居民人均纯收入 14 621 元，中部地区 10 050 元，西部地区 8017 元；收入最高的地区是上海市，达到 21 192 元，收入最低的地区是甘肃省，为 5736 元，前者是后者的 3.69 倍，而 1978 年两者的比约为 2.98。这说明，东部地区集中了全国大部分的国民收入，占全国的收入比重不断上升，而中、西部地区收入占全国的比重却呈逐步下降趋势，东、中、西部地区之间的收入差距正在不断扩大。

同时，行业收入差距也较大。受经济全球化和城市化发展影响，我国各行业之间的收入差距也呈现出扩大趋势。尤其是垄断性行业受其垄断地位的影响，行业收入水平以高于其他行业收入数倍的速度快速增长。20 世纪 80 年代，我国行业收入差距基本维持在 1.6 到 1.8 倍之间，但随着改革开放的深入和部分行业垄断性地位的提升，行业收入最高的金融业年人均工资收入上升最快，由 1993 年的 4890 元上涨到 2012 年的 89 743 元，涨幅超过 17 倍；收入最低的农、林、牧、副、渔行业年人均工资涨幅最慢，由1993年的3000元上涨到2012年的22 687元，涨幅为6.5倍，最高与最低行业收入差距比由1993年的1.63∶1迅速扩大到3.95∶1。而世界上大多数国家行业间的收入差距基本上维持在1.5到2倍之间。从全国平均工资水平看，2012年全国城镇单位就业人员年平均工资为46 769元，年薪最高的金融业是它的1.92倍，而最低的农林牧渔业仅是它的49%。

随着部分行业垄断地位的提升，国有企业高管薪酬也出现两极分化现象，年薪最高的超千万，最低的仅数万元。根据2015年初公布的《2014年央企高管薪酬排名》可以看出，位居榜首的中海油董事长年薪高达1204.7万元，是上一年全国城镇单位就业人员年均工资的234倍，而排名最低的中航光电董事长年薪只有28万元。更严重的是，部分高管的薪酬并不与实际业绩挂钩，即使企业盈利下降，高管薪酬仍然稳居高位。以2012年的中意集团为例，虽然该集团的净利润下降了47.46%，但时任董事长的薪酬却仍高达998万，是当年全国城镇单位就业人员年均工资的213倍，而且该集团6位副总裁中的3位薪酬也超过了350万。可见，限制垄断企业的行业收入，尤其是限制垄断企业高管的薪酬，对于解决行业之间收入差距过大的问题非常有必要。

该案例中体现了分配不公哪些方面的内容？你认为政府应采取何种措施解决上述问题？如果分配不公问题得不到解决，会产生什么影响？

参考文献

[1] 费舒澜.禀赋差异还是分配不公？——基于财产及财产性收入城乡差距的分布分解[J].农业经济问题，2017(5)：55—64，111.

[2] 文雯.收入分配认知与收入分配的二维评价[J].经济学家，2017(2)：76—83.

[3] 赵汇，代贤萍.共享发展与社会分配公正[J].中国特色社会主义研究，2016(6)：70—75.

[4] 刘飞.收入分配差距拉大的根源在哪里[J].人民论坛，2016(25)：90—91.

[5] 王硕.美国贫困与分配不公问题依然严重[N].中国社会科学报，2016(1)：68.

[6] 王琳，宋守信.新常态下收入分配制度改革的价值取向与对策[J].山东社会科学，2016(2)：148—153.

[7] 蒋德海.以共享的正义原则"克"养老资源分配不公[J].探索与争鸣，2015(12)：26—27.

[8] 马尚田."收入分配不公"如何影响幸福指数？[N].中国县域经济报，2015-12-10(003).

[9] 金红梅.略论社会分配公正的制度保障[J].延边大学学报(社会科学版)，2015，48(4)：77—81.

[10] 韩志明.行动者的定位及其激励——以收入分配制度改革为例[J].浙江社会科学，2015(4)：83—90，158.

[11] 陈永伟，陈双双.中国城镇居民收入差距的公平与不公平分解及度量[J].经济学动态，2015(3)：44—51.

[12] 吴宣恭.分配不公的主要矛盾、根源和解决途径[J].经济学动态，2010(11)：12—19.

[13] 曾国安，洪丽.收入分配不公问题的多维解读[J].江汉论坛，2010(6)：5—9.

[14] 何伟.资源分配不公决定收入分配不公——再论公平与分配不能联姻[J].中国流通经济，2006(7)：10—13.

第五章　医疗改革问题

学习目标

了解当代中国社会中的医疗改革问题，理解不同历史阶段的医疗改革内容与整体成效，掌握当前医疗改革问题的主要表现、形成原因及联动效应，理解医疗改革中政府角色的发挥与社会力量的参与。

知识结构

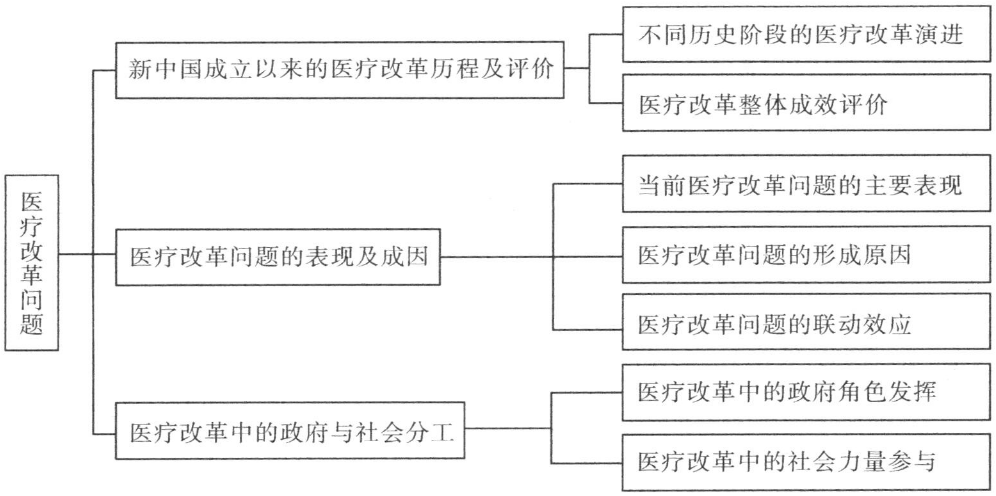

人与人，有一些差别与不平是永远存在的，包括医疗服务领域。其实我们要认真关注的，只是普通的民众，尤其是低收入的群体。十数年后，当医改的泡沫退去，坚硬的砥柱自会显现。

——朱幼棣

第一节　新中国成立以来的医疗改革历程及评价

医疗卫生是关系到民众健康的基本事业，历来备受政府的重视。但基于人口众多、区域发展不平衡、医疗资源分布不均的基本国情，医疗卫生体制改革走过了一条艰辛而曲折的道路。通过梳理医疗改革的演进历程，总结出其成效和问题，可以为后来的医疗改革推进提供借鉴。

一、不同历史阶段的医疗改革演进

以新中国成立为初始点，梳理医疗体制改革的不同历史阶段，概括出每个阶段的主要改革内容与特征，是评价医疗改革成效的基础任务。

（一）萌芽时期：1949—1978 年

新中国成立初期，经济、政治、社会建设等各项事业百废待兴，最基本的医疗卫生体系缺乏，社会公众健康处于低水平。由于国内经济形势不好，社会公众有病无钱医，有病无处医，孕妇、婴儿死亡率较高。为了解决这一系列问题，1950 年 8 月第一届全国卫生会议中提出“面向工农兵、预防为主、团结中西医”的卫生方案，1952 年 12 月第二届全国卫生会议又增加了“与群众运动相结合”的原则。随后，政府开展了以“面向工农兵、预防为主、团结中西医、卫生工作与群众运动相结合”内容的大卫生运动，这是我国基本医疗卫生制度的萌芽阶段。当时，集中主要力量于建立基本的公共卫生服务体系，向社会提供以传染病防治、妇幼保健为主的基本医疗卫生服务。1951 年颁行的《农村卫生基层组织工作具体实施办法（草案）》中明确了基本医疗卫生服务的内容：以预防为主，注重改善环境卫生，致力于解决安全饮水、粪便处理问题，为妇女儿童提供基本保健服务，开展人群健康教育，实行广泛的社会动员，鼓励公私机构合作，收集和利用卫生信息，开展初级卫生人员训练等①。政府凭借所掌握的公共权力对医疗服务、医疗保障、食品药品、卫生防疫、卫生监督等实行统一管理，对承担预防保健任务的卫生机构实行全额拨款。大卫生运动一方面表明政府开始认识到医疗卫生事业的重要性，承担起自己必要的责任，自上而下地推行医疗卫生事业改革，另一方面也使公众开始正视自己的责任，积极参与到改革中来。

可以看出，当时为了解决民众的身体健康问题，我国选择了一条独特的医疗卫生发展之路：主要依靠经过很短时间就可培训出来的较低技能的医护工作者，发展劳动密集型医疗技术，重点强调预防和初级保健，而不是单纯地关注民众健康。总之，萌芽时期的医疗改革在制度安排上具有一定的统筹性，重点是建设基层体系和扩大预防范围，并向社会弱势群体倾斜。这一时期，独创的农村合作医疗、三级医疗预防保健网和赤脚医生“三大法宝”，为后来的医疗卫生事业改革提

---

① 叶俊．我国基本医疗卫生制度改革研究[D]．苏州：苏州大学，2016．

供了重要的基础和经验借鉴。

(二)初建时期:1978—1992 年

1978 年的《阿拉木图宣言》号召各国家及国际间以迅速而有效的行动,在世界范围内特别是在发展中国家中,本着技术合作精神,按照国际新经济秩序开展和贯彻执行初级卫生保健。该宣言敦请各国政府、世界卫生组织、联合国儿童基金会、其他国际组织以及多边的和双边的机构、非政府性组织、资助机构以及所有卫生工作者和整个世界大家庭,支持各国及国家间对初级卫生保健所承担的义务,特别是对发展中国家提供更多的技术与财务支持的渠道,这表明医疗卫生事业开始引发全世界的关注。1979 年,卫生部提出了“要运用经济手段管理卫生事业”,开展对医院的“五定一奖”,即定任务、定床位、定编制、定业务技术指标、定经济补助、完成任务奖励工作。1980 年,国务院批转卫生部《关于允许个体医生开业行医问题的请示报告》,表明国营公立医院独占天下的局面开始被打破,私营医院开始发展。1984 年 4 月 28 日,卫生部和财政部联合发出《关于进一步加强公费医疗管理的通知》,提出要积极慎重地改革公费医疗制度,自此开始了政府对传统公费医疗制度改革探索的新阶段。1985 年,国务院提出必须进行改革,放宽政策,简政放权,多方集资开展卫生事业,把卫生事业搞好,表明政府开始放宽医疗机构准入,多方集资发展医疗卫生事业。1988 年 3 月 25 日,经国务院批准,开展了由卫生部牵头,国家体改委、劳动部、财政部、医药管理总局等八个部门参与的医疗制度改革方案研究,并对医疗改革试点进行指导。1990 年,卫生部等部委共同发布了《关于我国农村实现“2000 年人人享有卫生保健”的规划目标》,提出了包括支持体系、服务体系、健康指标三大内容的中国初级卫生保健 13 项指标,细分到贫困、温饱、宽裕和小康四类地区的最低限标准,并制定了包括规划试点、全面普及、加速发展和全面达标等内容的发展时间表。这表明卫生事业发展有了明确的衡量指标和完成时间。

这一时期,医疗卫生事业改革蓬勃发展,政府放手允许市场、个人进入,基本的思路是“放权让利”,充分扩大医院的自主权,提高医院的效率和效益。这一改革在初期取得一些成功的同时暴露出一些问题:一是政府放开搞活,虽给了政策但不给资金支持,对公共卫生事业的支出较少;二是私营医院得到大力发展,大部分人力、资金等资源涌入城市,使得基层的医疗卫生防疫网被打破,极大地危害了基层特别是农民的健康保障;三是由于强调自主经营、盈亏自负,使得医疗机构开始以逐利为目标,一些医生通过各种方式中饱私囊,医疗乱象丛生。

(三)探索时期:1992—2005 年

1992 年 9 月,国务院下发《关于深化卫生改革的几点意见》,提出支持有条件的单位办成经济实体或实行企业化管理,做到自主经营、自负盈亏。根据该文件,卫生部按“建设靠国家,吃饭靠自己”的精神,要求医院在“以工助医、以副补主”等方面取得新成绩。自此以后,医院“创收”热情高涨,政府的财政投入比重相应降低。急功近利的改革曾经短期见效,但弊端很快显现出来,“看病难”未能有效缓解,“看病贵”引发的问题相继出现。同时,原有的医疗保障制度难以为继。1994 年,国家体改委、财政部、劳动部、卫生部共同制定了《关于职工医疗制度改革的试点意见》,经国务院批转,在江苏镇江、江西九江进行试点,即“两江试点”,表明职工医疗制度改革开始推进。1996 年 4 月,国务院办公厅转发了国家体改委、财政部、劳动部、卫生部四部委《关于职工医疗保障制度改革扩大试点的意见》,进行更大范围的试点。1997 年,中共中央、国务院出台《关于卫生改革与发展的决定》,提出“我国卫生事业是政府实行一定福利政策的社会公益事业”，要求“卫生机构要通过改革和严格管理，建立起有责任、有激励、有约束、有竞争、有活力的运行机制”，强调了卫生事业的性质以及卫生机构改革的目标。同年，医疗保障试点工作在全国范围内选择了58个城市，至1997年8月初，已有30多个城市启动医改扩大试点。1998年，颁发《国务院关于建立城镇职工基本医疗保险制度的决定》，明确了医疗保险制度改革的目标任务、基本原则和政策框架，以此为标志，中国城镇职工医疗保险制度的建立进入全面发展阶段。2000年2月，国务院公布《关于城镇医疗卫生体制改革的指导意见》，全面启动医改。此次医改的主要措施包括：将医疗机构分为非营利性和营利性两类进行管理，放开营利性医疗机构的医疗服务价格，扩大基本医疗保险制度的覆盖面，卫生行政部门转变职能，政事分开，实行医疗机构分类管理，公立医疗机构内部引入竞争机制，放开管制，规范运营，改革药品流通体制，加强监管，实行医药分家等。2003年1月16日，国务院办公厅转发了卫生部、财政部和农业部的《关于建立新型农村合作医疗制度的意见》，要求从2003年开始“新农合”试点。

这一时期被称为“旧医改”时期，13年间中国政府一直在探讨医疗机构的经费来源、利润分配、内部管理方式等，虽然取得了短期的成果，但也问题频发，如公立医院公益性淡化、医疗机构竞争市场混乱等。2003年“非典”(SARS)疫情在中国出现，公共卫生体系的漏洞开始受到关注。

专栏：“非典”时期的抢购风波

“非典”最早是于2002年11月16日在广东顺德爆发的。第一例有报告病例的患者是于2002年12月15日在河源市发现患病的黄杏初。2003年1月10日，黄杏初康复出院，后被认定为中国首例非典型肺炎报告病例。2002年12月底，广东民间出现了关于一种致命怪病的传言，甚至说在一些医院因此怪病而有大批病人死亡。由于坊间流传煲醋和喝板蓝根可以预防此种怪病，因此市面上出现抢购米醋和板蓝根的风潮。不少人由于买不到米醋和板蓝根，转而致电在香港的亲友协助，使病情得以为外间知悉。而另一方面，由于香港邻近广东省，有不少有亲友在广东省的工人都要求雇主在工作间煮米醋，让米醋的蒸气消毒杀菌。有部分雇主拒绝了这种听似无稽的方法，但亦有雇主为求雇员安心而遵从。

（四）新医改时期：2005年至今

国务院发展研究中心课题组在2005年的医改研究报告中指出：“非典”暴露的绝不仅仅是应急医疗系统问题，而是整个医疗卫生体制，特别是常规医疗卫生体制的失效问题，并认定我国过去的医疗卫生体制改革“基本不成功”。2006年9月，成立了由11个有关部委组成的医改协调小组，国家发改委主任和卫生部部长共同出任组长。医改协调小组成立以后，明确了第一阶段的工作，分成管理和运行机制、卫生投入机制、医疗保障体制和药品市场监管四个专题研究组，主要任务是研究提出深化医药卫生体制改革的总体思路和政策措施，这标志着新一轮医改研究工作正式启动。2007年工作小组委托世界银行、世界卫生组织、国务院发展研究中心、北京大学、复旦大学、麦肯锡(中国)公司和北京师范大学等七家国内外机构，开展“中国医药卫生体制改革总体思路和框架设计”的独立平行研究。同年10月，由国家发改委牵头，分别在南昌、天津召开医改座谈会，各相关部门负责人参与讨论医改方案。2008年4月、9月，温家宝总理两次主持召开深化医药卫生体制改革工作座谈会，向社会征求意见。同年10月，以“四梁八柱”为主体的《关于深化医药卫生体制改革的意见(征求意见稿)》面向全社会征求意见,共收到反馈意见3.5万余条。由此,新一轮医改大方向逐渐明朗。2009年,国务院正式公布《中共中央　国务院关于深化医药卫生体制改革的意见》,要求到2011年基本医疗保障制度全面覆盖城乡居民,基本药物制度初步建立,城乡基层医疗卫生服务体系进一步健全,基本公共卫生服务得到普及,公立医院改革试点取得突破,明显提高基本医疗卫生服务可及性,有效减轻居民就医费用负担,切实缓解“看病难、看病贵”问题;到2020年,基本建立覆盖城乡居民的基本医疗卫生制度,普遍建立比较完善的公共卫生服务体系和医疗服务体系、比较健全的医疗保障体系、比较规范的药品供应保障体系、比较科学的医疗卫生机构管理体制和运行机制,形成多元办医格局,人人享有基本医疗卫生服务,基本适应人民群众多层次的医疗卫生需求,人民群众的健康水平进一步提高。同年,颁布了《2009—2011年深化医药卫生体制改革实施方案》,内容包括一个目标、四大体系、八大支柱。其中,一个目标是建立覆盖城乡居民的基本医疗卫生制度,为群众提供安全、有效、方便、价廉的医疗卫生服务,实现人人享有基本医疗卫生服务;四大体系是建设公共卫生服务体系、医疗服务体系、医疗保障体系和药品供应保障体系,构建我国的基本医疗卫生制度;八项支柱是完善医药卫生管理、运行、投入、价格、监管、科技与人才体制机制、信息、法制的建设,保障四大体系有效规范运转。2017年10月,党的十九大报告中继续指出:“深化医药卫生体制改革,全面建立中国特色基本医疗卫生制度、医疗保障制度和优质高效的医疗卫生服务体系,健全现代医院管理制度。加强基层医疗卫生服务体系和全科医生队伍建设。”总体上,这一时期的医疗改革政策相对比较成熟和完善,更加重视群众意见,涵盖面积也比较大。

二、医疗改革整体成效评价

关于医疗改革的效果如何,广大受众是有发言权的。央视资讯e-Panel系统进行的一次民间调查显示①,90.9%的调查对象对医疗体制方面的变化感到不满意。其实,无论医疗体制如何改革,都应当是有利于提高多数人的健康和医疗保健水平,应当使多数人都能享受到经济发展所带来的社会进步成果。

中国医改在蹒跚中走过了不平凡的近70年,政府一直在探寻医疗卫生服务的公平与效率的平衡点,可以说也是政府探索发展道路的一个缩影。无可否认的是,医疗改革曾经取得了巨大的成就。计划经济时期,在整个经济发展水平相当低的情况下,通过有效的制度安排,中国用占GDP3%左右的卫生投入②,大体上满足了几乎所有社会成员的基本医疗卫生服务需求,不少国民综合健康指标达到了中等收入国家的水平。改革开放以来,医疗卫生体系逐步商业化、市场化。一方面,各种资本都可以进入医疗服务领域,全社会的卫生投入水平大幅度提高,2002年卫生总费用占GDP的比重是5.24%,2003年超过5.4%。技术装备全面改善,医务人员的业务素质迅速提高,能够开展的诊疗项目不断增加。另一方面,包括公立医院在内的所有医疗服务机构都已经成为实行独立经济核算、具有独立经营意识的利益主体。医疗服务机构及有关人员的积极性得以调动,内部运转效率有了普遍提高,城乡居民的疾病后顾之忧大幅度减轻。但是,医疗卫生服务逐渐演变为私人消费品,部分社会成员特别是富裕群体的医疗服务需求得到了更大程度的满足。

---

① 孙宇.中国城市医疗体制改革的方向与路径[D].成都:西南财经大学,2007.

② 国务院发展研究中心课题组.对中国医疗卫生体制改革的评价与建议[J].中国发展评论,2005.

尽管如此，医疗改革依然存在着较大的问题。第一，公立医院改革进展缓慢，医院的经费来源和医护人员收入来源不明确，使得公立医院依然是“自主经营，自负盈亏”，医院的人员工资和运行经费仍主要依靠服务收费解决，医患之间仍存在利益冲突。第二，医疗资源配置仍不够合理，地区差异明显。由于地区发展差异和政策的倾向性，优质资源仍集中在经济较为发达的地区，经济欠发达的城镇和农村占有的投资少、高素质人才少、服务能力差，使得医疗卫生事业公平性缺失。第三，合理的分诊制度没有建立起来，这与政府的政策偏向和财政投入有很大的关系。本来政府应该将大部分资源配置到构建初级卫生医疗服务体系中，制定配套的政策支持引导社区医院发展，但实际上政府却把资金倾斜给等级高的大医院，使得社区医院发展缓慢。群众患常见病、多发病时仍涌入大医院就诊，而社区医院经常是门可罗雀，看病难的问题仍很突出。第四，没有建立起“以药补医”的补偿机制，医院、医生收入与药品销售收入之间依然关系密切，以自身利益最大化为目标选择和使用药品，医院依然依靠增加医疗服务收费来创收。第五，药品生产和医药流通体制仍旧混乱，没有严格对药品价格进行控制。第六，社会办医障碍多，使得社会办医数量少，居民仍然只能去人满为患的公立医院，高收入人群觉得自己有钱却难以得到高质量的服务，看病难问题突出。第七，医疗保险的覆盖率低，城镇尚未100%覆盖，农村覆盖率更低。除此之外，医疗救助制度尚未建立完善，贫困人口的看病难问题较为严重。

第二节 医疗改革问题的表现及成因

通过对医疗改革历程的梳理可以发现，我国医疗体制改革已经取得了巨大的成效，但依然存在着较多的问题，且牵一发而动全身。因此，在对这些问题进行具体分析的基础上，剖析其形成原因和联动效应，有助于政府与社会力量合作推进医疗改革工作。

一、当前医疗改革问题的主要表现

如前文所述，对医疗改革问题已经有了基本了解，但仍需要对其进行深入挖掘和分析。下面主要从公平与效率、政府职责发挥、公众参与和医院自身四个方面着手，探究存在的具体问题。

(一)公平与效率双向缺失

在计划经济时期，医疗资源明显偏向于城镇，公费医疗和劳保医疗的保障对象只是公有制单位的职工及其部分家属，而其他居民只能靠基本的医疗救助、公共卫生与预防保健获取低水平的医疗保障。医疗保障的享有极其不平等，引起了一系列的社会矛盾。在随后的医疗卫生改革中，政府的改革重点是提高医疗机构的效率，医疗机构的公益性逐渐减弱、公平性缺失。一是筹资结构不公平。2000年世界卫生组织对191个国家和地区的医疗卫生事业进行过调查，中国在卫生筹资与分配公平的评估排序中名列倒数第4位。二是卫生资源配置不公平。从一开始政策就明显倾向于城镇，大量的医院、医护人员、医疗技术集中在城镇，虽然农村拥有比城镇更多的人口，但没有良好的医疗卫生资源，导致农村人口看病难。三是医疗保障享有不公平。农村居民享有“新农合”，城镇居民享有医疗保险，二者在内容上有区别；农村的医疗保障覆盖率远远低于城镇。同时，由于客观经济条件的限制，政府一味鼓励医院“自主经营，自负盈亏”，使得医院的公益性淡化，效率缺失。作为一个发展中国家，中国人口众多，经济发展压力大，政府财力资源相对于发达国家较弱。于是，政府实行了“不能给钱就给政策”、“只给政策不给钱”的做法，即允许医院对药品按进价加价15%销售。这种“以药补医”的政策，使一些医疗机构的医护人员开出不合理的医疗消费单，造成医疗资源的严重浪费，加重了患者的负担。

(二)政府“越位”与“缺位”并存

纵观中国近70年的医疗改革历程，由于政府在医疗卫生领域的“缺位”和“越位”，中国的医疗卫生改革出现了“过度市场化”和“市场化不足”并存的怪相。政府“缺位”是指在一些本该由政府提供公共物品和准公共物品的领域，政府全权交给市场提供，导致过度市场化的情形。如，为了解决卫生筹资和医疗成本控制的问题，把预防保健、疾病控制等公共服务推向市场，使得医疗机构开始以营利为目的，公益性逐渐淡薄。由此产生了三种结果：一是公立医院成为经营单位，以营利为目的，不再以提供公共产品为己任。二是公共卫生服务供给短缺，医疗机构的逐利性使其倾向于提供收益较高的服务，而健康教育、免疫、疾病预防等公共卫生服务则由于利润太低逐渐被减少提供，最终导致供给严重不足。相比之下，城镇的市场比农村大，大量的人力、物力、财力都集中到城镇，医疗资源分布严重不公平。三是医疗市场竞争激烈，医疗机构间通过各种方式争夺病人、医生，不公平竞争频发。政府“越位”是指政府提供了本应由市场提供的服务和资源，使得医疗卫生市场竞争不够充分。如，政府把大量投入用在了对城市大医院的补助和某些私人保健服务的补贴上，造成大量资源的浪费。医疗卫生市场竞争不够充分还体现在，民营医院没有与公立医院竞争的机会。由于政策、资源的偏向，形成公立医院的垄断，民营医院享受的是与公立医院完全不同的待遇，难以和公立医院竞争，从而影响到了整个医疗卫生事业的发展。

(三)决策过程缺少公众参与

在2003年以前，医疗政策基本都是由政府独立决定的，没有听取公众的意见，使得政策的社会接受度不高。在当时的医疗卫生政策制定中，大多是领导决策或专家决策的结果，公众还没有成为公共政策的制定主体。虽然政府在政策制定时也曾进行过考察调研，征询过医疗专家、医院和药厂的意见，但并没有征询过广大受众的意见，这导致政策制定出来以后往往不被广大受众所理解和接受。2003年之后，政府开始鼓励民众参与医疗卫生政策的决策，但采用的是网上咨询的方式。由于技术不足的问题，民众参与的积极性不高，特别是部分年龄较大的居民及部分受教育程度不高的农民，即使有意见也由于不会使用网络而无从提出建议。在医疗改革决策中，民主的实质和成效没有真正体现出来。首先，群众提出的意见没有被重视、被采纳。即使是征询过群众意见的政策，在颁布时也会对群众意见“视而不见”，导致广大受众往往都看不懂最终的成文，群众的积极性被大大打击。其次，专家咨询走形式。此外，咨询机构的选择不客观，往往是与政府利益挂钩的机构，其意见不具有可取性，使得咨询变成“面子工程”，走形式。

(四)医院本身问题突出

医院是医疗卫生事业最重要的载体，其发展程度直接决定了医疗改革的成效。经过长期发展，无论是公立医院还是私立医院，都受到了国家医疗改革政策的影响，存在的问题比较突出。

1. 收费贵

目前，政府对医院的投入远远满足不了整体医疗改革的需求，这就导致了公立医院和私立医院维持日常运行的经费大部分都来自医疗业务收入，而医院的整体收入与医护人员的收入直接挂钩。个别医院、医生为了增加经济收入，可能会增加收费项目，多检查，多开药。另外，药品、耗材、服务价格等的虚高也是造成医院收费贵的一个原因。究其原因，是医疗商品的流通方式。以药品的流通为例，医院按照政府中标的价格采购药品，之后又按照物价部门的规定，加成15%卖给病人，而这15%完全由患者承担。

专栏：药品加成

国家发改委在2006年《关于进一步整顿药品和医疗服务市场价格秩序的意见》中规定：县级以上医疗机构销售药品，以实际购进价为基础，顺加不超过15%的加价率作价，在加价率基础上的加成收入为药品加成。2012年4月，国务院办公厅印发《深化医药卫生体制改革2012年主要工作安排》的通知，声明公立医院改革将取消药品加成。

国务院医改办公立医院组和政策组负责人傅卫2015年8月6日指出，3077家县级公立医院、446家城市公立医院取消了全部药品加成，江苏、浙江、福建、安徽、四川、陕西、宁夏等7个省份已经在全部县级公立医院取消药品加成。2017年3月22日，《北京市医药分开综合改革实施方案》正式发布。自2017年4月8日起，北京所有公立医疗机构都将取消挂号费、诊疗费，取消药品加成，设立医事服务费。

2. 医生培养难

目前，在大学招生中临床医学等专业不再像从前那样火热，相反地，经常出现招不满人的局面。这是由于医生的培养年限太长，本科学制5年，前3年学习基础学科知识，内容多、压力大，第4年到医院见习，第5年开始临床实习。之后一般还得继续修读3年的研究生，再进入医院学习，一般还需要3年，也就是说医生至少需要学习11年。这使得很多学生望而却步，医院的年轻医生数量越来越少，普遍存在医生难招、难留的局面。一方面，医生的工作压力大，工资水平与付出不成正比；另一方面，医患关系紧张，医生缺乏正当的保护，使得医生流失严重。

3. 医疗卫生服务体系衔接不畅

由市、县、乡、村组成的四级医疗卫生服务体系之间的衔接不顺畅，导致市级医院与县乡医院之间存在着利益上的不一致，检查结果相互之间不承认，往往是换一个地方就医便需要重新检查，双向转诊、分级诊疗难以实现。同时，各级医院的医生之间在事业前途、收入待遇方面存在着巨大的差距，导致医疗资源配置不合理，“大医生”跟着收入高、发展前景好的“大医院”跑，病人跟着“大医生”跑，更加加剧了医疗资源的分配不合理状况。

专栏:分级诊疗制度

所谓分级诊疗制度,就是要按照疾病的轻重缓急及治疗的难易程度进行分级,不同级别的医疗机构承担不同疾病的治疗,实现基层首诊和双向转诊。

建立分级诊疗制度,是合理配置医疗资源、促进基本医疗卫生服务均等化的重要举措,是深化医药卫生体制改革、建立中国特色基本医疗卫生制度的重要内容,对于促进医药卫生事业长远健康发展、提高人民健康水平、保障和改善民生具有重要意义。

4. 医院"公私"不分

公立医院由国家投资,保障基本的公共服务。私立医院由社会资本兴办,补充公立医院的不足。但事实上,目前的医院存在着公私不分的现象,即公立医院没有突出"公"的特点,无法提供价廉物美的基本医疗卫生服务;私立医院没有发挥"私"的优势,民营医院发展不足,难以满足人民群众多样化、个性化的医疗卫生服务需求。公私不分,造成"穷人嫌看病贵,富人嫌看病难"。

二、医疗改革问题的形成原因

医疗改革问题的形成不是一朝一夕的,而是受多重因素长期共同影响的结果。医疗问题的形成原因主要体现在下列四个方面。

(一)政府决策缺乏全局观

1. 过分重视经济增长

在经过长期的战乱之后,新中国成立初期经济萧条,人民生活困难,政府将工作重点转移到经济建设上来,大力发展生产。改革开放以后,经济飞速发展,我国成为世界上经济增长速度最快的国家之一。由于经济增长带来大量利好,政府所有的工作重点依然是经济建设。对于医疗卫生事业建设,政府的投入不见增长。1992 年,卫生部提出"建设靠国家,吃饭靠自己",鼓励医疗机构"自主经营,自负盈亏",国家"给了政策不给钱",一味依靠市场,使得医疗机构发展慢,居民看病贵。在经济增长的同时,人们的医疗健康水平没有相应地提高。经济体制改革开始以后,由于体制基础的变动,传统的医疗卫生体制特别是医疗保障体制受到了严重冲击,实际的保障范围迅速缩小。面对这种现实,政府没有进行明确的体制调整,使得医疗卫生事业的发展与经济发展不相适应。另外,政府对医疗资源的汲取也存在较大问题,基本依靠财政投入。20 世纪 80 年代"分灶吃饭"的财税制度改革后,"划分收支、分级管理"的体制安排使得地方政府负担起支持公立医院的主要责任。1994 年的分税制改革使地方政府的财政收入占全国财政收入的比重大大降低,导致地方主政者不得不开始面对社会福利投入挤压工业和基础设施投资的问题,造成事实上政府支出占卫生总费用的比例逐年降低。

2. 忽视相关政策配套

纵观医疗改革历程,"头痛医头、脚痛医脚"的现象十分普遍,未建立相关的配套制度,使得制度发展不协调,各种制度之间相抵触。一是为了适应社会主义市场经济发展的要求,政府逐渐放权,在药物定价方面给予医院更多的自主权,却没有制定相关的监管措施,使得药品流通、定价混乱,同时也导致了基本医疗保险制度改革、医疗机构改革和医药流通体制改革未同步。二是中央政府与地方政府医疗卫生投入不协调，医疗卫生事业的投入主要依靠地方政府财政拨款，但往往中央政府要求的财政投入给地方政府财政造成巨大的压力，特别是分税制改革后，地方政府税收大大减少，财政压力较大。三是医保政策不配套，由于医保为全国统筹，使得跨省医保报销比例低；同时，城镇与农村医保不一致，导致了农民工的医疗保障严重滞后。四是公立医院与民营医院竞争不平等，政府虽大力鼓励和支持民营医院发展，但并未改变公立医院的垄断局面，没有设计相关的制度来增强民营医院的竞争力。

3. 过分放权

在医疗卫生体制改革的过程中，政府忽视了医疗机构的特殊性，将医疗机构全权交由市场管理。通过下放权力来鼓励医疗服务机构的自负盈亏，却忘记了医疗机构的公益性，监督和规制机制不健全。医疗市场是一个充分竞争的市场，各个医疗机构为了在竞争中获得一席之地，增加医院效益，不正当竞争现象频发。医护人员为了增加收入，乱开药、开高价药的现象也较为普遍。

4. 忽视医疗卫生事业的特殊性

大部分的医疗卫生服务具有公共物品的属性，是市场化所不能解决的。医疗卫生事业发展要强调服务的可及性，要强调投入所获得的健康绩效，要重视个人经济能力和疾病风险之间的矛盾，所有这些都是商业化、市场化的体制无法充分实现的。然而，这些问题在医疗改革中并没有得到重视，政府对改革结果评判的标准也错误地定位于医疗服务机构是否盈利、政府财政负担是否降低等，而没有认真考虑到医疗卫生事业发展所真正要达到的促进公平、促进健康和提高卫生投入获得的结果。

延伸阅读：朱幼棣与他的《大国医改》

朱幼棣，高级记者，享受国务院政府特殊津贴专家。曾经是新华社著名记者，专跑中央常委线，后任国务院研究室社会发展司司长。无论是作为记者，还是转型成为官员，朱幼棣均心怀天下，长期关注城市发展、文化遗存和民生问题，著有《沉默的高原》、《中国：世纪大灾变》、《后望书》等书。

2011年2月，因出版《大国医改》，朱幼棣成为媒体关注的焦点。这本接近400页、40万字的著作，处处直击中国医疗乱象之后的利益链条。有媒体评论道，这本书“是在为中国医改刮骨疗毒”。仅仅出版后一个月，这本首印5万册的书就销售一空，加印了三次还不够。

他把多年的观察和思考都写进书里，只想让老百姓看懂那些发生在医疗领域的种种乱象，“本质究竟是怎么回事”。这个曾经参与起草政府工作报告的官员，一字一句地分析着那些连央视节目主持人白岩松也称“看不懂”的“医改征求意见稿”，解剖那些晦涩拗口的文字中隐藏着的含义。书中除了批评之外，也在为医改寻找出路。

（二）民众与政府互动少

首先，政府出于某些安全考虑未将相关医改信息公开。政府在制定相关医改政策时，面对公众的关心和媒体的关注，没有将相关的信息向公众公开，使得舆论信息环境十分混乱。其次，政府接收力度小。大量公民的政策意见得不到有效的接纳、引导和反馈，而有些所谓的咨询机构和专家提供的意见和建议并没有太多含金量。公民参与途径只限于网络，不会操作电脑的公民完全不能参与到其中。另外，由于信息公开制度、公民参与立法制度、公民批评建议制度、民意调查制度等具体的公民参与政策制定的制度与途径还没有普及到公民层面，这就制约了公民直接参与到医疗卫生政策的制定中来。对于政府来说，一方面，决策程序化缺乏法制的保障，如决策的听证程序没有成为一般决策的法定程序要求，使得听证变得能免则免；另一方面，与公民平等对话的互动机制尚未建立起来，整个决策过程都缺乏互动。如，在新医改中，虽然在网上征求了民众意见，但是最终的医改方案中民众的意见没有得到很好的体现，老百姓直呼看不懂。

（三）政府监督不力

一方面，没有建立起多层次、多主体参与的监管体系。完善的现代医疗监管体系需要在政府监管之外寻求广泛的社会支持，进而构建多层次、多主体参与的监管体系。显然，目前我国的医疗服务市场没有与之相匹配的监管。第一，缺乏有效的医疗行业自律组织的监管。对医疗服务实施监管的各种机构中，行业自律组织如医师协会、护士协会、医疗教育协会等的作用非常重要。但行业协会往往也是行业的利益代表人，由于缺乏自律规则，没有有效的纠纷解决机制和责任机制，自律组织没有发挥自律、服务、维权、中介的功能，反而以自身利益为出发点。第二，缺少消费者保护组织的参与，没有建立起合理合法的程序来保证医患冲突得到公平合理的解决。第三，没有充分发挥公众舆论的监督作用，没有有效的途径来接受群众的举报和申诉，没有主动接受新闻媒体的监督，没有形成公众参与、社会互动的局面。

另一方面，问责机制不健全、问责程序不完善。具体表现在问责方不明确，问责处理方式不合理，问责范围、对象不明确，问责内容无明确规定，操作随意性大等方面。首先，主体不明确。如，医疗卫生政策的制定主体有哪些？各主体间的权力如何分配？应承担哪些责任？其次，信息公开程度低。如，政府出台的那些医疗政策，相关决策的过程并未公开。再次，政府作为主要的政策制定主体，对其缺乏必要的监督。医疗卫生政策缺乏常态化的评估环节，虽有监督也是政府机关的内部监督，社会公众和媒体没有监督的权利。最后，缺乏独立的政策评估组织，对政策是否该退出、如何退出没有明确的规定，致使整个医改过程中决策效果评估的缺失。

（四）医疗市场不完善

医疗卫生市场供方和需方之间存在着严重的信息不对称，需方不知道服务的价格确定机制，也没有选择服务的权利，由于技术垄断，需方只能完全依靠供方。如，患者到医院就医，选择何种治疗方案、治疗方案如何定价，患者通常只能依靠医生决定。通常情况下，在服务和产品市场，可以通过供需双方的互动来形成价格，但医疗服务的价格如不管制将会出现医生利用自己的技术优势来制定垄断价格的情况。医疗服务市场是一个不完全竞争的市场，市场机制不能发挥充分的作用，更不能依靠市场来配置资源。

三、医疗改革问题的联动效应

医疗改革不是一个独立的过程，而是一个多种因素协调发展的过程，牵一发而动全身。医疗卫生体制改革是基本医疗保险制度改革、医疗机构改革和医药流通体制改革三项联动的系统工程，因此要重视医疗保险制度改革、医疗机构改革和医药流通体制改革的联动效应。一方面，医疗服务体系、医药购销制度和医疗保障制度是“三套马车”，相互制约。只有三项改革协调推进，才能形成合力，任何一项改革的缺位都会影响到医改的全局。另一方面，由于我国行政管理体制的纵横交错，医疗改革涉及众多部门，需综合考虑和平衡多方面的利益，妥善处理好利益相关者的关系。另外，医疗卫生事业包括多个参与者，如患者、医护人员、药品和器材经销商、政府等，而每个主体的利益都不相同，需要所有参与者相互协商，寻求一个平衡点，照顾到各方的利益诉求。

公立医院改革是医疗服务改革的重点。公立医院具有公益性，对政府财政的依赖性也较大。但由于客观经济条件的限制，很多时候政府是“只给政策不给钱”，造成公立医院收支压力大。因此，一方面，政府要加大对公立医院的管理力度，合理地规划公立医院数量、医院选址、医院结构布局等。中央和省级政府只保留少量国家和省级医学研究中心，使其承担科研、教学和疑难重症临床研究任务，而其他医疗机构实行属地化全行业管理。地方政府应对公立医院的日常经营给予补助，监督其收支情况，不足的地方给予补助，将医护人员的工资发放管理收归政府，彻底改变公立医院以药养医的局面。

建立国家药物管理制度是医药购销制度改革的关键点。药品虽然是在市场上流通的商品，但相对于其他商品而言具有非自主选择的特点，即它不是由患者自主选择的，而是由医生替患者选择并指导其消费的。这就决定了药物生产企业要以社会利益为追求，而不是单纯地追求企业的经济利益。因此，应该建立专门的药物管理制度，按照安全有效的原则，由国家对药物实行统一的生产招标，确定生产企业，再由政府核定生产，确定药价，集中采购，统一配送，并向社会公开药物定价，以减轻群众的用药担忧。同时，改革药品价格管理，合理确定加价比例，提高药品价格的透明度，严查虚高定价。

医疗保险制度是维护社会稳定的重要保障。应扩大医疗保险覆盖面，特别是提高农村居民的参保率，完善以大病保险为主的社会医疗保险制度。积极推进医疗保险与商业保险的衔接，有效降低居民的看病费用。同时，将医疗保险保障扩大到某些门诊药物和服务，降低居民的看病成本。

延伸阅读：医疗保险制度

医疗保险制度是指一个国家或地区按照保险原则，为解决居民防病治病问题而筹集、分配和使用医疗保险基金的制度。这是居民医疗保健事业的有效筹资机制，是构成社会保险制度的一种比较进步的制度，也是目前世界上应用相当普遍的一种卫生费用管理模式。医疗保险制度的建立，促进了中国医疗保健事业的快速发展，对于保障城乡居民身体健康，提高人民身体素质发挥了积极作用。

第三节　医疗改革中的政府与社会分工

新中国成立之后，医疗改革在服务供给主体、付费方式、医疗机构管理等方面都进行了积极的探索，取得了巨大的成就。但医疗卫生事业本身具有一定的特殊性，卫生服务具有公共物品和准公共物品的属性，卫生事业是一个公益性的行业，因此，既不能单纯依靠政府管理，又不能单纯依靠市场和社会。纵观不同阶段的医改历程，由于政府放松了干预和控制，越来越依靠市场，造成了医疗服务的公平性下降和卫生投入的宏观效率低下的消极后果。商业化、市场化的道路不符合医疗卫生事业发展的规律和要求，医疗服务市场化暴露出的各种弊端表明，医疗卫生改革必须要以政府为主导，同时鼓励社会力量的参与。

一、医疗改革中的政府角色发挥

政府在医疗改革过程中居于主导地位，发挥着社会主体不可替代的统筹管理者、资源筹集者、价格监管者、生产流通管理者、制度保障者、监督管理者等角色作用。

（一）统筹管理的角色

从整个医疗改革过程来看，医疗卫生事业改革是一项任务艰巨的系统工程，涉及医疗监管、医德建设、财税体制、医保体制、城乡统筹、事业单位改革等诸多方面。因此，医疗改革必须要统筹协调各个方面的内容，注重其中的联动效应。如，要改变医院以药养医的局面，必须从政府资金筹集入手，改变由地方政府全权负责的局面；要改变医疗资源的分配不公，必须从城乡二元户籍制度入手，打破城乡限制，建立覆盖全民的、一体化的医疗卫生体制；要改变公立医院人满为患的困境，政府要多渠道地引导社会办医的发展，对公立医院、非营利机构和民营医院三类组织进行制度性安排，建立适应第三部门成长的法律体系和社会环境，还需要加强对居民的引导，建立合理的医疗分诊制度。同时，要积极鼓励支持社会办医的发展，取消民营医院医保报销的区域限制，充分利用民营医院的“鲇鱼效应”，来提高医疗系统的工作效率。

（二）资源筹集的角色

1. 提升资金汲取能力

要解决政府的资金筹集问题，必须从源头入手，提升政府的资源汲取能力。医疗卫生事业发展的经费基本是靠地方政府的财政支出，中央政府“只给政策不给钱”。在 1994 年财税体制改革之后，地方政府的财税收入大大减少，很多地方由于资金不足，甚至无法将中央的政策落到实处。因此，首先应该理顺财税体制来提升政府的资源汲取能力，提高医疗改革的决策效率，保障医疗改革政策的有效性。在某些方面，将地方政府一力承担变为中央政府和地方政府共同承担。如，考虑由中央政府承担医务人员工资、基本药品和诊疗设备的采购费用，而医疗设施的基本建设等费用则主要由地方政府来承担。至于地方财政压力，可以考虑扩宽财政资金的来源，改革财税制度。允许社会资金的进入，在医疗保险缴费、社会办医等多方面加以考虑。

2. 优化资源配置能力

(1)注重各级医院均衡

我国医疗机构一般分为五个层级：卫生部部属医院、省属医院、省辖市属医院、县属医院及乡镇医院。长期以来，医疗资源在不同层级的配置和流动呈现出极其不合理的情况：一方面，城市中约 80％的医疗资源集中在大医院，约 20％的资源散存于基层社区医疗机构；另一方面，国家对城市大医院的投入比例越来越大，对县属医院及乡镇医院的投入越来越少。这使得基层医院在人员、技术、设备和管理等方面与上级医院相差太多，造成医疗资源纵向配置不均衡。正是由于资源的配置不均衡，使得大量的技术、设备、人才都流入了大医院，小医院的发展因而变得更加缓慢。同时，患者更加相信大医院的诊疗技术，大病小病都去大医院，大大增加了大医院的接诊压力。因此，政府必须承担在资源配置方面的职责，适当增加对县属医院和乡镇医院的投入，推动城市社区医院的发展，那样不仅能够缓解大医院的接诊压力，形成良好的分级诊疗局面，也能够促进各级医院之间协调发展，进一步缩小差距。

(2)注重城乡均衡

医疗资源除了在各级医院间分布不均外，在城乡之间也呈现出“两极化”的局面。城市医疗资源配置过多，而农村医疗资源相对比较匮乏。约80%的医疗资源分布在城市，优质医疗资源配置集中；仅有约20%的医疗资源分布在农村，而且质量低下。这使得农村居民的医疗条件极其恶劣，医院数量少，床位不足，医护人员综合素质不高。因此，政府应该重视城乡均衡，引导地方政府在农村投入人力、物力、财力来推动基层医院的发展，提高农民的医疗水平。

(3)注重区域均衡

医疗资源在国内各个地区之间的分布不均衡。一方面，医疗资源主要集中在中心大城市的大型公立医院，欠发达地区医疗资源配置相对缺乏，医疗技术水平落后；另一方面，政府的投资及政策依然偏向于大城市，部分大医院高端顶尖医疗设备的配备率与医疗技术、住院条件等已接近甚至超过发达国家，而欠发达地区落后很多。因此，政府在配置医疗资源时应该注重地区均衡，积极引导各个地区的医院进行交流，取长补短，提高全国的医疗水平。

(三)价格监管的角色

由于政府过分放权放责，将药品价格交给市场，使得医疗行业药价混乱。部分医院为了增加收入，依靠以药养医，这是导致看病贵的直接诱因。因此，政府必须肩负起价格监管的责任，按照安全、有效、必需、价廉的原则，制定基本药物目录，由政府招标组织国家基本药物的定点生产、政府定价、采购和统一配送，最大幅度地降低群众基本用药负担。在制定行业医药价格时，不再依靠经验，而是必须经过成本价格调查、专家评审或论证、听取各方面意见、集体讨论、集体审议五道程序。积极组织确定药价的集体审议，除了专家、相关机构之外，也需要请部分民众参与。对于由于药物限价过低而无法赢利的药品，由政府给予生产基本药品的药厂补贴。在医院制定具体药价时，增加监督，允许医疗机构自行设置加价率，但政府必须设置药品最高零售限价。在药品报销方面，推动基本医疗保障体系向门诊延伸，将医保报销药品目录与国家基本药物目录合并，建立指导性药品报销目录，实行国家基本药物报销制度。同时，提高基本药物的可及性，逐步规范同种药品的名称和价格，保证基本用药，严格执行管理规范，降低药品的费用。

除此之外，对服务的价格要严格监管。运用法律法规、方针政策、规划指导、信息服务和经济手段等，加强对卫生服务价格的管理、审计以及财政的监管。对于服务的定价要严格审查，同时提高慢性病、重大疾病的医疗服务补助，可适当将透析、化疗等一类技术性不强的治疗转入下级医院，降低患者的看病成本。

(四)生产流通管理角色

在生产环节，提高医药企业集中度，提升企业的规模效应。目前我国制药企业有“一小二多三低”之说：“一小”，是多数生产企业规模小，无法形成规模效应；“二多”，是企业数量多、产品低水平重复多；“三低”，是大部分生产企业科技含量低、管理水平低、生产能力低。因此，应该尽快整顿各类企业，淘汰部分没有生产条件的、不符合标准的中小企业，提高生产企业的质量。同时，对大型医药企业进行调整，优化其研发、生产、销售等各环节，加速整合行业资源。由于医药行业的特殊性，在引进外资和国外企业时，要注重增强核心知识产权的保护，避免优秀资源被国外占有。

在药品流通过程中应尽量压缩流通环节。医疗体制的完善需要快捷、有效、低成本的药品流通渠道作为支撑。首先应提高经营准入门槛，从源头上提高商品流通质量。清理淘汰一些经营资质不足、规模小的流通企业，规范大型分销企业，培育、扶持相关中介组织，优化药品流通程序，降低药品流通过程中的费用。其次，在“互联网＋”的大背景下，大力拓宽药品流通途径，大力发展医药电子商务、连锁经营、物流配送体系。同时，规范销售人员的销售行为，大力打击吃回扣行为。

（五）制度保障的角色

医疗改革的目的是提高社会公众的医疗水平，让人人都能享有卫生保健。因此，政府有责任保障公民的健康权，建立健全覆盖城乡居民的基本卫生保健制度，关键是强化政府责任，逐步实现卫生费用主要由政府负担，使低收入人群能享受到基本的医疗服务，进而改善国民的整体健康状况。逐步扭转政府卫生投入比例过低、居民个人负担过重的状况。政府增加的投入，主要用于疾病预防控制、基本医疗服务、医疗困难救助、资助低收入人群参加医疗保险、扶持中医药和民族医药发展等方面。

与此同时，建立覆盖城乡的社会保险制度。西方发达国家建立的统一的社会医疗保险制度，基础条件是高度城市化和高就业率。在相当长的时期内，我国还不可能建立全国统一的社会医疗保险制度。因此，建立多层次的社会医疗保险制度是符合国情的。如，扩大城镇职工医疗保险制度覆盖面；加快推进新型农村合作医疗制度；对城市非就业人员、低保人员及少年儿童，参照新型农村合作医疗的做法，采取政府补助和个人缴费相结合的办法，建立以大病统筹为主的医疗保险；积极发展商业医疗保险，鼓励中高收入人群积极参保；加强城乡医疗救助制度建设等。

（六）监督管理的角色

一个良好的医疗环境离不开有效的监督管理。在监管主体方面，除了政府之外，还可接受社会组织、第三方机构及人民群众的监督；加强执法稽查队伍建设，增加相关培训次数，提高培训质量，扩大人员编制，提高独立办案能力。在监管程序方面，努力完善相关的卫生法律、法规，建立健全相配套的各类卫生标准；加强卫生法制的宣传教育，增强公民卫生法制意识；引入现代监管理念和监管方式，保证监督的真正科学性。在监管范围方面，可适当扩展。目前，政府监管范围包括医疗服务市场进入和退出、竞争行为、市场组织、从业人员待遇、医疗服务数量、医疗服务标准和质量以及医疗服务安全性等，可增加对医疗保险的控制、对民营医院的监管。运用行政、经济、法律等多种手段对医疗机构不规范的行为进行监管与处罚，以规范医院的医疗行为和收费行为，加强对医务人员职业道德、职业纪律和职业责任的教育。在监督管理回应方面，增大处罚力度。对于违反规定的销售人员，追究相关企业的连带责任，必要时可终止合作。对于违反规定接受回扣的医护人员，必要时可运用司法干预和介入的手段，对其严厉惩处，追究相关医院的连带责任，以规范药品使用以及药品销售行为。通过建立和完善一系列规章制度，切实做到合理检查、合理施治、合理用药、合理收费。

（七）疏通民众意见表达途径

提高医疗改革决策的效率和质量，需要建构有效的民意表达与政府回应良性互动机制。长期以来，在医疗卫生领域决策中，政府都是决策的唯一主体，这种高度集权制度下的决策往往忽视科学决策方法、技术的运用，而是通过经验决策，导致决策质量难以保证，甚至出现失误。因此，改变政府独立决策的局面，通过民主决策方式，充分运用网络技术促进民众政策参与，提高决策效能。

一方面，大力扩宽民众的参与途径。完善人民代表大会、信访、政策听证等制度，增强政策宣传，增加对民众相关知识的培训，提高公众民意表达的效率。另一方面，完善政府政策回应机制。提高政策制定过程的开放度，让公众、社会组织、体制外的咨询机构等充分参与公共决策过程，与政府的政策研究组织相辅相成，优势互补。首先要建立决策前的政府决策承诺制、公示制度、民意咨询制度，其次是决策中的常态决策听证制度，最后是决策后的民意评估制度、决策复决权制度，实现民意表达与政府回应良性互动。

医疗问题已经日渐上升为困扰国民的三大民生问题之一，涉及多个相关单位和部门，因此，解决问题的根本在于政府。政府需要在源头上改变资金的筹集方式，为医院的健康发展提供强大的资金保障。有了资源之后，注重资源的均衡分布，缩小地区和城乡之间的差距，为患者提供平等的就医机会。同时，积极对药品的生产、流通、销售进行监管，确保产品的质量，同时限制其价格。当然，良好政策的实施离不开有效的监督管理，政府应该增加监管主体，创新监管途径，严格监管程序，确保权力在透明的环境下运行。此外，还需要扩宽居民的参与途径，听取群众意见，接受群众监督，实实在在为人民服务。

二、医疗改革中的社会力量参与

随着医疗改革的深入推进，各种社会组织、公民个人开始参与到各个层面，逐渐发挥着越来越重要的作用。

（一）社会办医的参与

社会办医指的是社会资本兴办的非营利性和营利性的医疗机构，它是公有制医疗机构的重要补充。鼓励和引导社会资本发展医疗卫生事业，形成投资主体多元化、投资方式多样化的办医体制，是深化医药卫生体制改革确定的基本原则和重要内容。这有利于增加医疗卫生服务资源，扩大服务供给，满足人民群众多层次、多元化的医疗服务需求；有利于建立竞争机制，提高服务效率和质量，完善医疗服务体系，形成公立医疗机构和非公立医疗机构相互促进、共同发展的格局。

1. 发展全科医疗服务

兴办高水平全科诊所，为居民提供医疗、公共卫生等服务。这类诊所与公立医院功能相同，医疗技术水平相当，是公立医院有力的竞争对手。这样，既能增加公民的就医选择，又能推动公立医院改革。社会办医机构应全力提供个性化签约服务，构建诊所、医院、商业保险机构深度合作关系，打造医疗联合体。

2. 发展专业化服务

社会办医机构可大力发展专业化服务，细分专业化服务领域，培育专业化优势。避开公立医院的竞争优势，从各类专科以及康复、护理、体检等领域入手，加快打造一批具有竞争力的医疗服务机构。同时，独立设置医学检验、消毒供应、血液净化、安宁疗养等专业机构，面向社会提供专业化服务。

3. 发展中医药服务

发扬传统中医医疗，提供流程优化、质量上乘的中医医疗服务，如，养生保健、康复、针灸、理疗、推拿等。建立只提供传统中医药服务的中医门诊部和中医诊所，打造中医药文化氛围浓郁的中医药服务区域。

4. 发展前沿医疗服务

利用社会资本优势，对准医学前沿，依靠大学力量组建优势学科团队，提供先进的医疗服务。推动精准医疗、个性化医疗等高端领域发展，开展家庭医生、高端医养中心服务。引进高性能的医疗器械，增强社会办医的吸引力。

5. 发展个性化就医服务

利用管理优势，建立方便快捷的就医流程，营造舒适温馨的就医环境，为有需要的患者提供远程会诊、专人导医陪护、家庭病房等多种个性化服务，全面提高服务品质。

6. 发展多业态融合服务

促进医疗与养老融合，为老年人家庭提供家庭医生签约医疗服务，建立健全与养老机构合作机制，兴办医养结合机构。促进医疗与旅游融合，发展健康旅游产业。促进互联网与健康融合，发展智慧健康产业、远程医疗服务等。

7. 发展特色健康服务

在医疗资源和区位等基础条件较好的地方，可探索以社会力量为主，打造特色鲜明、具有竞争力和影响力的健康服务产业集聚区，更好地满足较高层次的健康消费需求，如，医药研发制造、医学教育等。

（二）社会组织的参与

社会组织是为了实现特定的目标而有意识地组合起来的社会群体。在实践中，政府一方面将某些职能放权于各种社会组织，另一方面又缺乏对社会组织的支持和培育过程，再加上管理监督不到位，导致社会组织发育比较缓慢、能力相对薄弱。更严重的是，部分非营利组织按准市场组织的逻辑运行，已经演变成为个人利益团体。在这些非营利组织中，很多都是从政府中分离出来的，而完全从社会中自发形成的、针对社会某一特殊群体需要的组织则比较少。而在医疗改革中，社会组织的力量又不容忽视。在医改政策制定中，社会组织能参与听证会，从各个渠道为医疗改革建言献策；在政策执行过程中，社会组织可以充当监督者，监督各项政策的落实情况；在政策执行后，社会组织可以充当评估者，评估整个政策的执行情况。此外，社会组织还可以作为医疗保障体系的补充。目前，我国现行医疗保障体制无法兼顾到低收入群体，这就可以大力发挥社会组织的医疗救助功能，借助其非营利性和公益性建立起比较完善的社会保障制度。

延伸阅读：PPP 模式

PPP 模式，即政府和社会资本合作，是公共基础设施中的一种项目运作模式。在该模式中，鼓励私营企业、民营资本与政府进行合作，参与公共基础设施的建设。

PPP 是指政府公共部门在与私营部门合作的过程中让非公共部门参与提供公共产品和服务，从而使合作各方达到比预期单独行动更为有利的结果。

PPP 是以市场竞争的方式提供服务，主要集中在纯公共领域、准公共领域。PPP 不仅是一种融资手段，而且是一次体制机制变革，涉及行政体制改革、财政体制改革、投融资体制改革。

（三）社会资金的参与

卫生融资是应对挑战、改善健康和卫生系统的核心。在医疗改革中，社会资金有多种参与的渠道。首先，在医疗保险费用的缴纳方面，改变以个人为单位的局面。出台医疗领域产业专项债券发行指引，结合其平均收益低、回报周期长等特点，制定有利于相关产业发展的鼓励条款。积极支持相关领域符合条件的企业发行公司债券、非金融企业债务融资工具和资产证券化产品，探索发行股债结合型产品进行融资，满足日常运营资金需求。引导社会资本以政府和社会资本合作(PPP)模式参与到医疗机构的建设运营中，开展PPP项目示范。在缴纳医疗保险费用时，较宜以家庭为单位，个人缴费进入家庭账户中，可以增加单个家庭成员的抗风险能力。其次，在资金筹集与使用方面，应允许先积累、后消费，增强制度的吸引力。再次，吸引社会资金建立基金会，通过捐赠方式，由基金会运营筹集资金对无支付能力的危急患者实行医疗救助。通过定点扶持医院，对因病致贫人群在治疗环节给予费用的减、免、补等。同时，加强对医疗扶贫公益事业的宣传工作，争取全社会对因病致贫人群的关心、关爱、关注和支持，依法广泛开展募集资金、医疗设备、药品、物资和技术援助，用于符合条件人群的治疗扶持。

改革开放以来，社会力量不仅推动了经济的蓬勃发展，也为社会事业的改革、发展注入了强劲的活力和动力。鼓励和引导社会力量开办医疗机构，推动形成公立医院与社会办医相互促进、共同发展的格局，既可以增加医疗卫生资源供给，优化结构，满足多元化需求，也可以发挥社会办医疗机构机制灵活的优势，对公立医院改革形成“倒逼效应”，激发医改活力，促进医疗服务行业整体服务水平和效率的提高。同时，促进社会办医，还能够释放市场活力和社会创造力，有利于扩大内需、增加就业，对打造“大众创业、万众创新”和增加公共产品、公共服务“双引擎”具有重要意义。

本章小结

健康是公民的一项基本权利，人人不可或缺。医疗卫生事业的发展直接关系到国家的发展和长治久安。我国的医疗卫生事业改革，从新中国成立后开始，先后经历了萌芽、初建、探索和新医改四个时期。每个时期都取得过举世瞩目的成就，但也存在很多问题。2003年“非典”爆发，将医疗改革的问题暴露无遗。医疗改革问题主要表现在公平与效率双向缺失、政府越位与缺位并存、决策过程缺少公众参与等方面。要解决当前医疗改革存在的问题，必须要重视医疗保险制度改革、医疗机构改革和医药流通体制的联动效应，理清医疗改革中政府和社会的责任，合理分工，共同协作，推进医疗事业改革发展。

关键术语

医疗改革　公平与效率　政府越位　政府缺位　公众参与　政府角色　社会力量

推荐阅读文献

[美]华璋. 悬壶济乱世：医疗改革者如何于战乱与疫情中建立起中国现代医疗卫生体系(1928—1945)[M]. 叶南，译. 上海：复旦大学出版社，2015.

蔡江南. 医疗卫生体制改革的国际经验：世界二十国(地区)医疗卫生体制改革概览[M]. 上海：

上海科学技术出版社,2016.

张韬,李明.基本医疗卫生制度改革思索[M].北京:科学出版社,2016.

饶克勤,刘新明.国际医疗卫生体制改革与中国[M].北京:中国协和医科大学出版社,2007.

周毅.国际医疗体制改革比较研究[M].北京:新华出版社,2015.

复习思考题

1. 简述我国医疗改革的发展历程。
2. 如何评价改革开放之后的医疗改革成效?
3. 如何理解医疗改革问题的联动效应?
4. 政府在医疗改革中应承担哪些责任?
5. 社会力量应如何参与到医疗改革中来?

案例分析题

重庆医改缘何失败?

《2015年国务院政府工作报告》提出:"破除以药补医,降低虚高药价,合理调整医疗服务价格,通过医保支付等方式平衡费用,努力减轻群众负担。"话音未落,重庆市医疗价格调整方案出台。2015年3月25日,重庆市政府发布《重庆市医疗服务项目价格(2014年版)》,取代之前的价格表,拉开了重庆医改的大幕。同日,市物价局、市卫生计生委实施《重庆市医疗服务项目价格(2014年版)》,对6大类7886项医疗服务项目价格进行结构调整。此次重庆市医疗改革的内容是:依据市卫生计生委《重庆市医疗服务项目价格(2014年版)政策解读》,在对接9128项医疗服务项目实行价格平移的基础上,对涉及大型设备检查、检验、诊查、护理、治疗、手术等6大类项目7886项做出价格结构调整,其中大型设备检查、检验类项目价格分别降低25%、25%,诊查、护理、治疗、手术类项目价格分别提高30%、30%、13%和13%。简单地说,就是降低大型医疗设备检查和检验类项目价格,提高诊查、护理、治疗、手术项目价格。因无力承担医改后翻倍的治疗费用,重庆市数百名尿毒症患者及其家属游行示威,将市政府附近多处交通阻断数小时,后遭大量警察驱散,多人被拘捕。4月1日,重庆医改宣布中止,恢复医改前的价格。同日下午3时,相关部门召开全市电视电话会议通知,本次价格调整停止,恢复到3月25日前的标准,并要求医院对新标准执行以来多收取的费用在两周内退还,低于原标准部分做记账处理。至此,这场以医疗服务项目价格调整为内容的医改,因大幅度增加了部分患者的经济负担,引起了部分病人的强烈不满、部分市民上街抵制,导致本次医疗调价仅运行7日就被叫停,被网友们称为"最短命医改"。

请结合所学知识,分析重庆医改失败的原因有哪些?应如何解决?

参考文献

[1] [美]华璋.悬壶济乱世:医疗改革者如何于战乱与疫情中建立起中国现代医疗卫生体系

(1928—1945)[M]. 叶南,译. 上海:复旦大学出版社,2015.

[2] 蔡江南. 医疗卫生体制改革的国际经验:世界二十国(地区)医疗卫生体制改革概览[M]. 上海:上海科学技术出版社,2016.

[3] 张韬,李明. 基本医疗卫生制度改革思索[M]. 北京:科学出版社,2016.

[4] 饶克勤,刘新明. 国际医疗卫生体制改革与中国[M]. 北京:中国协和医科大学出版社,2007.

[5] 周毅. 国际医疗体制改革比较研究[M]. 北京:新华出版社,2015.

[6] 高山. 新医疗改革背景下公立医院内部控制体系研究[D]. 济南:山东农业大学,2015.

[7] 王云飞. 化解收入分配不公的制度研究[D]. 北京:财政部财政科学研究所,2013.

[8] 吴宣恭. 分配不公的主要矛盾、根源和解决途径[J]. 经济学动态,2013(11):12—19.

[9] 邹长青,孙海涛,吴华章. 医疗改革中政府与市场关系的重构[J]. 医学与哲学(A),2017,38(6):45—48,64.

[10] 谢烛光,赵骞. 从供给侧结构性改革角度浅谈中国医疗改革[J]. 企业改革与管理,2017(8):213.

[11] 江隆福. 构建以患者为中心的医疗改革的几点建议[J]. 中华高血压杂志,2017,25(4):303—307.

[12] 段宇宏. 浅析我国医疗改革的现状及存在的问题[J]. 中国民族医药杂志,2017(2):75—76.

[13] 黄国武. 供给侧改革视角下我国医疗卫生纵深改革的发展路径[J]. 国家行政学院学报,2016(5):55—59,142.

[14] 赵雪琳. 基于医疗改革下公立医院内部控制制度研究——以内蒙古B公立医院为案例[D]. 北京:北京交通大学,2016.

[15] 叶俊. 我国基本医疗卫生制度改革研究[D]. 苏州:苏州大学,2016.

[16] 高迪. 浅谈公费医疗改革——从历史沿革、存在问题和引发的讨论热点分析[J]. 学理论,2015(25):93—94.

[17] 张红. 当前我国医疗改革的困境分析及路径探索[J]. 潍坊工程职业学院学报,2015,28(4):63—66.

[18] 赖伟,许海凤,万文. 论中长期医疗改革重要任务:推进医疗同质化[J]. 中国医院管理,2015,35(6):1—3.

[19] 段羽佳. 医疗改革的媒介镜像——基于中美医疗改革报道的话语分析[D]. 太原:山西大学,2015.

[20] 赵秀竹. 社会主义核心价值观视域下的中国医疗卫生体制改革研究——从公平正义角度解读中国医改[D]. 北京:中共中央党校,2015.

[21] 刘鹤. 我国农村医疗改革对经济增长影响机制的实证分析——基于扩大内需[D]. 北京:首都经济贸易大学,2015.

第六章　城镇化问题

学习目标

了解当代中国社会中的城镇化问题，理解城镇化的含义及测度方法，了解城镇化问题的主要表现及成因，掌握城镇化问题主要涉及的三对关系（城市与乡村、公平与效率、政府与市场），进而认知到新型城镇化战略的提出与推进。

知识结构

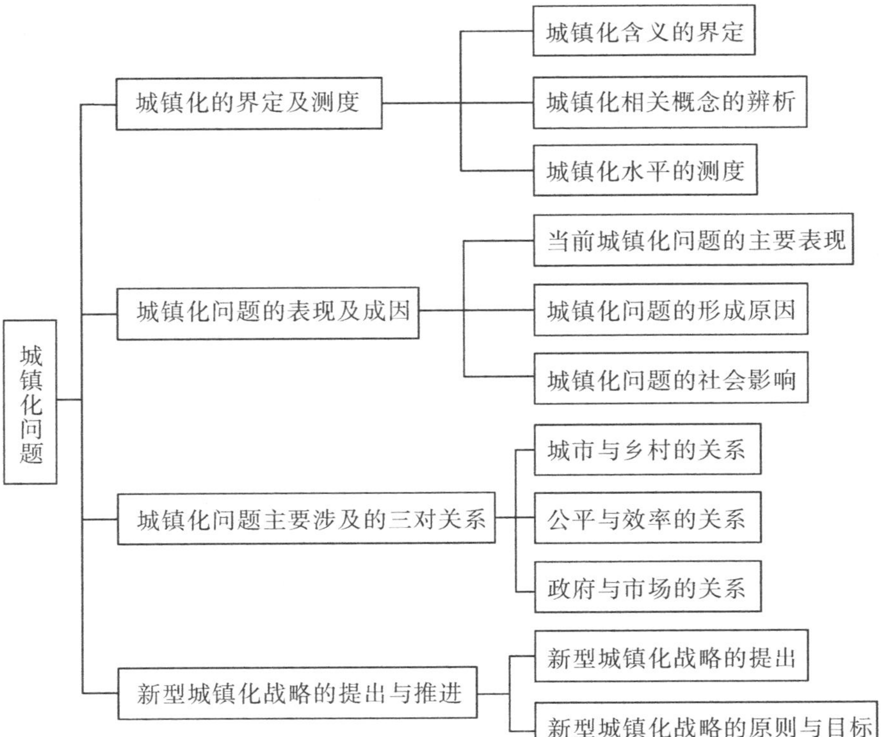

城镇化是现代化的必由之路，是我国最大的内需潜力和发展动能所在。

——李克强

第一节 城镇化的界定及测度

城镇化是顺应人类社会发展的客观规律，是国家现代化发展的必然趋势和重要标志，是符合中国特色社会主义建设布局的重要规划，对全面建成小康社会、加快社会主义现代化建设进程、实现中华民族伟大复兴的中国梦，具有重大的现实意义和深远的历史意义。本节主要介绍城镇化的内涵，并厘清其概念边界，理解其水平测度，以形成对城镇化的基本认知。

一、城镇化含义的界定

新中国成立前后，中国共产党处于巩固新政权、恢复经济发展和工业化起步阶段，已经对城镇化形成了初步认识。毛泽东在中共七届二中全会上做了转移党的工作重心的指示，“由农村转移到城市，让城市开始领导农村”，并指出，“要转变思想，把工作重心转移到城市，努力学会管理城市和建设城市，将城市恢复和发展起来，才能巩固人民政权”。纵览全世界，近现代意义上的城镇化进程已有200余年，城镇化的概念也随着城镇化的实践而不断更新，但国内外专家学者们从城镇化涉及的人口转移和集中，转移过程中的价值观念和生活方式，城镇化进程中城乡互动以及城镇化的内涵等层面对城镇化的含义进行了系列探索。人口转移和集中层面：埃尔德里奇（H. T. Eldridge）认为，“人口集中的过程就是城市化的全部含义。人口不断向城市集中，城市就不断发展。人口停止向城市集中，城市化亦随即停止”①。价值观念和生活方式层面：2000年7月在柏林举行的世界城市大会把城市化定义为：城市化是以农村人口向城市迁移和集中为特征的一种历史过程，表现在人的地理位置的转移和职业的改变以及由此引起的生产与生活方式的演变，既有看得见的实体变化，也有精神文化方面的无形转变。中国地理学家许学强指出：“人口和非农产业的集中，只是物化了的城市化。只有城市人在价值观念、生活方式上实现了现代化，才是完全的城市化。”②城乡互动层面：美国人类学家顾定国（Gregory E. Guldin）曾经指出：“都市化并非简单地意味着越来越多的人居住在城市和城镇之中，而应被视为一个社会中都市与非都市之间联系、结合不断加强的过程。”③中国社会科学院农村发展研究所的胡必亮认为：“现代城市化问题实际上已经转变成为一个城乡区域协调发展的问题了。只要做到了某一区域内城乡之间的协调发展，也就可以说在一定的区域内整体地实现了城市化，至于人们是否真正地居住在城市，已经变得没有什么大的意义了。”④中国工程院和中国科学院院士周干峙提出，“对中国的城市化要有全民的观点，即农业的发展和农村人均收入的提高也是城市化的重要内容”⑤。城镇化内涵层面：李克强总理曾经指出，“城镇化不是简单的人口比例增加和城市面积扩张，更重要的是实现产业结构、就业方式、人居环境、社会保障等一系列由

---

① 项继权. 城镇化的“中国问题”及其解决之道[J]. 华中师范大学学报（人文社会科学版），2011(1)：1—8.

② 刘志军. 论城市化定义的嬗变与分歧[J]. 中国农村经济，2004(7)：58—65.

③ [美]顾定国，李长虹. 乡村都市化：香港、广州和珠江三角洲[J]. 广州研究，1988(12)：22—25.

④ 胡必亮. 关于城市化与小城镇的几个问题[J]. 唯实，2000(1)：10—14.

⑤ 杨世松. 刷新“农村城市化”概念[J]. 决策探索（下半月），2008(2)：24.

‘乡’到‘城’的重要转变”[①]。基于多学科视域下的多视角，学术界对城镇化也进行了不同的阐释。人口学认为：人口的城镇化，即农村人口逐渐转变为城市人口，人口从农村到城市集中的过程。人口向城市集中主要有两种方式，一是人口集中场所即城市数量的增加，一个是城市人口的增加。[②]地理学对于城镇化的理解是：在生产力发生改变的同时，由于城市的“集聚效应”，导致人口不断向城市集中，所以城市的产业空间和生活空间都会逐步扩大，农村的产业空间和生活空间会逐步缩小。[③] 经济学对于城镇化的理解是：城镇是人类从事第二、三产业的活动场所，城镇化是第二、三产业生成、集聚和发展的过程，随着产业的演进，以及第二、三产业规模的不断扩张，再加上随着产业扩张导致的就业人口的扩大，使得城镇规模不断扩大。[④] 社会学认为：从社会发展的角度看，城市是新的生产方式产生、聚积和扩散的过程，随着人类社会不断向前发展及生产生活方式的不断变迁，分工、集约、群居等观念吸引人们向城市集聚，并不断被吸引到城市的生活组织中去。[⑤]

综合国内外专家学者从城镇化发展的不同阶段和学科领域的不同视角出发对城镇化含义进行的界定，从最初的人口转移到人口转移中的价值观念转变，从最初的由人口转移形成的城镇到城镇形成后的城乡互动，这些都使城镇化的内涵得以不断丰富。城镇化进程的具体表现包括人口流动、城乡空间转变、城镇产业布局以及城镇生活组织等。城镇化的含义是动态的，是与时俱进的，是随着城镇化实践的推进而不断丰富的，但有一个指代框架，即城镇化是指农村人口向城镇流动聚集所形成的城乡空间转移和互推发展，包括人口转移、价值观念转变、社会生活方式改变、地理空间形成、经济产业组成、社会组织构成等具体内容。

二、城镇化相关概念的辨析

鉴于时代背景、国情和社会发展等多种主客观因素的影响，学界出现了系列与城镇化相关的概念，如：城市化、新型城镇化、传统城镇化与中国特色城镇化。本节将会对这四组概念进行辨析。

（一）城镇化与城市化

1858年，马克思在《政治经济学批判》中第一次提及“城市化”这一概念，他以“现代的历史是乡村城市化，而不像在古代那样，是城市乡村化”来阐释城乡分离与城市发展。美国《世界城市》中指出，城市化“一是人口从乡村向城市运动，并在城市从事非农工作；二是乡村生活方式向城市生活方式的转变，这包括价值观、态度和行为等方面。一方面强调人口的密度和经济职能，另一方面强调社会、心理和行为因素。”城镇化与城市化都翻译为英文单词“Urbanization”，在日本和中国台湾被译为“都市化”，该单词最早是1867年由西班牙学者在《城镇化的基本理论》中提出的，后期被学界接受和认可。

为了更好地理解和剖析城镇化与城市化两者的异同，本书从内涵和外延分别加以辨析。首先，从内涵角度而言，“城镇化”与“城市化”的核心都是指由工业化的发展促使人口从农村地区转移至

---

① 李克强.认真学习深刻领会全面贯彻党的十八大精神 促进经济持续健康发展和社会全面进步[N].人民日报，2012-11-21.

② [美]赫兹勒.世界人口的危机[M].何新译，北京：商务印书馆，1963.

③ [日]山鹿城次.城市地理学[M].朱德泽，译.武汉：湖北教育出版社，1986.

④ [美]沃纳·赫希.城市经济学[M].刘世庆等，译，北京：中国社会科学出版社，1990.

⑤ Louis Writh. Urbanism as a way of life [J]. American Journal of Sociology, 1989, 49: 46—63.

城市地区，以及在转移过程中形成的社会生活方式；其次，从外延角度而言，1982年在南京召开的“中国城镇化道路问题学术讨论会”上，中国城市与区域规划学界和地理学界从行政区划层面指出，由于农村人口只有转移到城市才能形成城市化，因此提倡统一使用“城市化”作为译文。但多数学者认为，从单词本身出发，“Urban”包含“城”也包含“镇”，而“城镇”既包括了“城市”也包括了“城镇”，且城市化一般把城市划分为大中小三个层次，城镇化把城市划分为大中小城市和小城镇四个层次，[①]更具统筹性，同时也更符合我国的国情。因此，我国正式的官方文件中都是使用“城镇化”一词。2001年公布的《中华人民共和国国民经济和社会发展第十个五年计划纲要》中首次提出“要不失时机地实施城镇化战略”，此后的政府文件中均以“城镇化”为基本概念。综上所述，“城镇化”与“城市化”二者内涵一致，外延不同，从我国国情出发，“城镇化”更具典型性和代表性。

（二）新型城镇化、传统城镇化与中国特色城镇化

2012年中央经济工作会议提出，“把生态文明理念和原则全面融入城镇化全过程，走集约、智能、绿色、低碳的新型城镇化道路”，并将其确立为未来中国经济发展的新动力和扩大内需的重要手段。[②]新型城镇化的提出实质是对城镇化推进的反思和总结，回顾我国城镇化历程，发展速度迅猛，1978—2006年，城镇化率由17.9%提高到43.9%，每年提高0.9个百分点，是1958—1978年的7倍多。特别是1995—2003年，每年增长达1.5个百分点。到2011年，全国城镇人口达6.69亿人，城镇化水平达52.6%。而美国在1860—1920年的高速城市化阶段，城镇化率平均每年只提高了0.5个百分点。[③]快速发展的模式下产生了系列问题，其中对环境的破坏尤为突出，因此新型城镇化理念特别指出要将生态文明贯穿城镇化发展全过程。除此之外，新型城镇化基本内涵需从共性和个性、一般性和特殊性两个层面来理解。城镇化的含义中提到城镇化的推进是动态发展的，但其发展有一个基本的原则，即遵循人类社会发展规律、城镇化发展规律和趋势，这是新型城镇化的共性和一般性；规律不是一成不变的，会随着客观事实的呈现而更新，在不同的时期和不同的空间有不同的体现，这是新型城镇化的个性和特殊性。当下，新型城镇化以实现城乡统筹发展为目标，以促进人的全面发展为根本，以新兴产业和信息化为抓手，囊括人口、经济、社会、资源、环境协调发展和高效发展的多维和谐进程。具体而言，新型城镇化将促进城乡一体化发展作为终点，将以人为本作为落脚点，将产业升级和信息化发展作为着力点，将多元协调发展作为基点，将市场主导作为出发点。[④]总而言之，新型城镇化是顺应我国国情，尊重城镇化发展规律，涉及人文建设、经济建设、社会建设等诸多领域的全面转型和深刻革命，具有转折性历史意义。

传统城镇化与新型城镇化之间是存续的关系，新型城镇化是对传统城镇化的提升和完善，弥补了传统城镇化的漏洞：如忽视经济、社会、城乡、区域之间的平衡发展；吸收传统城镇化的精髓：如充分发挥政府的宏观调控、引导等作用，关注经济发展。传统城镇化的时代背景是农业经济和计划经济为主导的体制，驱动机制源于传统工业化，工作推进的侧重点在于人口的城镇化和城镇规模及数量的扩大，存在重量不重质的弊端，农民进入城市后的身份问题没有得到相应的解决，虽在城市生

---

① 辜胜阻．非农化及城镇化理论与实践[M]．武汉：武汉大学出版社，1993．

② 辜胜阻：从五方面把握经济工作会议“城镇化新政”[EB/OL]．[2017—10—18]．theory．people．com．cn/n/2012/1217/c40531－19924297．html．

③ 姚士谋，冯长春，王成新，等．中国城镇化及其资源环境基础[M]．北京：科学出版社，2010．

④ 吴江，王斌，申丽娟．中国新型城镇化进程中的地方政府行为研究[J]．中国行政管理，2009(3)：88—91．

存和发展，却不能平等享受城市基本公共服务，未能真正融入城市生活，与此同时，城镇用地规模盲目扩张，用地城镇化和人口城镇化之间形成鸿沟，致使多地出现“空城”现象，造成资金浪费和资源消耗，推动主体是各级政府，形成以自上而下为主，自下而上为辅的模式，缺乏多元主体的参与和构建。总的来说，传统城镇化并不是错误的发展路径，而是在滞后的时代背景下形成的粗放式城镇化，单纯依靠增加城市用地规划，扩大城市规模及建筑，盲目扩张，从而形成“城”的城镇化，忽视“人”的城镇化，最终导致城市发展动力不足，可持续性低的困境。

2001 年 3 月，“十五计划纲要”提出，我国推进城镇化的条件已经成熟，要不失时机地实施城镇化战略；走符合我国国情、大中小城市和小城镇协调发展的多样化道路，逐步形成合理的城镇体系。2002 年 11 月，党的十六大报告首次提出了“中国特色城镇化道路”，即要坚持大中小城市和小城镇协调发展。2007 年 10 月，党的十七大报告进一步阐述了“中国特色城镇化道路”，即按照统筹城乡、布局合理、节约土地、功能完善、以大带小的原则，促进大中小城市和小城镇协调发展。以增强综合承载能力为重点，以特大城市为依托，形成辐射作用大的城市群，培育新的经济增长极。① 中国特色城镇化道路是遵循城镇化发展规律，紧密联系我国实际国情，并以科学发展观为指导的城镇化道路，其“特色”主要体现在以下五个方面：第一，统筹城乡发展。从规划、产业、基础设施和公共服务等方面做到城乡统筹，从城乡间的劳动力流通到城乡间的资源流通，形成城镇带动乡村发展，乡村反哺城镇推进的双向互通模式；第二，集约发展。要注重环境保护、生态维护、资源节约的可持续发展道路，不能片面追求城镇化速度，陷入“先污染、后治理”、“先利用、后开发”的困境，要合理布局、合理开发、合理调整，保证城镇化发展的可持续性；第三，多元并举。坚定不移地走以城市群为主体，大中小城市和小城镇协调发展的城镇化道路，要因地制宜、分类引导，无论是城镇规模还是城镇结构，无论是城镇布局还是城镇化演进方式，都必须坚持多元形态，走大中小城市和小城镇相互协调和多样化发展的城镇化道路；第四，市场和政府结合。要依托大城市群的辐射作用，培育新的经济增长极，需市场和政府的共同推进，市场发挥配置资源的基础性作用，政府在尊重市场发展规律的前提下做好宏观调控，规避市场失灵的弊端；第五，以人为本。要坚定不移地走把提高人的物质文化水平作为出发点和归宿、发展成果由城乡居民共享的城镇化道路。前面四个特点的落脚点都是围绕生活在城镇或乡村中居民的生存和发展而采取的措施，在城镇化进程中不仅要“城镇”也要“化”，“化”的体现即人的物质文化水平。② 中国特色城镇化道路是结合我国国情，具有可实践性、可操作性和可持续性的科学道路，具有指导意义，传统城镇化和新型城镇化是不断探索中国特色城镇化道路的具体体现和实践反馈。

三、城镇化水平的测度

城镇化水平是一项用于衡量某国或某地区城镇化程度的重要指标，可通过一个比例数据直观体现，即在城镇居住的人口占总人口的比例。从抽象意义层面而言，城镇化过程是指城镇在国民经济和社会发展中逐渐占据主导地位的过程。所谓城镇化的测度（或测算、计算），就是对城镇在国民

---

① 邵宇，王鹏，陈刚．重塑中国：新型城镇化、深度城市化和新四化[J]．金融发展评论，2013(1)：1—37.

② 马凯．转变城镇化发展方式 提高城镇化发展质量 走出一条中国特色城镇化道路[J]．国家行政学院学报，2012(5)：4—12.

经济和社会发展中的主导作用进行识别并在不同的区域或不同的时期之间进行比较分析。① 但城镇化是一种较为系统的社会现象，涉及因素颇多，要对其进行准确的测量并非易事，专家学者们也在积极的探索中形成不同观点。但归纳起来，对城镇化水平的测算方法不外乎有三种：

(1)从指标的选择看，衡量城镇化水平的指标主要有单一指标和复合指标。所谓单一指标，是指运用城镇化人口指标来度量城市化的水平，即某国或某地区内城镇人口占其总人口的比重，通常称之为城镇化水平或城镇化率；所谓复合指标，就是指选取一系列与城市化密切相关的指标予以综合分析，来考察城市化的水平，不仅能反映地区城市化人口性质的变化，而且能反映产业结构演进、经济发展状况和人民生活质量。复合指标是一个多层次的指标体系，依据研究的内容而有很大的差异。国外对城镇化质量的测度指标体系主要有联合国人居署的城镇发展指数(CDI)和城镇指标准则(UIG)，前者涉及基础设施、废弃物处理、健康、教育、生产5个方面的内容，后者涵盖居住、社会发展和消除贫困、环境治理、经济发展、管制5项内容。②③ 国内学者叶裕民最先对城镇化质量进行定量研究，强调城镇化质量包含城镇现代化和城乡一体化两个方面的含义，并对当时9个超大城市构建指标体系进行评价，结果表明大部分城市都属于初步实现现代化、城乡一体化程度低的阶段，需要采取一系列措施以提高城市化质量。④《中国城市化质量评估体系(2011—2013)》提出的指标体系包含低碳城市化评估指标、和谐城市化评估指标、幸福城市化评估指标和感性城市化评估指标四个板块，该指标体系充分体现了城镇化要真正实现人的城镇化这一重要思想。⑤

(2)从工业化与城镇化之间的关系来看，工业化与城市化关系的测度主要有两种方式：一是实际测算，二是经验判断。所谓实际测算，就是从历史数据出发，通过观察散点图或通过计算相关系数来描述相关程度。钱纳里等人⑥研究了1965年90个国家和地区工业化、城镇化之间的关系，得出了人均国民生产总值越高、工业化水平越高，城镇化水平也越高的结论；张正河等⑦通过测算工业化和城镇化的相关系数，发现英国、法国 、美国等发达国家历史上工业化与城镇化的相关程度是非常大的；杨治等⑧通过对比发达国家在不同发展时期城镇化水平与工业化水平的增长率，找出了相同的规律。所谓经验判断，是在假定工业化与城镇化存在相关关系的前提下，根据经验统计，确定工业化、城镇化之间存在的某一个固定范围内的比例关系，以此为标准，判断某一区域工业化与城镇化是否协调；蔡孝箴⑨从劳动力就业部门构成角度得出，工业化率、非农化率与城镇化率之间基本上是正相关关系，第二、第三产业的发展水平越高，城镇化水平也越高，工业化率与城镇化率之比基本上保持一个稳定值。

(3)从经济发展与城镇化的关系来看，专家学者们对中国城镇化发展和经济增长的影响关系进

---

① 姜爱林.城镇化水平的五种测算方法分析[J].中央财经大学学报，2002(8)：76—80.

② United Nations Human Habitat. The State of the World's Cities Report 2001 [R]. United Nations Publications，2002.

③ United Nations Human Habitat. Urban Indicators Guideliners[C]. United Nations Human Settlement Programme. New York：United Nations Publications，2004.

④ 叶裕民.中国城市化质量研究[J].中国软科学，2001(7)：27—31.

⑤ 何平，倪苹.中国城镇化质量研究[J].统计研究，2013(6)：11—18.

⑥ [美]霍利斯·钱纳里，莫尔塞斯·塞尔昆.发展的格局1950－1970[M].李小青，等，译.贾风和，等，校.北京：中国财政经济出版社，1989.

⑦ 张正河，冯仲惠.先行和后进城市化优劣势的启示[J].河北学刊，2000(3)：14—18.

⑧ 景普秋，张复明.工业化与城市化关系研究综述与评价[J].中国人口·环境与资源，2003(3)：34—39.

⑨ 蔡孝箴.社会主义城市经济学[M].天津：南开大学出版社，1990.

行了有针对性的研究，在理论研究方面多数从总需求释放、产业结构升级和人力资本积累等方面肯定了城镇化对经济增长的拉动作用。如王小鲁①从劳动力转移、城市规模优化及投资需求拉动三个方面分析了城市化对经济增长的贡献，认为城市化可以作为带动经济增长的火车头。沈坤荣和蒋锐②的研究表明，城镇化可以通过带动人力资本与知识技术的积累和促进产业结构升级两个途径间接促进经济增长。丁学东③、王国刚④认为，在当前有效需求尤其是消费需求不足的背景下，加快推进城镇化建设有助于推动产业结构和消费结构升级，能最大限度地释放消费和投资潜力，促进国民经济持续稳定增长。部分实证研究也支持了上述结论，从不同角度得出了城镇化可以作为经济增长引擎的结论。但由于目前中国以土地、资源推动和规模扩张为主的低质量城镇化发展模式并未发生根本转变，长此以往，城镇化发展会进一步拉大城乡差距，不仅无法促进经济增长，还可能蜕变为经济增长的阻力。

背景知识：中国 30 个城市人口超过 800 万，13 城超 1000 万

城市人口规模的大小，对城市竞争力有很大的影响。通常情况下，城市之间的地区生产总值(GDP)比较，是以全域范围内的 GDP 总量进行比较，这个衡量标准放到人口规模比较方面，则是在全域范围内计算人口的数量。《第一财经》记者经过统计发现，目前我国共有 30 个城市的全域人口超过了 800 万大关，有 13 个城市全域人口超过了 1000 万。这其中，直辖市重庆、上海和北京人口总量位居前三。重庆市目前共有常住人口 3048.43 万。重庆虽然是直辖市，但总面积达到了 8.24 万平方公里，人口达到了 3000 多万，相当于一个中等省份，这其中郊县的人口就占了至少三分之二。排在重庆之后，上海和北京的全域人口也都超过了 2000 万。这两个超一线城市的总人口大部分都是城区人口，上海城区人口达到 2115 万，北京也达到了 1877.7 万。排在三大直辖市之后的，是位于西南的成都。在 2016 年将县级市简阳并入之后，成都市域总人口一举超越了天津，达到了 1591.8 万。直辖市天津退至第五位。珠三角的两个一线城市广州和深圳分列第 6、7 位。此外，石家庄、武汉、哈尔滨分列第 8 到 10 位。苏州、临沂、保定的全域人口也都超过了 1000 万。郑州、邯郸、潍坊、青岛、杭州和温州超过了 900 万。介于 800 万到 1000 万之间的则有西安、周口等 11 个城市。统计显示，30 个全域人口超过 800 万的城市中，除了四大直辖市外，其余 26 个城市分布在山东、广东、河南、河北等 13 个省。从大的区域分布来看，这 30 个城市主要分布在华北平原(河北、河南、京津和山东)、长三角和珠三角地区。这些地方也是我国人口最为稠密的区域。

资料来源：中国城市发展网．http://www.chinacity.org.cn/csfz/csxw/353541.html.

第二节 城镇化问题的表现及成因

城市是一个复杂的有机系统，在各种因素的催化作用下变更发展，同时还受所处的时代背景与

① 王小鲁．城市化与经济增长[J]．经济社会体制比较，2002(1)：23—32.

② 沈坤荣，蒋锐．中国城市化对经济增长影响机制的实证研究[J]．统计研究，2007(6)：9—15.

③ 丁学东．关于扩大内需的几点思考[J]．管理世界，2009(12)：1—6.

④ 王国刚．城镇化：中国经济发展方式转变的重心所在[J]．经济研究，2010(12)：70—81，148.

时期特征的影响，在成长的过程中难免会出现各类问题。从微观视角而言，不同的城市在发展进程中也会出现其特有的问题。本节主要描述城镇化进程中表现出的主要问题，并分析其形成原因及其对社会的影响，以对城镇化问题形成整体认知。

一、当前城镇化问题的主要表现

城镇化问题不仅是学术界研讨的热点，报纸、网络等宣传媒介也多次以“城市病”为主题就某些城市发展中的个别问题进行案例报道。在日常讨论中，“城市病”逐渐成为城镇化问题的代名词，但二者也存在广义与狭义的区别。广义的城镇化问题强调的是城市，它包括所有与城镇化发展有关的话题和议题；狭义的城市病所强调的是问题，是指那些存在于城市中的，需要去解决和改变的，阻碍城市发展的各种不利情况。基于上述区分，可以认为城市病是城镇化问题的具体表现。[①] 城市病作为城市发展的固有特征，是客观存在的，不仅随时代的发展而变化，而且与城镇化的发展水平密切相关。因此，可依据城镇化不同阶段的病症表现以及发病程度对城市病进行阶段性划分。[②] 第一，初始形成期（城镇化率在30%以下）：可细划为两个阶段，第一阶段，城市形成初期，生产力水平低下，城市多为疾病、饥荒、自然灾害等所困扰；第二阶段，城市发展初期，城镇化水平较低，经济发展落后，科学、医疗技术不发达，城市规模偏小，多表现为落后贫穷，症状相对较少。第二，逐步发作期（城镇化率30%～50%）：进入城镇化快速发展时期，城市加速发展，城镇人口快速增加，城市数量与规模迅速扩张，快速的城镇化导致城市资源供给与需求之间的不平衡，形成诸如交通拥挤、住房紧缺、基础设施不足以及因过于追求经济效益而导致的环境污染问题，同时因人口迅速增加而形成的城中村、半城镇化问题突出，进一步滋生出城市贫困、城市犯罪、非正规就业等问题。第三，集中爆发期（城镇化率50%～70%）：城市人口超过农村人口，城市仍加速发展，前期的惯性作用在该阶段持续加剧，形成集中爆发期，若前期没能采取有效的应对措施，则前期的问题会进一步被强化，同时逐步对人的发展产生影响，导致幸福感缺失以及人文精神危机。第四，稳定恢复期（城镇化率70%以上）：城镇化速度放缓，城市人口增长速度下降，通过前期对城市病的治理以及城市整体普遍的发展，城市病发病程度减弱，症状表现减少，但依然会存在不同于前期的病症，表现为高发展水平下的城市病；该阶段如果受到不确定性事件的影响，也可能会形成新的城市病。[③]

根据国家统计局数据，截至2016年底，我国总人口138 271万人，其中城镇人口79 298万人。按照城镇化水平测度中的单一指标法，城镇化率为57.35%，属于城镇化问题的集中爆发期，城市病突出。在农村人口向大中型城市和小城镇转移的浪潮当中已经显现出大量错综复杂的问题和因利益分配而产生的阻力，涉及就业、融资、环境、民生以及体制机制等方面。主要表现在五大板块：

（一）人口流动的接收和吸纳

农业转移人口从农村涌入城镇的过程中首先面临的就是关乎其生存和发展的就业问题。随着城镇化的推进，企业岗位供应有所增加，但农业转移人口的知识结构与企业岗位需求之间存在一定偏差，劳动力文化程度和技能水平较低的现实情况增加了转移就业的难度，导致招工难和就业难共

---

① 赵刚.“城市病”英译探究[J].中国科技术语，2011(1)：22—24.

② 周加来.“城市病”的界定、规律与防治[J].中国城市经济，2004(2)：30—33.

③ 杨传开，李陈.新型城镇化背景下的城市病治理[J].经济体制改革，2014(3)：48—52.

同存在的“两难”局面。同时，目前我国处于产业的转型升级时期，许多城镇甚至大城市的产业支撑能力有限，持续吸纳就业能力不足。从长远视角出发，维稳人口流动趋势的后续力不足。① 国家统计局数据显示，2016 年城镇常住人口 79 298 万人，比上年末提高了 1.25 个百分点，即比 2015 年城镇常住人口增加了 900 多万人，但 2016 年城镇新增就业人口 1314 万人，较 2015 年的城镇新增就业人口 1312 万人，②人口增长幅度远远高于就业岗位的增幅。

（二）粮食保障和土地资源

人口基数大，粮食需求缺口持续存在。进入 21 世纪，中国已从粮食进出口国变化为粮食净进口国。2016 年，进口大豆 8391 万吨，稻米 353.39 万吨，均创净进口新高。③ 城镇化发展需要占用耕地，居住用地、工业用地、商业用地、工矿企业和交通等建设用地不断增加，城市不断向外扩展。国土资源部发布的全国土地变更调查数据显示，2016 年底全国耕地面积 20.24 亿亩，与 2015 年底相比，农用地面积净减少 493.5 万亩（其中耕地面积净减少 115.3 万亩），④而耕地减少就会影响到粮食安全。因而，大力推进城镇化发展，将会面临粮食安全不保和耕地资源减少的双重制约。

（三）资源承载和生态环境

城镇化在占用大量土地的同时，还要消耗大量的资源，增加大量的排放，管理不善就会造成严重的环境污染。目前我国面临着世界性的资源能源短缺、资源价格上涨、资源开采困难、全球严格限制排放等问题，经济总量容易超出资源环境的承载能力。相比他国而言，我国资源环境对经济增长的约束实际上更为严峻。与此同时，大量的人口集聚到城镇，势必对生态环境造成一定的影响。城镇作为人口的集聚区，由于资源的不合理利用和浪费，会造成水污染、大气污染、空气污染、噪声污染等污染。⑤ 2016 年末，全国监测的 614 座大型水库蓄水总量 3409 亿立方米，比上年末蓄水量减少，但全年总用水量 6150 亿立方米，比上年增长 0.8%；全年能源消费总量 43.6 亿吨标准煤，比上年增长 1.4%。煤炭消费量下降 4.7%，原油消费量增长 5.5%，天然气消费量增长 8.0%，电力消费量增长 5.0%。各项数据均显示，我国资源消费量大且呈增长趋势。⑥

（四）基础设施和融资开发

城镇化发展必然要进一步拓展城市框架，推进城镇基础设施建设，改变城市面貌，完善城市功能，进而提高城市综合承载能力。但是，大量的公共基础设施建设需要大量的资金投入，资金来源问题凸现出来。⑦ 2016 年底，全国一般公共预算收入 159 552 亿元，比上年增长 4.5%，城市维护建设税 4034 亿元，同比增长 3.8%；全国一般公共预算支出 187 841 亿元，比上年增长 6.4%，城乡社

---

① 刘奇葆.以新型工业化与城镇化为动力　加快转变经济发展方式[J].求是，2012(5)：15－18.

② 国家统计局.中华人民共和国 2016 年国民经济和社会发展统计公报[EB/OL].[2017－10－19].http://www.stats.gov.cn/tjsj/zxfb/201702/t20170228_1467424.html.

③ 中华粮网.中国粮食进口 20 年历史总览[EB/OL].[2017－10－19].http://futures.jrj.com.cn/2017/01/24134722005578.shtml.

④ 国土部.2016 年度全国土地变更调查结果公布[EB/OL].[2017－10－19].http://news.163.com/17/0721/10/CPS541AG00014SHF.html.

⑤ 李丽萍，延华.城市环境问题及对策研究[J].中国新技术新产品，2009(18)：173.

⑥ 国家统计局.中华人民共和国 2016 年国民经济和社会发展统计公报[EB/OL].[2017－10－19].http://www.stats.gov.cn/tjsj/zxfb/201702/t20170228_1467424.html.

⑦ 岳文海.我国城镇化基础设施融资模式研究[J].中州学刊，2013(10)：48—50.

区支出 18 605 亿元，增长 17.1%，预算收入的增幅低于预算支出的增幅。①

（五）体制机制和管理能力

大量流动人口涌入城镇对当地政府的治理能力提出了新的要求，城乡和区域之间的土地管理制度、行政管理、劳动就业制度、社会保障制度和公共财政制度等均依附于户籍制度，成为城乡之间、城市与城市之间人口转移的刚性结构。比如，农民工作为长期务工并居住于城镇但户籍属于农村的流动性人口，在其生活在城镇期间，享有城镇基本公共服务、随迁子女教育、非正规就业、社会保障、农村土地流转等问题，都需要相关职能部门解决，要求相关体制机制的形成和管理能力的提升。

小案例：鄂尔多斯 50 多亿建新城如鬼城

耗资 50 多亿打造、面积达 32 平方千米的内蒙古康巴什是一座豪华新城，但同时也成了一座无人居住的“鬼城”。花 5 年时间建设的康巴什，原意要成为鄂尔多斯对外炫耀的市中心，如今却是中国房地产泡沫的最佳展示品。在中国的版图上，有个地方三面被黄河环绕。十三世纪时，一代天骄成吉思汗途经此处，将这里定为他的长眠之地。这里的蒙语地名是“鄂尔多斯”，汉语意为“众多的宫殿”。GDP 连年攀升、增长竞争力位列全国第一的鄂尔多斯，凭借丰厚的经济实力，在一片荒漠中建起一座新城——康巴什。只是，地图上的这个新地名，不仅是座新城，也是个“空城”——一期工程方圆 32 平方千米的城市，街道上鲜见行人，没有人气。康巴什的中心是鄂尔多斯市党政大楼，3 栋外形一致的 12 层楼房。朝南正对着的是这个新区的南北中轴线——宽 200 米、长 2400 米的成吉思汗广场。2004 年以前，康巴什还是片荒漠，只有两个小村庄，不到 1400 人。那时，鄂尔多斯一度是内蒙古最为贫困的地区。直到有一天，这里发现了四大“宝贝”：特有的阿尔巴斯白山羊绒被誉为软黄金；煤炭探明储量 1676 亿吨，占全国 1/6，鄂尔多斯如今是中国产煤第一大市；稀土储量 65 亿吨；天然气探明储量 8000 多亿立方米，占全国 1/3。因为“羊、煤、土、气”，于是扬眉吐气。2007 年年底，中国城市竞争发展力排名：鄂尔多斯增长竞争力全国第一；人均 GDP1.0451 万美元，超过北京、上海。鄂尔多斯老城区东胜 23 平方千米内拥挤着 30 万人。手中有了钱，政府便开始拓建新的城市发展空间。2004 年，政府开始在荒漠中兴建新区，建设总投资达 50 多亿元。站在党政大楼 12 层楼顶往南看，在这张巨大的荒漠“白纸”上，矗立着康巴什的六大地标性建筑：剧院、文化艺术中心、会展中心、新闻中心、博物馆、图书馆。只是，这里还缺少超市、医院、学校和人。尽管各种设施还在完善中，但鄂尔多斯人对这座新城依然充满自豪，把康巴什誉为“千年荒漠、创业热土”。公务员是这里人口构成的最主要部分。鄂尔多斯市委宣传部外宣科科长陈曦告诉记者，2006 年 7 月 31 日，党政机关从东胜老城区正式迁到康巴什新区，但很多公务员家还在东胜。

二、城镇化问题的形成原因

城镇化问题的形成是城镇化发展中不可避免的客观现实，这些问题的发现和处理对城镇化进

---

① 中华人民共和国财政部. 2016 年财政收支情况[EB/OL]. [2017-10-19]. http://gks.mof.gov.cn/zhengfuxinxi/tongjishuju/201701/t20170123_2526014.html.

程的推动具有至关重要的反馈作用，主要体现在以下五个方面：城镇化与工业化的错位发展；城镇产业结构不合理；城镇化规划偏差；城镇环境高污染和资源高消耗；管理体制的弊端。

（一）城镇化与工业化的错位发展

国内外发展的实践证明，工业化与城镇化之间有着紧密的联系。工业化的发展能够推动城镇化进程，城镇化的推进可反哺工业化的发展，但若工业化的发展超前于城镇化的推进，则会出现城镇配套设施缺乏的现象，不能满足因工业化发展带来的人口增长需求，进而出现交通堵塞、资源短缺、环境污染、房价暴涨等问题。若城镇化的推动没有工业化发展做支撑，缺乏相应的产业布局，则会出现后续发展动力不足，人口增长缓慢，就业缺口大等问题，形成“空城”、“鬼城”，还会产生贫民窟等社会问题。

（二）城镇产业结构不合理

产业结构不合理是城镇吸纳就业能力不足的重要原因。过去主要依靠工业化来推动城镇化，比如，第一个五年计划期间出现大批工业城市，导致服务业发展比较滞后。2011 年，我国工业增加值占 GDP 的比重在全球处于较高水平，世界银行统计的中等收入国家和高收入国家的这一占比仅分别为 35.73％和 24.36％。相比之下，服务业增加值占 GDP 比重在全球却处于较低的水平，2011 年为 43.24％，低于低收入国家的 50％、中等收入国家的 54.8％和高收入国家的 74.3％，而且服务业结构布局不合理，整体发展水平亟待提升。交通运输、批发零售、住宿餐饮等生活型服务业在服务业总量中的比重偏高，金融保险业、科研和技术服务、信息和计算机服务等生产服务业规模偏小，对供应链管理、电子商务、物流金融、信息咨询等增长潜力大、新增就业多的现代物流服务需求明显不足，最终导致生产性服务业的就业潜能没有得到有效开发。另外，流动人口的文化程度和职业技术能力低下，不能适应岗位需求，也在一定程度上影响了就业情况，形成城镇就业接收和吸纳能力不足的问题。

（三）城镇化规划偏差

前文提及许多城市在推动城镇化进程中未处理好与工业化齐驱并进的问题，开展“造城运动”，其实质就在于规划思想的偏差，在于未厘清“城”的城镇化与“人”的城镇化的区别，希望通过城镇的建设吸引流动人口，而忽视了流动人口赖以生存和发展的就业供给。伴随着大规模高速发展的城镇化的，是持续不断的大规模占地和圈地，使耕地资源消耗过多。“十五”期间，各地大搞所谓的“国际大都市”、大广场、大马路等，许多城市以大搞各种类型的“新区”、“新城”、“开发区”等为名义而进行大规模圈地，规划多为几十平方千米甚至上千平方千米。①

（四）城镇环境高污染和资源高消耗

1996 年以来，大规模的城镇化是愈来愈严重的环境污染问题的主要原因之一。沿海地区的大中城市规模迅速扩张，加上中国作为所谓的“世界工厂”生产大量低端产品，引发了突出的环境污染问题。中西部中小城市由于大规模开发资源和对资源进行加工而成为许多地区的污染源。除此之外，大量流动人口进入城镇，城镇基础设施的需求大幅增加，包括城市供水、供气、供热、公共交通等市政基础设施以及环卫、公共场所保洁、垃圾和粪便清运处理、公共厕所、城市绿地等生态环保设

① 陆大道，陈明星．关于“国家新型城镇化规划（2014—2020）”编制大背景的几点认识[J]．地理学报，2015(2)：179－185.

施。这些公益性基础设施具有非营利性的特点，没有投资回报，由私人部门投资必然会带来社会福利损失和效率损失；同时，公益性基础设施不能通过向广大社会公众收费获得经营性收入。因此，公益性基础设施的投资以及后期的运营和维护只能通过政府财政资金和以政府财政信用为基础的融资方式来解决，这都对各地政府的城市经营和融资建设能力提出了较高的要求。

（五）管理体制的弊端

城乡二元结构导致了长期以来城乡分割的政策和管理体制。改革开放以后，二元管理体制有所改革、松动，但是城乡分割政策的惯性和尚未彻底改革的户籍制度依然制约着城镇化的推进。地方政府在不恰当的政绩观和利益观的诱导下，往往提出不切实际的城镇规划框架和发展目标，盲目攀比，追求短期利益最大化，对流动人口的管理缺乏规范化的体制机制。这样做，一方面易造成因管理缺失而产生系列影响城镇安稳的社会问题，另一方面也会使城镇户籍人口和流动人口产生隔阂，影响流动人口融入城镇，最终影响社会的整体和谐。

三、城镇化问题的社会影响

城镇化推进符合人类社会发展规律，是推动社会进步、改善人们生活质量的有效之举，但不可避免地，城镇化问题也会对社会的健康有序发展造成一定的影响。主要体现在以下四个方面：阻碍社会和谐发展；粮食减产、水资源紧缺；环境污染、生态受损；农民工市民化困境。

（一）阻碍社会和谐发展

流动人口的就业和安置问题若是得不到有效解决，其基本的生存和发展将得不到保障。按照近年来的城镇化速度，城镇人口每年增加约 1800 万人，相应地需要增加 1200 万个以上的就业岗位。目前增加的城镇就业人口已越来越依赖于第三产业的发展，但由于人口基数巨大，第三产业也很难持续提供所需要的就业岗位。各类城市的就业问题都非常严峻，虽然每年的就业岗位增加量都在 800 万个以上，但是，其中一些就业岗位的稳定性很差。① 这些都将为社会和谐带来严重的影响，如城镇治安存在安全隐患，可能会使犯罪率增加。

（二）粮食减产、水资源紧缺

农村劳动力的流失和耕地面积的减少，在一定程度上造成粮食产量下降的困境。国家统计局官方数据显示，2016 年底，粮食种植面积 11 303 万公顷，比上年减少 31 万公顷；粮食产量 61 624 万吨，比上年减少 520 万吨，减产 0.8%；②大规模工业化和城镇化，使北方水资源供应出现了全面的紧张，而南方地区的许多城镇也常有严重的水质性供水问题，局部地区甚至出现过水危机。用水问题最为严重的是北方地区 15 个省区市，国土面积占全国的 60.4%，人口占 41.9%，GDP 占 42.8%。多年来，平均年水资源总量为 5259 亿 m^3，只占全国的 18.6%。2011 年总用水量达到 2434 亿 m^3，约占当年全国用水的 40%。经过半个多世纪以来的大规模水资源开发，北方地区依赖“开源”解决缺水问题面临着极限的挑战。③

---

① 陆大道，陈明星. 关于“国家新型城镇化规划(2014—2020)”编制大背景的几点认识[J]. 地理学报，2015(2)：179—185.

② 国家统计局. 中华人民共和国 2016 年国民经济和社会发展统计公报[EB/OL]. [2017－10－20]. http://www.stats.gov.cn/tjsj/zxfb/201702/t20170228_1467424.html.

③ 陆大道，贾绍凤，白永平. 中国北方地区用水进入低增长和微增长阶段的必要性和可能性[J]. 地理研究，2014(2)：203—213.

(三)环境污染、生态受损

随着城镇化的持续快速开发，环境污染逐步呈现出新的特点。在传统的有机污染日趋严重的同时，有毒有害物的污染开始显现，导致生态系统严重退化，生态灾害事件频繁发生。对农村环境问题的忽视使得农村地区成为“藏垢纳污”的主要场所，农业和农村环境问题广泛而突出。环境污染已经开始从周边环境进入生态系统，并进一步浸入食物链开始影响到人体健康，范围遍及全国主要的人口、产业集聚带和城市群。除此之外，许多地方政府追求高速城镇化，导致城市无序扩张，耕地过度流失，土地快速非农化，失地农民增多，农村空心化严重，城镇等级体系和规模结构出现严重失衡，特大城市和大城市的数量及人口比重不断增加，中等城市和小城市则发展缓慢，甚至逐渐萎缩，贫富差距被拉大。

(四)农民工市民化困境

在城镇化进程中出现了“半城镇化”的社会现象。“十一五”以来，城镇化速度居高不下，年平均增长 1.3 个百分点，即每年城镇新增人口在 1800 万以上。2012 年中国城镇化率达到 52.6%，但实际的人口城镇化率只是 35%，全国 2.6 亿农民工没有市民化。[①] 农民工的生活条件很差，长期居住在城镇里，却不能享有城镇基本公共服务。农民工中的相当一部分是在工资低、工作条件差、就业不稳定、医疗保险和社会保障低、无升迁机会的城市非正规部门就业，从事着城里人不屑于干的“脏、累、苦”的工作，大多居住在城市边缘地区的“城中村”、简易房、建筑工棚或地下室等，居住环境简陋恶劣。无论是生存条件还是发展平台，大多数农民工都未能真正融入城市生活，社会中出现明显分层。

第三节　城镇化问题主要涉及的三对关系

综览城镇化的问题，主要涉及三方面的核心内容，即城市与乡村的二元分治结构、农村户籍人口与城镇户籍人口社会保障中的公平与效率、城镇化推动中政府与市场的协作。本节将从统筹城乡发展、社会保障制度以及城镇化推进的主导力量三个层面，阐述城市与乡村、公平与效率以及政府与市场的关系。

一、城市与乡村的关系

在较早时期的计划经济体制背景下，我国形成了城乡二元分治的体制机制。加之后来市场经济的建立，城市和乡村间的贫富差距越来越大，由此引发的城乡矛盾也越来越多。以“统筹城乡发展”为首的“五个统筹”战略思路的提出，标志着我国进入城乡统筹发展的探索阶段，城市和乡村间的关系由二元分治转为统筹发展。

统筹城乡发展的推动措施。2007 年，成都和重庆被确立为首批全国统筹城乡综合配套改革试验区，开始探索统筹城乡发展的具体路径，如重庆市在 2008 年实施的“地票”制度，当进城农民在城里落户以后，如果他觉得自己的宅基地实在没有用处，可以交给政府复垦为耕地，农民可以拿到地

---

① 陆大道. 对我国城镇化发展态势的分析[EB/OL]. [2017－10－20]. http://roll. sohu. com/20140801/n403059714. shtml.

票交易所交易，同时房产商要征农民的地需要地票指标。一亩地票的价格如果是20万，除掉复垦成本，剩下的就给农民，[①]将农村的土地和城市建设用地有效整合，是统筹城乡发展的有效之举。2008年，国家正式提出“我国总体上已进入以工促农、以城带乡的发展阶段”的基本判断，并于同年正式实施《中华人民共和国城乡规划法》，标志着我国将改变城乡二元结构的规划管理制度，进入城乡统筹的规划管理新时代。[②] 城乡统筹是针对我国城乡之间的户籍、劳动用工、社会福利、住房政策、教育政策以及土地使用制度等不同政策形成的城乡二元经济社会分割格局而提出的，旨在打破城乡二元结构，改革城乡之间政治、经济、社会发展的制度隔离，创建城乡之间政治、经济、社会运行的融合机制，[③]核心思想在于摈弃过去重城市、轻农村，“城乡分治”的传统观念和做法，把城乡作为一个整体，统一筹划，综合考虑城乡问题和关系，通过体制改革和政策调整，破除城乡二元结构，实现城乡协调发展。[④] 此外，国家通过制度改革消除城乡不平等，使城乡享有平等的发展权利和机会，基于城乡关联视角，促使资源、资金、技术在城乡之间、在不同产业之间有序流动和优化组合，实现城乡互动，被认为是城乡统筹的重要目标与路径。[⑤]

城乡统筹的基本内容。大致包括城乡政治(制度)、经济产业、社会服务、生态环境、特色资源以及空间布局统筹等六个方面。第一，城乡政治(制度)统筹，即消除妨碍城乡协调发展的体制和政策性障碍，赋予农民平等的公民待遇、完整的财产权利和公平的发展机会，改革传统经济社会体制下形成的城乡分离的各种制度，主要包括就业、户籍管理、财税金融、社会保障以及教育制度等；第二，城乡经济产业统筹，即寻求城市地域与农村地域经济效率的协同，寻求城市与农村资源利用的平等，寻求市民与农民比较利益的一致，构建适合城乡发展优势且又相互补充的产业结构体系；第三，城乡社会服务统筹，即优化整合各种公共资源，引导城市社会管理向农村延伸，构筑覆盖城乡的基本公共服务供给体系，加强农村教育、卫生、文化等社会事业发展，逐步实现城乡基本公共服务均等化；第四，城乡生态环境统筹，即建立城乡生态环境大系统，保证乡村自然生态环境对人工生态环境的融合与缓冲，协调城乡环境资源，实现城乡环境共同发展；城乡特色资源统筹，即关注城乡特色文化、景观、生活方式等方面的资源的开发和保护，在城乡统筹发展过程中缩小城乡差距并使城乡各具特色；第五，城乡空间布局统筹，即城市和农村作为有机整体，着眼于优化城乡空间布局，强化城乡设施衔接和延伸，提高城乡土地集约化水平，构建城乡融合、功能互补的发展格局；第六，城乡产业、要素市场与产品市场统筹，向农村居民提供与城市居民大致相同的公共产品，实现城乡间居民基本生活质量的均等化。[⑥]

总的来说，城乡统筹本质上不是纯粹的、单一的低水平均衡或平均主义，也不是转移城市资源到农村，而是促进城乡两大社会经济系统朝着生产要素优化组合、城乡差别日渐缩小、城乡二元结构弱化、城乡发展机会均等的方向发展。2017年10月，党的十九大报告中提出，要实施乡村振兴战略，按照产业兴旺、生态宜居、乡风文明、治理有效、生活富裕的总要求，建立健全城乡融合发展体制

---

① 黄奇帆．重庆地票制度可供全国借鉴[EB/OL]．[2017－10－20]．http://www.guancha.cn/HuangQiFan/2013_05_13_144131.shtml.

② 刘泉．我国首次立法把村庄纳入规划[N]．人民日报(海外版)，2008—1—2.

③ 袁政．中国城乡一体化评析及公共政策探讨[J]．经济地理，2004(3)：355—360.

④ 周琳琅．统筹城乡发展理论与实践[M]．北京：中国经济出版社，2005.

⑤ 方丽玲．城乡统筹：城乡关联视角分析[J]．财经问题研究，2006(6)：16—21.

⑥ 吴丽娟，刘玉亭，程慧．城乡统筹发展的动力机制和关键内容研究述评[J]．经济地理，2012(4)：113—118.

机制和政策体系，加快推进农业农村现代化。这是党和国家对城乡关系在城乡统筹发展基础上的再次升华，旨在解决好“三农”问题，推动城乡融合发展。

二、公平与效率的关系

由于二元户籍制度，大量流动人口进入城镇后，虽然长期在城镇工作和生活，却不能享受与城镇户籍人口等同的社会保障，其实质涉及社会保障制度中的公平与效率关系。社会保障制度是国家、社会群体和个人为使社会成员能够维持基本物质生活，实现生存权提供援助和保证而设置的若干内容和项目的总和，是社会团体和个人必须遵守的工作规程和行为规则。一般包括社会保障、社会救济、社会补贴(福利)、优抚安置、社会互助和个人储蓄积累保障等六个方面。①

公平与效率原则的历史脉络。自现代社会保障制度产生以来，贯穿其发展过程始终的是公平和效率原则。1993 年，党的十四届三中全会《关于建立社会主义市场经济体制若干问题的决定》明确提出，收入分配要“体现效率优先、兼顾公平的原则”。2005 年，中共十六届五中全会《关于制定国民经济和社会发展第十一个五年规划的建议》明确要求，构建和谐社会必须“更加注重社会公平，使全体人民共享改革发展成果”。2012 年，中共十八大提出“初次分配和再分配都要兼顾效率与公平，再分配更加注重公平”。从“效率优先、兼顾公平”到“更加注重社会公平”，再到“初次分配和再分配都要兼顾效率与公平，再分配更加注重公平”，既反映了改革开放历史进程的重大变化，又反映了改革开放指导思想的重大变化。

公平与效率关系的新体现。公平与效率一直是广受社会关注和讨论的问题。其中的许多讨论是各持一端，观点相当对立。一方认为，中国目前仍处在社会主义初级阶段，发展是硬道理，只有提高效率才能实现更快更好发展，应继续坚持实行“效率优先、兼顾公平”原则。另一方认为，中国已经进入全面建成小康社会阶段，在一部分人已经先富起来之后，必须更多地考虑他人后富的问题，否则贫富差距继续拉大，既不利于社会稳定，也将降低经济效率，因而必须把公平放在优先位置，应倡导“公平优先、兼顾效率”。党的十八大对此做了明确的回答，将公平正义列为建设中国特色社会主义必须坚持的八大基本要求之一：“必须坚持维护公平正义。公平正义是中国特色社会主义的内在要求。要在全体人民共同奋斗、经济社会发展的基础上，加紧建设对保障社会公平正义具有重大作用的制度，逐步建立以权利公平、机会公平、规则公平为主要内容的社会公平保障体系，努力营造公平的社会环境，保证人民平等参与、平等发展的权利。”②在党的十九大报告中，也有相关论述：“坚持人人尽责、人人享有，坚守底线、突出重点、完善制度、引导预期，完善公共服务体系，保障群众基本生活，不断满足人民日益增长的美好生活需要，不断促进社会公平正义，形成有效的社会治理、良好的社会秩序，使人民获得感、幸福感、安全感更加充实、更有保障、更可持续。”

综上所述，在中国特色社会主义市场经济体制下，虽然存在历史遗留的二元分治机制，但城镇化推进也是公平与效率的一种体现。让农村户籍人口进入城镇，享有同等的生存和发展机会，兼顾公平的同时提高效率虽也存在一系列问题，但完善流动人口社会保障制度的步伐从未停止。

---

① 周庆国.试论社会保障制度的公平与效率[J].中国行政管理，2001(10)：31—33.

② 杜飞进，张怡恬.中国社会保障制度的公平与效率问题研究[J].学习与探索，2008(1)：1—22.

三、政府与市场的关系

改革开放以来，我国的城镇化推进在政府全面主导下经历了一个起点低、速度快的历程，城镇化速度之快超过了世界上其他任何国家。国家统计局资料显示，城镇化率从1978年的17.9%增加到2012年的52.6%，与世界平均水平(世界银行2010年的数据为52%)大体相当。对此，联合国前副秘书长、联合国开发计划署前署长海伦·克拉克(Helen Clark)曾这样评价："中国正在以人类发展史上前所未有的速度、深度和广度实现城镇化。"中国只用60年的时间就实现了城镇化率从10%到50%的过程。"同样的转变，在欧洲用了150年，在拉丁美洲则用了210年。"[①]但是，我们也应清醒地认识到，随着时间的推移，这种政府全面主导的城镇化在快速发展中累积了不少突出矛盾和问题，其不可持续发展的弊端日益显现，要求平衡城镇化进程中政府与市场的关系。

政府全面主导城镇化的四个弊端。第一，政府全面主导的城镇化导致政府权力越俎代庖，政府职能异化，容易滋生腐败。由于政府直接参与市场，各级政府本身的行为乃至运作方式也随之"市场化"了，政府成为城镇化发展中最强大的、最主要的，甚至可以说无处不在的参与主体。第二，政府全面主导的城镇化助长了长官意志，政府控制着资源的分配。尤其是在"以GDP论英雄"的干部政绩考核制度下，一些地方政府官员以"加速城镇化进程"为名，行政绩需要之实，着力追求GDP增长和形象工程，急于求成、大步跃进，以致盲目规划、"摊大饼"式扩展，造城运动等现象频频出现。与此同时，行政强制性的大拆、大迁、大建也激化了社会矛盾。第三，政府全面主导的城镇化导致土地财政，加速了"土地城镇化"进程，而"人口城镇化"却裹足不前。广大农民被排挤在边缘地带，不仅无法享受到城镇化发展的成果，还承担了城镇化发展成本的沉重负担，造成社会不同群体间利益的两极分化、阶层固化，城乡居民收入差距扩大化。第四，政府全面主导的城镇化抑制了市场机制在资源配置中的决定性作用，资源配置错位，难以实现资源优化组合和优化配置，造成大量宝贵的土地资源闲置浪费，城镇化协同效应不高。政府全面主导的城镇化模式在经济上获得的效应，明显要比市场主导的城镇化低。[②]

市场与政府的城镇化发展组合拳。党的十八届三中全会《中共中央关于全面深化改革若干重大问题的决定》指出："经济体制改革是全面深化改革的重点，核心问题是处理好政府和市场的关系，使市场在资源配置中起决定性作用和更好发挥政府作用。"党的十九大报告继续指出："使市场在资源配置中起决定性作用，更好发挥政府作用。"市场和政府分别作为"看不见的手"和"看得见的手"，是经济社会发展的两大基本动力，是调节经济运行、优化资源配置的两种最基本的制度安排。作为资源配置的两种基本方式，市场和政府各有其优劣性。一般认为，政府权威制度与市场交换制度的内在结构决定了其各自的功能优势与功能劣势：政府权威制度的最大功能优势是通过公共选择的过程来制定公共政策，提供公共物品和服务，最大的功能劣势是难以实现资源的有效配置；市场交换制度的最大功能优势则是实现资源的有效配置，最大的功能劣势是难以消除外部效应和保证社会公平。市场机制的完全有效性只有在严格的假说条件下才成立，而政府干预的完美无缺同

① 海伦·克拉克．在联合国开发计划署《2013中国人类发展报告》发布会上的演讲[EB/OL]．[2017－10－20]．http://news.xinhuanet.com/local/2013－08/27/c_117117424.htm.

② 茶洪旺．摆正政府在新型城镇化发展中的位置[J]．探索与争鸣，2014(2)：61—64.

样也仅仅与“理性的政府”相联系。因此，在资源配置过程中，如果过分强调或依赖某一种方式，而忽视甚至否定另一种方式的作用，极易出现市场失灵或政府失灵，导致资源配置无效率。城镇化作为市场失灵与政府失灵极易出现的领域，无论是将政府作为外生变量的市场万能论，还是政府主导的政府行为至上论，都不是城镇化发展的最佳机制。如果仅仅依赖市场自发调节，由于存在垄断、外部性、信息不对称、公共产品、盲目性、过度逐利等原因，极易在城镇化进程中出现人口无序流动、贫富差距扩大、城镇规模过度膨胀、城市基础设施滞后、公共服务供给不足等社会问题；而如果城镇化过度依赖政府调控，由于政府机构的低效率、自身无法避免的“内部性”、极易滋生的寻租行为以及滑入锁定状态的内卷化效应，极易使城镇化陷入政府失灵的境地。市场和政府的自身缺陷决定了城镇化的健康发展只能是二者的有效组合。[①] 因此，城镇化的有序推进，可以看作市场与政府相结合引导人口从农村向城市的有序流动，以及由此带来的产业的空间集聚过程。

第四节　新型城镇化战略的提出与推进

我国正处于30%～70%的城镇化快速推进区间，但延续过去传统粗放的城镇化模式，会带来产业升级缓慢、资源环境恶化、社会矛盾增多等问题，可能落入“中等收入陷阱”。随着内外部环境和条件的深刻变化，城镇化必须进入以提升质量为主的转型发展新阶段。本节将介绍新型城镇化的发展战略及其原则与目标。

一、新型城镇化战略的提出

从以人为本、小康与城乡统筹、科学发展观、和谐社会、新农村建设、农业多功能、生态文明建设到强调宏观调控和包容与可持续发展，中国21世纪战略体系不断优化与完善，这成为新型城镇化战略形成的重要时代背景。[②] 党的十八大将新型城镇化作为科学发展观指引下的一大发展战略。2012年12月在北京举行的中央经济工作会议，更是明确提出将新型城镇化作为经济工作的重要任务之一。

新型城镇化战略布局：第一，以提高城镇化质量、加快转变城镇化发展方式为抓手，总结并反思传统城镇化的优缺点，实事求是，砥砺推进。第二，以人的城镇化为核心，渐进式突破二元户籍制度的弊端，以有序推进农业转移人口市民化。以尊重意愿、自主选择，因地制宜、分步推进、存量优先、带动增量为原则，以农业转移人口、高校和职业技术院校毕业生、城镇间异地就业人员和城区城郊农业人口为重点，统筹推进户籍制度改革和基本公共服务均等化，践行以人为本的城镇化发展。第三，优化城镇化布局和形态，因地制宜，根据土地、水资源、大气环流特征和生态环境承载能力，全面落实可持续发展观。第四，要求优化城镇化空间布局和城镇规模结构，按照“统筹规划、合理布局、分工协作、以大带小”的原则，发展集聚效应强、辐射作用大、城镇体系优、功能互补强的城市群，立足国情社情，具有可操作性与可实施性。第五，统筹城乡发展，推动城乡发展一体化，坚持工业反哺农业、城市支持农村和多予少取放活方针，加大统筹城乡发展力度，增强农村发展活力，逐步缩小城

① 张玉磊.新型城镇化进程中市场与政府关系调适：一个新的分析框架[J].理论导刊，2014(9)：4—9.

② 单卓然，黄亚平.试论中国新型城镇化建设：战略调整、行动策略、绩效评估[J].规划师，2013(4)：10—14.

乡差距，促进城镇化和新农村建设协调推进，实现城市和农村的互补互推。第六，明确市场主导型、政府宏观调控型合作机制。政府在尊重市场规律的基础上改革完善城镇化发展体制机制，加强制度顶层设计，统筹推进人口管理、土地管理、财税金融、城镇住房、行政管理、生态环境等重点领域和关键环节体制机制改革，为市场主导的城镇化发展机制提供良好的制度环境。第七，采取"摸着石头过河"的推进路径，先在全国开展新型城镇化建设的试点示范工作，并开展中期评估和专项监测，及时反馈、及时总结，推动新型城镇化战略的顺利实施。

小案例　工程综合设计：撬动中国新型城镇化的武汉样本

新型城镇化理念的提出，使我国的城镇化进入了新阶段。武汉市面对艰巨的建设任务、又好又快的建设要求，锐意创新工程建设管理，以工程设计这个龙头为突破口，在大型复杂的工程建设项目中，在整体规划之下加入综合设计的指导思想，为区域开发建设走出一条成本节约、环境友好、质量优良、速度较快的新路子做了有益的探索。位于武汉市江夏区金口镇的上海通用武汉产业园的建设正在推进，这是中国武汉工程设计产业联盟在全国尝试综合设计的首个案例。武汉金口上海通用产业园项目的复杂程度不逊于建设一座小城镇。在项目初步设计阶段负责评审的一位姓蒋的专家向记者介绍了项目的难度："这是一次新的尝试。所处地块是农田，基础设施基本没有，重新规划后的上海通用武汉产业园所有基础设施都要配套，涉及很多行业和专业，而且有些行业处于垄断地位，比较强势，与工程建设并不同步。"武汉金口上海通用产业园项目的设计建设，涉及水利、航运、公铁路、市政、热力、电力、供水、排污等等各个技术和政策门槛较高的设计单位，这种状况下相互之间"打架"是常态，在常规设计下，工程建设单位协调的难度就很大了。现在由中国武汉工程设计产业联盟牵头，就可以让工程建设单位委托产业联盟作为工程管理方进行专业化的实施，将所有的安排事先协调好，共同做事。第一个例子是，这一项目占地 14 平方公里，场地内有很多地方是水域，如果按照常规设计建设，就需要大量外运土方进行场地平整，但通过综合设计，以地平衡原则进行统筹安排，场平挖出的土填到标高不够的地方，基本上没有外运土方，省了 500 万方土。这笔账如何算呢？如果一方土 20 元，就省下了 1 亿元。由于不用再到外边去挖土，省下了人力、运输费，经济效益可观，车辆的运输对道路的损坏也避免了，而且还有效地保护了环境。第二个例子是减少一个高速出入口，节约了用地和投资，省下 5 个亿。按照上海通用与武汉市政府的协议，金口汽车园边的高速公路上要开通出入口，供上海通用往来产品直通高速。原设计需要在青郑高速上先开一个出入口。在一次综合设计讨论会上，交通设计单位提供了一个信息，湖北省有关单位即将启动建设的武嘉高速，其中有按上海通用要求设置的金口互通立交。综合设计项目论证后认为，武嘉高速通道可以达到上海通用要求，金口汽车产业园青郑高速的出入口没必要重复建设。由此可见，综合设计比常规设计具有无与伦比的优势：不仅节省资金投资，而且让资源得到有效利用，还保护环境。

资料来源：谭少荣. 工程综合设计：撬动中国新型城镇化的武汉样本[EB/OL].[2017-11-20]. http://www.ciudsrc.com/new_anliku/neirong/daqiu/2013-12-30/59840.html.

二、新型城镇化战略的原则与目标

推进新型城镇化是十分复杂的系统工程，面临的矛盾和问题非常突出。庞大的人口压力与城镇化同步、生态文明建设与城镇化同步，这就要求城镇化必须有自己的特色，走符合国情的道路。因此，在实行新型城镇化战略的过程中，要把握其基本原则与目标。

（一）新型城镇化战略的基本原则

以人为本，兼顾效率与公平。新型城镇化战略的基调是“人”的城镇化，在城镇建设的基础上，强调合理引导人口流动，有序推进农业转移人口市民化，保障其享有城镇基本公共服务，为其在城镇的生存和发展提供公平的机会。同时，新型城镇化战略中也提及对农业转移人口等流动人口的职业技能培训，全面提高人口素质，使全体居民共享现代化成果，紧跟社会发展步伐。

双统筹，四同步。新型城镇化战略注重城乡一体化发展，要建立城市和乡村间的资源互通，促进城乡要素平等交换和公共资源均衡配置，形成以工促农、以城带乡、工农互惠、城乡一体的新型工农、城乡关系。在双统筹的同时，要推动信息化、工业化、城镇化和农业现代化的发展，形成“四化”间的良性互动和深度融合，为新型城镇化推进营造一个健康的内在机制。

布局优化，资源集约。依托城镇体系的交通网络，科学规划城市群空间布局，建成高速公路、国家干线公路、城际轨道交通、省际公交等现代化交通运输工程。同时，要遵循客观规律，积极稳妥地推进生态文明、环境保护，高效利用资源，实施可持续的中国特色城镇化道路，以期形成绿色低碳的生产生活方式和城市建设运营模式。

市场配置资源，政府宏观调控。新型城镇化战略充分发挥市场在资源配置中的决定性作用，而政府负责制定规划政策、提供公共服务、营造良好的制度环境，使城镇化发展在市场经济规律运转的主导下形成自然发展、科学发展的路径。

中央统筹，地方因地制宜。中央政府做好顶层设计，落实统筹规划、战略布局和制度安排；地方政府因地制宜，根据当地实际情况在设计框架内发挥创新精神，探索创新和试点实施，形成从中央到地方的循序渐进，不断总结和反馈更新。

（二）新型城镇化战略的发展目标

提高城镇化发展质量与效益。新型城镇化要由过去偏重速度向质量和效益双提高转变，进入以推进深度人口城镇化为特征、促进城乡一体化的新阶段。积极促进农业转移人口市民化，逐步解决“半城镇化”和“绊城镇化”问题。以人为本，妥善解决城市病问题，提供与城镇经济发展水平相适宜的基础设施和基本公共服务，解决城镇常住人口的就业、住房、教育、医疗、交通等问题，提高城镇居民生活质量。转变城镇发展模式，提升城镇的可持续发展能力，把生态文明理念和原则全面融入城镇化的全过程，推进低碳生态城市建设①，全面落实“人”的城镇化。

城镇化区域布局科学与合理。新型城镇化建设从总体上要形成“两横三纵”大中小城镇协调发展的格局，即以陆桥通道、沿长江通道为横轴，以沿海、京哈京广、包昆通道为纵轴，20 多个重点开发的城市群在“两横三纵”的坐标轴上聚集，而城市群又发挥着带动和辐射作用，大城市的发展带动起中小城市的发展。优化城镇产业结构，突出中心城市的辐射带动功能，增强小城镇的服务功能，增加小城镇的基础设施。

配套机制的完善与管理能力的提升。新型城镇化建设需打破二元户籍制度的掣肘，完善土地

---

① 张占斌.新型城镇化的战略意义和改革难题[J].国家行政学院学报，2013(1)：48—54.

管理、社会保障、财税金融、行政管理、生态监控等制度,同时要提升各政府职能部门对流动人口的管理能力,维护社会秩序,推进和谐社会建设。

本章小结

城镇化是指农村人口向城镇流动聚集所形成的城乡空间转移和互推发展,包括人口转移、价值观念转变、社会生活方式改变、地理空间形成、经济产业组成、社会组织构成等具体内容。城镇化的问题主要体现在人口流动的接收和吸纳、粮食保障和土地资源、资源承载和生态环境、基础设施和融资开发、体制机制和管理能力等方面。城镇化问题的形成原因有城镇化与工业化的错位发展、城镇产业结构不合理、城镇化规划偏差、城镇环境高污染、资源高消耗以及管理体制的弊端。城镇化问题主要涉及城市与乡村的二元分治结构、农村户籍人口与城镇户籍人口社会保障中的公平与效率、城镇化推动中政府与市场的协作。新型城镇化以实现城乡统筹发展为目标,以促进人的全面发展为根本,以新兴产业和信息化为抓手,囊括人口、经济、社会、资源、环境协调发展和高效发展。新型城镇化的基本原则有以人为本,兼顾效率与公平;双统筹,四同步;布局优化,资源集约;市场配置资源,政府宏观调控;中央统筹,地方因地制宜。新型城镇化的发展目标是提高城镇化发展质量与效益、科学合理布局城镇化区域、完善配套机制和提升管理能力。

关键术语

城镇化　新型城镇化　传统城镇化　中国特色城镇化　城镇化测度　城镇化问题　城市与乡村　公平与效率　政府与市场　新型城镇化战略

推荐阅读文献

[1] 辜胜阻.非农化及城镇化理论与实践[M].武汉:武汉大学出版社,1993.

[2] 崔功豪,王本炎,查彦玉.城市地理学[M].南京:江苏教育出版社,1992.

[3] 陆大道,姚士谋,刘慧,等.2006中国区域发展报告——城镇化进程及空间扩张[M].北京:商务印书馆,2007.

[4] 樊纲,武良成.城镇化:一系列公共政策的集合[M].北京:中国经济出版社,2009.

[5] 吴良镛.人居环境科学导论[M].北京:中国建筑工业出版社,2001.

复习思考题

1. 简述新型城镇化、传统城镇化与中国特色城镇化三者间的区别。
2. 简述城镇化问题的表现,并分析其形成原因。
3. 简述城镇化进程中城市与乡村的关系。
4. 简述新型城镇化战略的基本原则。

案例分析题

长沙县浔龙河生态艺术小镇：城乡融合发展的特色小镇

浔龙河生态艺术小镇项目，按照“城镇化的乡村、乡村式的城镇”的发展目标，走出了一条城乡融合发展的新路子。特色小镇建设不同于传统的城市化进程，它要求必须遵循科学规律，加强顶层设计，大胆创新，统筹推进相关配套改革，整合盘活多种要素资源共同参与。浔龙河生态艺术小镇从建设之初，就不断寻求突破创新，形成了突出的“创新推动”特色。一是推进土地改革，挖掘乡村资源价值。2010 年，浔龙河村率先完成土地确权，明晰了土地产权。之后，村成立土地合作社，根据依法、自愿、有偿的原则，对村民土地进行集中流转后再统一流转给浔龙河公司，推进农业的现代化、规模化经营。积极推行土地增减挂钩，依据该政策，可通过腾退的农村建设用地等面积置换城镇新增建设用地指标，并明确将土地增减挂钩置换用地土地收益全额返还，用于项目区内农民搬迁安置。通过土地增减挂钩政策推动村民集中居住，农民可实现旧房换新房。新房具有集体土地产权证和房产证，可抵押融资，具有资产价值。实施集体经营性建设用地上市交易试点，由村集体成立资产管理公司，对 300 亩集体经营性建设用地进行经营，获得长期收益对村民进行分红。二是实施多规合一，确保科学发展。项目形成了以民生规划、生态规划、产业规划、建设规划、土地利用规划多规合一的规划体系。民生规划充分考虑当地百姓的需求，从改善生活品质、提升居住质量、劳动就业、教育医疗、社会保障等各个方面进行全面的规划，并制定详细的可落地方案。生态规划是在坚持“环境友好、资源节约”的基础上，坚持不破坏生态环境、不减少耕地面积的原则，确保“看得见山，望得见水，记得住乡愁”。产业规划是在分析本地区的交通区位、资源、市场需求等基础上，确定项目，发展生态农业、文化、教育、乡村休闲旅游和市民农庄等农业综合产业。建设规划则邀请了国内外一流的规划设计机构，确定了较高的标准，将把浔龙河项目打造成为国际一流的文化、艺术、生态小镇。土地规划则是根据产业发展和建设的需要，在坚持保护耕地和生态环境的原则下实现对土地的混合运营，形成了耕地全部保留、林地基本保留、建设用地则根据环境的需要呈点状、带状布局的土地利用规划形态。三是创新了发展模式，形成建设合力。项目形成了“企业市场运作、政府推动和监督、基层组织全程参与、民本民生充分保障”的全新模式。明确政府作为项目区内水、电、路、气、网等基础设施，幼儿园、学校、医院、文体中心等基础公共配套设施，农民集中居住区基础设施的实施主体，其资金来源为项目区国有商业用地的土地收益返还及中央、省、市、县各级涉农资金和城乡一体化项目资金，并发挥对项目的监督职能；企业作为招商引资、产业建设运营的主体，其资金来源为企业自有资金、市场融资和银行贷款。明确村委会作为村民集中居住搬迁安置的实施主体，其资金来源是增减挂钩置换的土地收益返还资金。

资料来源：柳中辉. 长沙县浔龙河生态艺术小镇：城乡融合发展的特色小镇[EB/OL]. http://www.ciudsrc.com/zhuanti/0612anli3changsha/

请结合材料谈谈你对特色小镇建设的看法以及新型城镇化在特色小镇建设中的体现。

参考文献

[1] 中华人民共和国国家发展和改革委员会. 国家新型城镇化规划(2014—2020 年)[Z]. 2014.

[2] 辜胜阻.非农化及城镇化理论与实践[M].武汉:武汉大学出版社,1999.

[3] 吴江,王斌,申丽娟.中国新型城镇化进程中地方政府行为研究[J].中国行政管理,2009(3):88—91.

[4] 姜爱林.城镇化水平的五种测算方法分析[J].中央财经大学学报,2002(8):76—80.

[5] 叶裕民.中国城市化质量研究[J].中国软科学,2001(7):27—31.

[6] 何平,倪苹.中国城镇化质量研究[J].统计研究,2013(6):11—18.

[7] [美]霍利斯·钱纳里,莫尔塞斯·塞尔昆.发展的格局 1950—1970[M].李小青,等,译.贾凤和,等,校.北京:中国财政经济出版社,1989.

[8] 张正河,冯仲惠.先行和后进城市化优劣势的启示[J].河北学刊,2000(3):14—18.

[9] 景普秋,张复明.工业化与城市化关系研究综述与评价[J].中国人口·环境与资源,2003(3):34—39.

[10] 蔡孝箴.社会主义城市经济学[M].天津:南开大学出版社,1990.

[11] 王小鲁.城市化与经济增长[J].经济社会体制比较,2002(1):23—32.

[12] 沈坤荣,蒋锐.中国城市化对经济增长影响机制的实证研究[J].统计研究,2007(6):9—15.

[13] 丁学东.关于扩大内需的几点思考[J].管理世界,2009(12):1—6.

[14] 王国刚.城镇化:中国经济发展方式转变的重心所在[J].经济研究,2010(12):70—81,148.

[15] 赵刚."城市病"英译探究[J].中国科技术语,2011(1):22—24 .

[16] 周加来."城市病"的界定、规律与防治[J].中国城市经济,2004(2):30—33.

[17] 杨传开,李陈.新型城镇化背景下的城市病治理[J].经济体制改革,2014(3):48—52.

[18] 刘奇葆.以新型工业化与城镇化为动力　加快转变经济发展方式[J].求是,2012(5).

[19] 李丽萍,延华.城市环境问题及对策研究[J].中国新技术新产品,2009(18):173.

[20] 岳文海.我国城镇化基础设施融资模式研究[J].中州学刊,2013(10):48—50.

[21] 陆大道,陈明星.关于"国家新型城镇化规划(2014—2020)"编制大背景的几点认识[J].地理学报,2015(2):179—185.

[22] 刘泉.我国首次立法把村庄纳入规划[N].人民日报(海外版),2008-1-2.

[23] 袁政.中国城乡一体化评析及公共政策探讨[J].经济地理,2004(3):355—360.

[24] 周琳琅.统筹城乡发展理论与实践[M].北京:中国经济出版社,2005.

[25] 方丽玲.城乡统筹:城乡关联视角分析[J].财经问题研究,2006(6):16—21.

[26] 吴丽娟,刘玉亭,程慧.城乡统筹发展的动力机制和关键内容研究述评[J].经济地理,2012(4):113—118.

[27] 周庆国.试论社会保障制度的公平与效率[J].中国行政管理,2001(10):31—33.

[28] 杜飞进,张怡恬.中国社会保障制度的公平与效率问题研究[J].学习与探索,2008(1):1—22.

[29] 荼洪旺.摆正政府在新型城镇化发展中的位置[J].探索与争鸣,2014(2):61—64.

[30] 张玉磊.新型城镇化进程中市场与政府关系调适:一个新的分析框架[J].理论导刊,2014(9):4—9.

第七章　农民工问题

学习目标

了解当代中国社会中的农民工问题，掌握农民工称谓的提出、内涵和种类，理解农民工问题的主要表现、形成根源和社会影响，认识政府在解决农民工问题中的主导性作用，同时理解多中心治理在解决农民工问题中的应用趋势。

知识结构

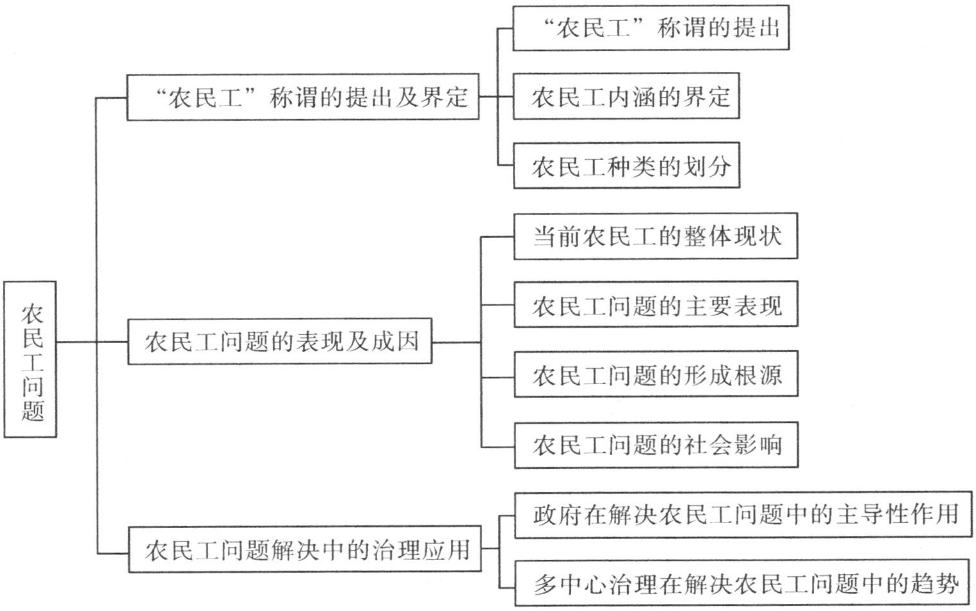

改革开放以来，随着我国工业化、城镇化进程加快，越来越多的农村富余劳动力转移到城市(镇)和乡镇企业就业。在这个过程中，形成了一个特殊的社会群体，这就是被称为农民工的我国现代化建设的一支新型劳动大军。

——魏礼群

第一节 “农民工”称谓的提出及界定

改革开放以来，农民工是工业化、城镇化进程中涌现出来的一支新型的劳动大军，也是经济体制转轨和社会转型时期形成的特殊社会群体，他们为推动中国经济社会高速发展、维护经济繁荣稳定做出了巨大贡献。本节主要介绍“农民工”称谓的提出过程及其内涵界定，同时了解农民工的种类划分，以期形成对农民工的基本认知。

一、“农民工”称谓的提出

“农民工”称谓出现之前，在不同的时代有“盲流”、“打工仔”、“打工妹”等称谓。新中国成立初期，人口自由流动受国家政策支持，大量农民从农村搬迁至城市，成为城市居民，这一时期尚未出现“盲流”。但随着国家发展计划的变更，“重工业优先发展战略”的方针确立后，为保障工业生产和稳定城市生活，我国开始实施农业支持工业和农村支持城市的制度安排，在人口流动和管理领域，实施了“制止农村人口盲目流入城市”的方针，1952 年 8 月 6 日政务院发布执行的《关于劳动就业问题的决定》出现了“盲目流入”一词。[①] “盲流”作为“盲目流入”的简要称谓由此产生。这时的“盲流”称谓与后来的“农民工”称谓有较大的差异，前者是指盲目流入城市的农村人口，即在国家政策不允许的情况下私自流入城市的农村户籍人口，而后者则是在国家政策允许的背景下公开进入城市或异地农村的农村劳动力。除此之外，虽然两者离乡外出的目的均为寻求生存机会，但前者的具体生存方式并不明确，涉及务工、经商、投亲靠友、乞讨等诸多途径，后者则主要是务工经商。另外，前者的收入来源多样，后者的收入来源则主要是指工资或经商所得。“改革开放后，农村经营体制改革所引起的农业生产的巨大发展使农产品剩余成为可能，农村剩余劳动力也由隐性转向显性，大量农村劳动力急欲突破人口流动的制度壁垒进城寻求新的生存机会；而国家允许农民自理口粮进入城镇务工经商、办服务业的制度安排则推动了农村居民离乡外出，‘盲流’急剧增加。但‘盲流’一词极富歧视性，在外来农民与流入地居民冲撞与融合的过程中，人们逐渐使用起‘打工仔’、‘打工妹’等称谓。这些称谓充分反映了外来农民离乡背井的基本目的，但同时也体现了流入地居民对外来农民的排斥。因此，该称谓虽然较‘盲流’的限制性歧视称谓而言对‘农民工’有所尊重，但仍然饱含贬义及市民的冷漠和鄙视。”[②]

1983 年，社会学教授张雨林首次提出“农民工”的称谓和概念。1984 年，他在中国社会科学院《社会学通讯》中明确提出：农民工就是指离土不离乡的在乡镇企业工作的农民。[③] 由于该称谓既符

---

① 王洪春，阮宜胜. 中国农民工潮的经济学分析[M]. 北京：中国对外经济贸易出版社，2004：4.

② 彭红碧. “农民工”称谓的变迁及释义[J]. 农业现代化研究，2012，33(2)：187—188.

③ 郑功成，黄黎若莲. 中国农民工问题：理论判断与政策思路[J]. 新华文摘，2007(3)：23.

合外来务工经商农村居民的基本特征，又体现出与流入地居民的区别，最重要的是在很大程度上消除了“盲流”、“打工仔”、“打工妹”等称谓与生俱来的歧视色彩，从而易于被外来农村居民和流入地居民所接受。另一方面，外来农村居民群体数量的不断增长则推动着“农民工”称谓被广泛应用。2004年，中央“一号文件”明确指出：进城农民工已经成为新型产业工人的重要组成部分，这无疑确定了“农民工”的称谓，极大地鼓舞了广大农民工，也体现了政府“重农”的思想。2006年3月，国务院颁布的《关于解决农民工问题的若干意见》中使用的是“农民工”的概念，并认为“农民工是我国改革开放和工业化、城镇化进程中涌现的一支新型劳动大军”。2012年11月8日，党的十八大在京隆重召开，规划了我国在进入全面建成小康社会阶段的重大战略，十八大报告的“改革新指向”板块首次采用“农业转移人口”代替“农民工”，提到要“有序推进农业转移人口市民化”。2014年3月17日，国务院发布了《国家新型城镇化规划(2014—2020)》，第三篇第七章《推进农业转移人口享有城镇基本公共服务》中的第三节提到要“扩大社会保障覆盖面，鼓励农民工积极参保，连续参保”，其中对“农业转移人口”的定义进行了界定。“农业转移人口”是指户籍在农村，但进城务工且长居于城镇的人口。农业转移人口实指农民工，是一种与时俱进的新称谓，体现出党中央对农民工的尊重与重视。

二、农民工内涵的界定

前文提及，1984年张雨林在中国社会科学院《社会学通讯》中明确提出：农民工就是指离土不离乡的在乡镇企业工作的农民。1996年，李培林在《社会学研究》上发表的《流动民工的社会网络和社会地位》中指出，流动民工就是从农村流向城市、从欠发达地区向较发达地区、从农业流向非农产业、从较低收入的农业劳动者阶层流向其他收入的职业阶层等的人员。[①] 2002年，郑功成等人认为农民工是我国制度变迁与社会转型期间的特殊群体。[②] 2007年，李培林和李炜认为，农民工主要指户籍身份还是农民、有承包土地，但主要从事非农产业工作、以工资为收入来源的劳动者。[③]

为进一步深刻理解农民工的内涵和外延，本文主要从户籍归属、地域归属和工种归属三个维度对其进行剖析。首先，户籍归属维度，在城乡二元结构下，农民工的户籍属于农村户口，在农村有属于自己的田地，农闲时进城务工，农忙时回家务农，也有一部分人选择放弃务农，长年在外打工并长期居住于城镇。其次，地域归属维度，农民工的流动是指离开其户籍地到城镇务工，有的会选择到沿海一带劳动力密集的产业进行为期较长的打工，有的会选择就在自己的户籍所属省或市打工，以便照顾留守在农村的家人。2008年金融危机后，掀起了农民工的返乡潮。大量农民工回乡待业，如重庆市积极采取相关措施，在大力开发农村人力资源的同时千方百计增加农民工就业岗位，2012年在市内就业的农民工反超市外100万人[④]。因此，农民工不仅指市内多数农民工，也包括在市外务工的少数。最后，工种归属维度，由于受教育程度不高和缺乏专业技能，农民工的工作种类大多以出卖劳动力为主，且未签署正规的劳动合同，依靠受雇获取工资收入或自我经营取得经营收入，如重庆市特有的工种“山城棒棒军”。由于重庆市的地形较陡峭，爬坡上坎在所难免，有部分农民工便

① 李培林.流动民工的社会网络和社会地位[J].社会学研究，1996(4):42.

② 郑功成，黄黎若莲，等.中国农民工问题与社会保护(上)[M].北京:人民出版社，2007:48.

③ 李培林，李炜.农民工在中国转型中的经济地位和社会态度[J].社会学研究，2007(3):2.

④ 重庆市内就业今年反超市外100万[N].重庆日报，2012-11-1.

以此为工作，成为挑夫（俗称“棒棒”）。他们的工作内容就是穿行于城市中，寻找业务——帮人挑重物、搬运货物等，没有与任何用人单位签订正规合同，长期居住于城市，却位于社会最底层，收入微薄，无基本社会保障，更不用提养老保险的购买。综上所述，农民工具体指的是户籍位于农村，在户籍所在地城镇或户籍所在地以外的城镇务工，主要依靠输出劳动力获得微薄工资收入，且社会保障缺失的群体。

除了“农民工”称谓之外，在政府文件、大众传媒、学界术语和百姓常用语中使用的相关称谓多达数十种，如流动人口、进城务工者、农村外出务工人员等。但这些名称在外延上与“农民工”的内涵存在一定区别。比如，流动人口，也称为暂住民，是指在中国户籍制度下离开户籍所在地到其他地方居住的人口，既包括城乡之间、城镇之间和乡乡之间的流动群体，又包括就业群体、失业群体以及因探亲、上学等缘由离开户籍所在地的迁移人口，而农民工群体仅是流动人口中的一部分。农村转移劳动力主要是指从第一产业转移到第二、第三产业流动就业的农民。进城务工者主要是指农民工群体中进入城市就业的社会群体。外来工或者外来务工人员主要是指户籍不在本地的外来打工者。在中国城乡二元体制和传统户籍制度下，移民是指随着户籍变动而实现稳定转移的迁移人口。目前，农民工流动就业基本上属于候鸟式流动，而实现稳定转移和就地落户的数量微乎其微。此外，全国各地还有新市民、新型产业工人、务工经商人员等称呼，但是这些称呼既包含来源于农村的就业群体，也包括来自城镇职工等的就业群体，并非专指农民工。

三、农民工种类的划分

随着经济社会的高速发展和城镇化的持续推进，不同时代背景下出生和成长起来的农民工具有不同的特征。改革开放以后出生的年纪轻的农民工和计划经济时代成长起来的年纪大的农民工，不论在成长的社会环境还是在家庭环境方面都有着根本性的区别，这在很大程度上决定了两部分亚群体在文化、观念和行为上的明显差别。[①] 基于这一考虑，以出生年份在1980年为界，把农民工群体划分为第一代农民工与第二代农民工。

（一）第一代农民工

第一代农民工即传统意义上的农民工，大部分在20世纪80至90年代开始从农业和农村中流出，主要有以下方面特征：

第一，家庭环境。第一代农民工大多出生于新中国成立初期，彼时以苏联提出的人口迅速增长是社会主义人口规律为指导，鼓励生育，政策偏好倾向于多子女家庭，土地按人头分配。因此，第一代农民工多出生于多子女家庭，兄弟姐妹众多，家庭生存方式以农耕为主，生存条件相对艰苦，人格特征中吃苦耐劳性较强。

第二，成长环境。第一代农民工的成长时期为改革开放前，正处于工业化发展的起步期和探索期。整个社会的生产力较为落后，其向城镇流入的时候也正值改革开放初期，他们的思想较为陈旧与保守，文化程度较低，以小学和初中文化为主。

第三，家庭负担。第一代农民工成家年龄较早，向城镇流动时大部分已婚，家中老人和孩子都

---

① 刘传江，徐建玲.“民工潮”与“民工荒”——农民工劳动供给行为视角的经济学分析[J].财经问题研究，2006，270(5)：73—80.

留守于农村，继续耕种农田，生活质量的改善主要依赖年轻夫妻外出打工的收入。老人的赡养和孩子的抚养，使第一代农民工家庭负担很沉重。

第四，打工目的。第一代农民工进城打工主要是以家庭供养和求生存为主，虽然生活在城镇，但对于他们而言，城镇只是栖身之所，对工作的期望多为能挣到比种田多的钱就可以了，而且挣的钱大部分也都寄回老家，在城镇生活相对拮据。

第五，打工方式。由于家庭环境和成长环境的影响，大多数第一代农民工都有较丰富的务农经验，加之老人和孩子都留守于农村，农田也需要耕种，因此第一代农民工的打工方式多为散工，即农闲时进城务工，农忙时回乡耕种。

第六，城市认同。第一代农民工虽在城镇居住，但他们的交往对象主要以同乡为主，与外界的联系以口信、书信为主，信息量少，获取信息的渠道封闭，导致在城镇里的生活方式与传统农民接近。大多数人希望在城镇挣钱后返乡生活，并未想根植于城镇。

第七，专业技能缺乏。由于思想陈旧，受教育程度低，信息获取能力低，学习能力差，第一代农民工多缺乏专业的技术与技能，因而进城务工的方式以出卖劳动力为主。即使部分第一代农民工在岗时经过培训后会掌握一定技能，但并没有随着时代的进步及时更新，技术与技能相对单一。①

（二）新生代农民工

新生代农民工，是相对于改革开放后于 20 世纪 80 年代中期到 90 年代中期从农业和农村中流出并进入非农产业就业的第一代农民工而言的，具体指的是 1980 年以后出生、20 世纪 90 年代后期开始进入城市打工的农民工。② 相较于第一代农民工，新生代农民工群体除了年龄普遍偏小、基本没有务农经历、受教育程度较高外，还表现在对制度性身份的认可减弱，对家乡的乡土认同减弱，对农村的一些习惯和传统开始出现不认可，从物质层面到精神层面都有很大的提升。新生代农民工的特点主要体现在以下方面：

第一，初次务工年龄较低，受教育程度较高。中国人民大学 2010 年对全国 28 个省、自治区、直辖市共 1595 名新生代农民工的调查、珠三角新生代农民工的调查数据以及全国总工会研究室 2009 年组织对千家已建工会企业的问卷调查得出的结论，新生代农民工的平均年龄为 23 岁。在珠三角地区，传统农民工初次外出务工的平均年龄为 26 岁。在新生代农民工中，“80 后”平均为 18 岁，“90 后”平均只有 16.25 岁。相较于第一代农民工，新生代农民工的平均年龄以及初次外出务工年龄更低，这意味着新生代农民工基本上是一离开中学校门就开始外出务工，也意味着与传统农民工相比，其离开校门后普遍缺少从事农业生产劳动的经历。另据国家统计局数据，2009 年新生代外出农民工中接受过高中及以上教育的比例为 26%，而 2008 年进行的第二次全国农业普查数据显示，在外出从业劳动力中，具有高中以上文化程度的仅占 10%。由此可见，新生代农民工在初次务工年龄以及受教育程度和职业技能上，都和第一代农民工有了较大差别。③

第二，就业行业选择丰富，就业环境较好。除了生活观念的不同，新生代农民工在就业行业选择中体现出新的特征。根据国家统计局抽样调查结果，2016 年从事第二产业的农民工比重为

① 刘传江，程建林．我国农民工的代际差异与市民化[J]．经济纵横，2007(4)：18—21.

② 刘传江，程建林．第二代农民工市民化：现状分析与进程测度[J]．人口研究，2008，32(5)：48—57.

③ 王晓霞．新生代农民工的特征、问题——基于第一代农民工的比较分析[J]．浙江青年专修学院学报，2011(3)：5—8.

52.9%,比上年下降2.2个百分点;其中,从事制造业的农民工比重为30.5%,比上年下降0.6个百分点;从事建筑业的农民工比重为19.7%,比上年下降1.4个百分点;从事第三产业的农民工比重为46.7%,比上年提高2.2个百分点。其中,从事批发和零售业的农民工比重为12.3%,比上年提高0.4个百分点;从事居民服务、修理和其他服务业的农民工比重为11.1%,比上年提高0.5个百分点。① 第一代农民工较为集中地分布于建筑业和工业产品的初级加工行业。新生代农民工务工的行业主要集中在第三产业和第二产业,包括工业领域的服装加工、玩具加工、机器制造、建筑务工等,第三产业集中了最多的新生代农民工,其主要从事的工作是服装销售、酒店(餐厅)服务、酒吧服务、发廊、装潢(房屋装修)、物业管理、物流运输、电子产品销售、超市服务等数十种行业。在产业结构调整的背景下,新生代农民工就业的行业选择更丰富,更趋向于就业环境较好的产业,不再单纯依靠劳动力输出。

第三,维权意识日益增强,注重职业发展。第一代农民工外出务工的目的相对单纯,就是挣钱。由于受教育程度有限,对相关劳动权益的认知也相对较低,因此第一代农民工对于劳动权益的诉求也相对较低。大多数第一代农民工认为只要不拖欠工资就行了,对于劳动合同、社会保障等劳动权益的诉求基本没有。然而,新生代农民工由于受教育程度提高,加上社会经济背景等状况都发生了较大改变,这些都对新生代农民工外出务工主动保障劳动权益起到了一定的作用。同时,新生代农民工在就业行业的选择上已经脱离了"只求高工资,不求个人健康"、"高工资、低保障"等不利于自己长期发展的工种,他们会关注当前职业的发展空间、晋升渠道、福利待遇等问题,将工作与自身发展结合起来。相较于第一代农民工而言,新生代农民工的打工追求不满足于生存,还在意个人发展。

第四,自我意识突出,市民化意愿强。由于受教育程度、时代背景以及就业期望的不同,新生代农民工外出打工的就业目的相较于第一代农民工金钱指标弱化。第一代农民工更多的是为了生存,将打工挣来的工资用于赡养家庭,而新生代农民工对城市生活好奇心更强,新鲜感更多,更倾向于感受城市生活,在打工的过程中体验城市的魅力,工资所得主要用于自我生活支出,追求城市生活。新生代农民工融入城市的期望更大,他们虽然户籍在农村,但更趋向于城市的生活方式,市民化意愿非常强烈,愿意继续在城镇扎根生活。

基于农民工群体的垂直分化、农民工内部不同的经济地位和社会地位等方面的因素,有学者根据农民工拥有资本和雇佣方式的不同,认为农民工已经完全演变成三个不同的社会阶层:占有相当的生产资料并雇用他人的业主(老板)、占有少量资本的自我雇佣的个体工商业者(个体户)和完全依赖打工的受薪者(打工仔)。目前,流动农民这一群体的内部结构也发生了深刻变化,原群体内部的同质性已被打破,出现了在资本占有、经济收入、社会声望、价值取向等方面表现出很大差异的等级群体。②

① 国家统计局.2016年农民工监测调查报告[EB/OL].http://www.stats.gov.cn/tjsj/zxfb/201704/t20170428_1489334.html.

② 李培林.流动民工的社会网络和社会地位[J].社会学研究,1996(4):42—52.

背景知识:促进新生代农民工融入城市

2015年中央经济工作会议提出,通过加快农民工市民化,扩大有效需求,打通供需通道,消化库存,稳定房地产市场。新生代农民工顺利融入城市,有助于解决当前城市发展遭遇的难题。作为一种连接纽带,社区媒体以日复一日地报道社区生活的点点滴滴来加深居民之间的感情,增强居民的归属感。社区居民只要在智能手机上轻点"关注",就能获得社区的各种信息并为己所用。以微信公众号为代表的社区媒体,目前已成为新生代农民工融入城市的信息平台。因此,促进新生代农民工融入城市,需要社区媒体积极配合。

充分了解需求。了解以尊重为前提。农民工为城市经济社会发展做出了较大贡献,但在教育、医疗、养老、就业、住房保障等方面未能享受与城市户籍人口同等的基本公共服务,工作和生活面临一系列困难。在城镇化进程中,新生代农民工的主要目标是融入城市。社区媒体要尊重他们的需求,理解他们的难处,切实维护好他们的合法权益。由于家庭出身、受教育程度、财产状况有别,新生代农民工的期望值各不相同,希望通过社区媒体获得的信息也不尽相同。因此,在以新生代农民工为主体受众的信息传播上,不能采取"一刀切"的办法,而应对其物质和精神层面的需求进行精细化调研,充分考虑该群体在特定地区、特定时间段的需求,并将调研、了解新生代农民工的需求作为规划社区媒体发展、开展社区信息传播的前提。

畅通服务渠道。2015年,《国家新型城镇化综合试点方案》印发。然而,大多数新生代农民工并不清楚该方案会给自己带来什么。一些地方政府根据该方案为新生代农民工融入城市做了不少工作,如免费借阅图书、提供低价演出票、子弟一对一帮扶、积分落户等,但这些举措并没有明显促进新生代农民工融入城市。究其原因,在于这些惠民信息并没有被该群体有效接收,这说明一些城市的信息传播机制还不健全。受信息搜索、整合能力的限制,新生代农民工对各类社会服务信息缺乏全面科学的了解。对此,我们应从该群体的需求出发,努力做好相关信息的搜集、整合与分类,通过社区媒体点对点地传递给他们,让新生代农民工充分感受到城市的温情与善意。

促进心理融合。当新生代农民工进入并定居于城市已成为不可逆转的趋势时,只有帮助他们在经济、社会及心理、文化层面完成融合,真正成为城市的一部分,才能实现城市发展利益最大化。进入城市后,新生代农民工或多或少会遇到心理障碍。虽然这一群体比他们的上一代更接近城市,也更努力让自己成为"城里人",但他们对城市的理解仍然存在偏差。社区媒体应为新生代农民工提供清晰的城市认知,提供"城市是什么""城市与乡村有什么区别"等理解城市的信息,提供"城市能为我们提供什么""城市会为我们带来什么样的改变"等展示城市开放态度的信息,提供"如何才能成为城市的一部分"等促进新生代农民工融入城市的信息。只有当这些信息逐渐为新生代农民工群体所接受,让他们自觉消除与城市居民之间的行为和心理差异,才能实现真正的融合。

资料来源:陈娟,赵宇佳.促进新生代农民工融入城市(新知新觉)[EB/OL]. http://news.ifeng.com/a/20160606/48921791_0.shtml.

第二节　农民工问题的表现及成因

虽然农民工的地位有了很大的提升，但毋庸置疑，这支饱受关注的一线队伍中也存在诸多问题亟待解决，比如第一代农民工的养老问题、新生代农民工的市民化问题等。这些问题的存在，不仅对农民工群体的自身生存和发展有重要影响，也影响着"城"的城镇化向"人"的城镇化的有效转变。本节将从当前农民工的整体现状、农民工问题的主要表现、农民工问题的形成根源、农民工问题的社会影响四个方面进行阐述，对农民工问题形成整体认知。

一、当前农民工的整体现状

《2016年农民工监测调查报告》显示，2016年农民工总量达到28 171万人，比上年增加424万人，增长1.5%，增速比上年加快0.2个百分点。[①] 统计显示，2010年以来中国农民工总量增速持续回落，2012年、2013年、2014年和2015年农民工总量增速分别比上年回落0.5，1.5，0.5和0.6个百分点。

从农民工构成看：2016年本地农民工11 237万人，比上年增加374万人，增长3.4%，增速比上年加快0.7个百分点；外出农民工16 934万人，比上年增加50万人，增长0.3%，增速较上年回落0.1个百分点。本地农民工增量占新增农民工的88.2%。在外出农民工中，进城农民工13 585万人，比上年减少157万人，下降1.1%。农民工仍以青壮年为主，但青壮年所占比重继续下降，农民工平均年龄不断提高。从平均年龄看，2016年农民工平均年龄为39岁，比上年提高0.4岁。从年龄结构看，40岁以下农民工所占比重为53.9%，比上年下降1.3个百分点；50岁以上农民工所占比重为19.2%，比上年提高1.3个百分点。1980年及以后出生的新生代农民工已逐渐成为农民工的主体，占全国农民工总量的49.7%，比上年提高1.2个百分点；老一代农民工占全国农民工总量的50.3%。

从流动地区看：2016年东部地区农民工10 400万人，比上年增加100万人，增长1%，占农民工总量的36.9%；中部地区农民工9279万人，比上年增加105万人，增长1.1%，占农民工总量的32.9%；西部地区农民工7563万人，比上年增加185万人，增长2.5%，占农民工总量的26.9%；东北地区农民工929万人，比上年增加34万人，增长3.8%，占农民工总量的3.3%。从数据显示中不难发现，西部地区农民工人数增长快于其他地区，其农民工增量占新增农民工的43.6%，继西部大开发释放了西部的发展潜力后，当下的"一带一路"规划几乎涵盖了所有的中西部地区，这将带动大量的基础设施建设，同时带来大量的农民工就业岗位，且西部地区城镇化的深入推动也必将吸引更多的农民工流入。

从性别和婚姻看：2016年在全部农民工中，男性占65.5%，女性占34.5%。其中，外出农民工中男性占68.3%，女性占31.7%；本地农民工中男性占62.8%，女性占37.2%。农民工中女性占比

---

① 国家统计局. 2016年农民工监测调查报告[EB/OL]. [2018－10－20]. http://www.stats.gov.cn/tjsj/zxfb/201704/t20170428_1489334.html.

比上年提高 0.9 个百分点，主要是由于本地农民工在农民工总量中占比继续提高，而本地女性农民工占比较高所致。全部农民工中，未婚的占 19.8%，比上年下降 1.4 个百分点；有配偶的占 77.9%，比上年提高 1.5 个百分点。外出农民工有配偶的占 64.8%，比本地农民工低 25.4 个百分点，但占比提高较快。

从收入来看：2016 年外出务工农民工月均收入 3572 元，比上年增加 213 元，增长 6.3%；本地务工农民工月均收入 2985 元，比上年增加 204 元，增长 7.3%。本地务工农民工月均收入比外出务工农民工低 587 元，但增速比外出务工农民工高 1 个百分点。分地区看，在东部地区务工的农民工月均收入 3454 元，比上年增加 238 元，增长 7.4%；在中部地区务工的农民工月均收入 3132 元，比上年增加 224 元，增长 7.7%；在西部地区务工的农民工月均收入 3117 元，比上年增加 153 元，增长 5.2%；在东北地区务工的农民工月均收入 3063 元，比上年减少 42 元，下降 1.4%。在中部地区务工的农民工月均收入增速分别比在东部、西部和东北地区务工的农民工高 0.3，2.5 和 9.1 个百分点。

从权益保障看：2016 年超时劳动情况有所改善。农民工年从业时间平均为 10 个月，月从业时间平均为 24.9 天，日从业时间平均为 8.5 个小时，均与上年持平。日从业时间超过 8 小时的农民工占 64.4%，周从业时间超过 44 小时的农民工占 78.4%，分别比上年下降 0.4 和 1 个百分点。其中，外出农民工日工作超过 8 小时和周工作超过 44 小时的比重比上年分别下降 1.8 和 0.6 个百分点，超时劳动情况改善比较明显。2016 年被拖欠工资的农民工人数为 236.9 万人，比上年减少 38.9 万人，下降 14.1%；被拖欠工资的农民工比重为 0.84%，比上年下降 0.15 个百分点。从农民工比较集中的几个行业看，2016 年制造业、建筑业、批发和零售业、交通运输仓储和邮政业被拖欠工资的农民工比重分别为 0.6%、1.8%、0.2%和 0.4%，分别比上年下降 0.2，0.2，0.1 和 0.3 个百分点。居民服务、修理和其他服务业被拖欠工资的农民工比重有所上升，2016 年为 0.6%，较上年上升 0.3 个百分点。①

二、农民工问题的主要表现

农民工问题是与中国的城镇化、现代化进程伴生的重大人口与经济社会问题，其主要表现在农民工生活的各个领域中，主要涉及民生保障、流动融入、家庭生活及随迁子女教育等方面。为了对农民工问题有更清晰的了解，接下来将分别从第一代农民工和新生代农民工两个类别阐述问题表现。

（一）第一代农民工问题

第一代农民工问题主要集聚于两个方面：高龄化和“居高不退”。国家统计局 2015 年统计报告显示，我国 50 岁以上农民工群体正在持续扩大。2009 年，50 岁以上农民工占 12.2%，有 2803 万人；2012 年，50 岁以上农民工占 15.1%，达 3969 万人；2013 年，全国 50 岁以上农民工所占比重为 15.2%，数量超过 4000 万人；2014 年，比例增加到了 17.1%，超过了 4600 万；2015 年我国 50 岁以

① 国家统计局. 2016 年农民工监测调查报告[EB/OL]. [2018－10－20]. http://www.stats.gov.cn/tjsj/zxfb/201704/t20170428_1489334.html.

上农民工所占比重为17.9%，比上年上升0.8个百分点，[①]可见，第一代农民工高龄化现象突出。提到高龄化，或许人们在第一时间想到农民工的养老问题，但事实却并非如此，高龄化农民工不愿"退休"。媒体报道，高龄农民工为了更容易找到工作，有的持假身份证留在工地，有的不断地走进理发室将自己的白发染黑，有的甚至"靠吃肉补充体力获打工资格，哪家工地肉多就去哪"，[②]与时间赛跑，想尽各种方式延长自己的打工生涯。此前，因欠薪、工作环境差等问题突出，养老困局未得到普遍重视，而随着农民工年龄的递增，第一代农民工"退休"后的养老问题将会日益凸显。改革开放已经走过30多个年头，第一批农民工到了知天命的年龄。而由于收入低、故土难离等原因，他们中的绝大多数不会在城市颐养天年，大都会选择落叶归根，回到农村。由于第一代农民工生活时期独生子女政策的实施，越来越多的"四二一"（四位老人、两位年轻人、一个小孩）家庭难以单独支撑起养老重任；同时，多数农村人多地少，有限的土地资源又不断被城镇化发展蚕食，老人想完全依靠土地生活也是十分困难的。于是，许多超龄劳动力只得继续打工挣钱，在无形中增加了健康和安全风险，一旦有个闪失，无疑提前透支了本就不宽裕的养老钱。当养儿防老、土地养老的传统模式逐渐褪色，就需要社会养老承担起更大的责任。尽管我国的养老保险体系已经实现全覆盖，但保障的含金量还远远不够，仅仅依靠养老金难以维持老人一个月的生计，更不用谈生病保养等费用。姑且不论养老费用少，据统计，2011年末全国参加城镇基本养老保险的农民工人数为4140万人，只占农民工总数的约1/6，还有相当一部分农民工无法享受养老福利。[③]

小案例　第一代农民工的苦恼，养老保险追缴陷三角难题

最近三个月，57岁的周杰一直在不安中度过。他不停地向一些农民工公益组织、其他工友打听："补缴养老保险的政策有没有出来？"但得到的回答都是："还没有。"周杰是深圳宝德玩具厂的一名工人。这家位于深圳市宝安区观澜街道的玩具厂，成立于1989年，主要为美泰、迪斯尼等品牌代工玩具。今年8月8日，他和全厂约3000名员工一起停工，停工的理由被写在一条横幅上，挂在厂门口——"争取合法合理权益（养老保险、工龄、高温补贴）"。1994年，周杰就到宝德玩具厂工作了，但从2008年起，工厂才为他购买养老保险，而这样的情况并非个案。《第一财经日报》记者获得的一份工人致厂方和深圳市总工会的《集体协商谈判邀约书》显示，宝德玩具厂332人中85人从未购买过养老保险，其余247人从2008年开始才陆续购买养老保险。尽管养老保险补缴事实清楚，大部分工人也能提供以往的劳动合同，但工人们的养老保险补缴并不顺利。目前，工厂已经同意给工人补缴，不过要按照深圳市相关补缴政策来执行。《深圳经济特区社会养老保险条例》（下称《条例》）2013年起实施，实施细则仍在征求意见中。工人、工厂和社保部门三方利益诉求无法达成一致，使得这一历史欠账悬而未决，而在深圳这类养老保险欠账涉及的工人不在少数。

---

① 高龄农民工调查：有人为获打工资格靠吃肉补体力[EB/OL].[2018－10－20]. http://www.chinanews.com/sh/2015/05－02/7247501.shtml.

② 詹邦洋.高龄农民工调查：持假身份证留在工地 将白发染黑找工作[EB/OL].[2018－10－20]. http://henan.china.com.cn/news/2015/0503/313407.shtml.

③ 张枫逸.谁来为第一代农民工养老[EB/OL].[2018－10－20]. http://news.ifeng.com/gundong/detail_2013_02/27/22548804_0.shtml.

被忽略的养老保险。还有两年，周杰就要退休了，因工厂从2008年起才为他购买社保，未满15年的缴费期限，他将无法在深圳领取养老金，他有14年的工龄未被计入社保。周杰面临的养老保险历史遗留问题在深圳极具代表性。1998年，深圳颁布了《深圳经济特区企业员工社会养老保险条例》，当时条例并没有将宝德玩具厂这类“三来一补”企业纳入养老保险缴纳范围内。在随后2000年的《条例》修正中，“三来一补”企业被纳入征缴范围，以此推算，至少从2000年起，宝德玩具厂就应该为其工人购买养老保险，周杰和同事们的养老保险少缴了至少13年。2000年前后正是珠三角经济发展的黄金年代，大量廉价外来劳动力面对强势的资方并无议价能力，养老保险理所当然被众多制造业企业作为包袱甩开，加上当时工业区的信息条件限制，农民工对相关政策规定一无所知。同时，“养儿防老”这一观念在农民工群体中根深蒂固，社会养老保险未被信任和重视。许多工人将养老保险视为对自己工资的一种克扣。“当时认为自己还年轻，怎么会想到养老保险?”周杰对当时没有重视养老保险略感懊恼。宝德玩具厂员工的遭遇在珠三角“三来一补”企业中具有代表性。深圳一家试图推动农民工养老保险补缴的NGO的工作人员对本报记者说，深圳的发展很大程度上靠农民工支撑，但因为历史原因，第一代农民工并未被纳入养老保险体系，现在临近退休，补缴养老保险对他们来说非常重要。

补缴的三角难题。为了追缴自己的养老保险，周杰辗转找了很多部门。今年4月，他拿着补缴申请书到深圳市人大、深圳市总工会、法制办、社保局等部门，但都没有得到合理答复，无奈之下，他和工友们采取了停工的方式来引起关注。7月19日，332名工人中的6名代表向工厂就补缴养老保险一事发出集体协商邀约。但在接下来的十几天里，厂方一直未做任何回应。8月1日，工人再次向厂方发出请求协商通知。厂方仍无同意谈判的答复。8月8日，宝德玩具厂3000名工人在赶货期以停工方式给工厂施压。8月9日，厂方终于正式回应工人请求，与工人代表协商谈判。经过两轮协商，厂方原则上同意为工人补缴，但要求根据深圳市的具体法律法规来操作。工人们恢复了工作，补缴却悬而未决。在要求厂方协商的同时，宝德玩具厂的工人代表向深圳市人力资源与社会保障局(下称“深圳人社局”)递交补缴申请，无果。

资料来源：林伟江，卢丽涛. 第一代农民工的苦恼：养老保险追缴陷三角难题[EB/OL]. 第一财经日报，2013－11－1. http://money.sohu.com/20131101/n389364912.shtml.

(二)新生代农民工问题

2010年中央“一号文件”提出，要“着力解决新生代农民工问题”，这是党的文件中首次使用“新生代农民工”，传递出中央对约占农民工总数60%的第二代农民工的关切。前文提及，新生代农民工的受教育程度和职业技能水平以及市民化意愿要高于第一代农民工，但其问题也显得相对复杂。

第一，双重边缘身份。大部分新生代农民工拥有农村户籍，但长期居住在城镇，既不是以务农为生存基础的农村人，也不是户籍制度意义上的城镇人，体现出一种现实矛盾。即使新生代农民工市民化意愿增强，但在落户、保险、医疗、子女上学等诸多方面却享受不到城里人的待遇。在低端的劳动力市场上，新生代农民工和城镇居民争夺就业岗位，在一定程度上造成了城镇失业人员数量的增加。同时，由于城镇的能源、教育、医疗卫生、文化娱乐、交通等公共资源的总量是一定的，新生代农民工对城镇有限的公共资源的使用引起了部分城镇居民的不满，使得一部分城镇居民对新生代农民工产生了排斥心理。除此之外，相较于第一代农民工，新生代农民工的初次务工年龄低，刚毕业就进入城镇打工。他们长期在城镇生活，普遍缺乏农事经历和经验，即使在城镇找不到合适的工作临时回乡，也不会长久待在农村务农。

第二，社会保障缺失。根据《中华人民共和国劳动法》的有关规定，农民工应当参加法定的基本养老、医疗、失业、工伤等社会保险，但新生代农民工的参保率普遍偏低。首先是由于用人单位在利益驱使下控制用人成本，不愿为新生代农民工在失业保险与生育保险板块参保缴费；其次，新生代农民工工作流动性强，且流动方向不确定，如果在一个单位工作不满1年，按政策不能享受相应待遇，即使2010年实施的《流动就业人员基本医疗保障关系转移接续暂行办法》规定了城镇职工基本医疗保险、城镇居民基本医疗保险、新型农村合作医疗可以相互转移。但目前常见的做法是，农民工跨地区流动时只转移个人账户，不转移统筹账户资金，在一定程度上影响了新生代农民工的参保积极性。

第三，居住问题。新生代农民工在城镇化推进过程中发挥着重要的作用，是位居于一线的，为所在城镇的发展和繁荣做出了重要贡献，理应共享城镇发展成果，但现实情况却不尽如人意。在住房问题上，新生代农民工解决居住问题主要有三条途径：用人单位提供住宿、租赁和购买。雇主或用人单位提供住宿的非常少，条件也相对较差，多为住工棚或集体居住；新生代农民工的住房租赁需求远远超于城镇的廉租房供给，而且大部分新生代农民工能够承受的租金较低。在城镇购房对于多数新生代农民工而言是最大的奋斗目标，但现实是新生代农民工的工资积累远低于城镇购房要求，城镇房价增长远高于工资增速，且多数新生代农民工无住房公积金。

第四，随迁子女的教育问题。在义务教育阶段，一些地方已将农民工子女的教育纳入当地教育发展规划，遵循"以流入地区政府管理为主、以全日制公办中小学为主"的原则，保障农民工子女接受义务教育。由于新生代农民工数量的迅速增加，随迁子女数量增长快、流动性大。《2016年全国教育事业发展统计公报》数据显示，2016年全国义务教育阶段在校生中，进城务工人员随迁子女共1394.77万人，较2015年增加了27.67万人。[①] 流入地义务教育资源不能满足农民工子女日益增长的教育需求。而民办学校发展滞后，往往办学条件差，教师素质偏低、教学效果不好，收费较高，加重了新生代农民工的负担。

小案例　范雨素："我不是写文章的人，我靠做苦力谋生"

近日，一篇名为《我是范雨素》的文章突然刷爆朋友圈，并在微信端迅速收获"10万+"的阅读量。文章作者范雨素是一位农民工，她在文中记叙了自己及家庭十多年来的经历。有网友评论称："没有激烈言辞，甚至没有突出的感情色彩，作者是自己人生的亲历者，也是周围人人生的记录者。大社会，小人物，跃然纸上。"范雨素是湖北人，来自襄阳市襄州区打伙村，44岁，初中毕业，目前在北京做家政女工。范雨素遍读20世纪80年代她在村子里能找到的小说和文学杂志，然后她"想去看看更大的世界"。

20岁的范雨素一路北上，来到距家乡千里之外的北京。在饭馆做服务员，但她形容自己"很笨"，会摔一跤把盘子打碎。结婚五六年经受了男人的酗酒和家暴，她离开了丈夫，带着两个女儿

① 教育部.2016年全国教育事业发展统计公报[EB/OL].[2018－10－21].http://www.moe.edu.cn/jyb_sjzl/sjzl_fztjgb/201707/t20170710_309042.html.

自己打工过活。范雨素现在住在东五环外的皮村，那里密布着众多小型加工厂和打工者租居的平房。初到皮村，范雨素陆陆续续搬了好几个地儿，最后以300元每月的价格租了一户四合院里的8平方米单间。这间朝南的房间有一块大玻璃，阳光可以洒进屋子，"特别幸福，有安全感。"她和几十位有文学兴趣的打工者组成了文学小组开始写作。"活着就要做点和吃饭无关的事，满足一下自己的精神欲望。"范雨素说。

资料来源：计巍.范雨素：我不是写文章的人，我靠做苦力谋生[EB/OL].北京青年报，2014—4—25.

三、农民工问题的形成根源

从外因和内因相互作用的视角分析，农民工问题的形成根源主要集中于三个层面：城镇化发展水平桎梏、制度掣肘和农民工自身的缺陷。首先，在城镇化如火如荼的推进中仍存在着城镇化水平低、地区发展不平衡、半城市化严重等问题，而这些现实状况催化形成的社会环境在一定程度上导致了农民工问题的形成。其次，从制度层面而言，二元户籍制度的障碍、土地制度的产权模糊和流转不畅、就业制度缺口形成的非正规就业、社会保障制度的不完善、住房制度的缺失等都是农民工问题形成的客观因素。最后，从农民工自身层面，农民工的观念具有相对的局限性，人力资本含金量低，社会资本薄弱等是造成农民工问题的内因。

(一)城镇化发展水平桎梏

经历了60多年的城市建设，城市发展体系已逐渐走向成熟。据国家统计局官方数据，2016年我国城镇人口达77 116万人，城镇人口占总人口的56%，但我国仍未进入城镇化发展的成熟期。虽然部分区域具有地理位置、资源和产业优势，已经达到了较高的城镇化水平，形成了城市发展相对集中的城市群或都市圈，但中西部地区的城市发展状况不容乐观。总的来说，东部、东北部城镇化水平较高且均高于全国平均水平，城市数量多且规模大；中、西部地区的城镇化水平低于全国平均值，多以中小城市为主，大城市数量较少。以上现实状况催化形成的社会环境，对于农民工问题的形成主要集聚于两个方面：

第一，城镇基础设施对流入农民工的数量承载能力有限。从改革开放初期开始，大量农村人口涌入城镇，而城镇人口的急速增加导致了对土地、资源、基础设施、公共服务等需求的膨胀，而我国目前的城镇基础设施建设远远落后于人口的城镇化过程。一是在城镇道路设计上缺乏长远规划，道路狭窄，建设标准低，城市交通拥堵现象越来越严重。二是城镇人均绿地少，绿化率低，垃圾的收集、处理矛盾较多，环境污染和噪声污染严重，居民的居住条件较差。三是城市排水设施不完善，很多小城镇中还未铺设排水管道，造成污水排放及处理问题突出。有限的城市公共资源与低水平的基础设施建设造成了拥挤和低效率的"城市病"。大量农民工进城，政府无力解决他们的生存问题，又在城市内部形成新的"二元结构"。另外，城镇的生态承载力，特别是水资源相对短缺，也决定了城镇对流入农民工的承载数量是有限的。①

第二，不合理的城镇产业结构限制了农民工的城市就业。新中国成立初期的计划经济体制下，

---

① 程姝，韩学平.印度城市化进程中农村劳动力转移对中国的启示[J].世界农业，2013(4)：104—108.

大力实施重工业"自我积累、自我循环"的运行机制,虽然催生了第一批工业城市,但也造成了不合理的城镇产业结构,割断了农业与工业之间正常的市场联系。资本对劳动的排斥能力大于吸纳能力,工业的过度增长和第三产业的发展不足,削弱了产业结构在升级过程中对农民工的吸纳能力,未能充分扩展农民工的城市就业空间。

(二)制度掣肘

新制度经济学中有一个"路径依赖理论",这种理论是指一旦某种体制因为外部偶然性而被采纳,就会沿一定的路径发展演进,而很难被别的体制甚至是更优的体制所取代。① 二元户籍制度便是如此,虽然在一定时期内发挥了作用,但随着持续推广也产生了一系列问题,特别是在农民工问题上衍生出的户籍、土地、就业、社会保障和住房等制度。

第一,户籍制度的障碍。二元户籍制度服务的主要对象是城市人口,一方面履行人口登记、治安、社会管理等基本户口管理功能;另一方面,户籍是家庭差异和地域等级观念的象征,隐含的不平等观念依然在制约着人们的社会行为,影响着现行政策的取向,进而导致城乡差距加大,且与相关的劳动就业、社保、住房等制度一起形成了严格的制度体系,阻碍着农村剩余劳动力向城市的转移。

第二,土地制度的产权模糊和流转不畅。农村土地归农民集体所有是法律赋予的农村土地所有权制度,但一直以来农村集体土地的所有权主体处于"归属不明"、"权能不整"的状态。乡镇、村和村民小组三级,究竟是应由谁代表农民集体行使经营权,一直界定不清。现行的《中华人民共和国农村土地承包法》第二十六条规定:"承包期内,承包方全家迁入小城镇落户的,应当按照承包方的意愿,保留其土地承包经营权或者允许其依法进行土地承包经营权流转。承包期内,承包方全家迁入设区的市,转为非农业户口的,应当将承包的耕地和草地交回发包方。"这说明,农民工在现有条件下,要想取得城镇居民身份,转化为非农业户口,就一定要放弃赖以生存的土地,也就是要放弃土地上的预期收益。土地是农民的退路,即使外出打工,只要手里还有土地,一旦失业至少还能获得一定的保障。通过土地权益的分享,农民工还能获得财产性收入,否则会陷入既丧失了土地又没有获得相应非农就业岗位和社会保障的困境。因而,很多进城工作的农民工私下将承包的土地转让给其他人耕种,但由于土地流转的机制不健全,外部的市场环境不成熟,这种私下的流转带有很大的风险性,流转成本高,而收益低。

第三,就业制度缺口形成的非正规就业。城市劳动力市场存在着典型的二元结构,包括首属劳动力市场和次属劳动力市场。首属劳动力市场是较高科技文化素质的劳动力市场,表现为收入高、待遇好、工作环境好,劳动者往往是社会上有地位的富有阶层。而次属劳动力市场是科技文化素质较低的劳动力市场,表现为收入低、待遇差、工作环境差,劳动者往往成为社会上地位较低的低收入阶层。农民工往往是次属劳动力市场的主要构成部分,由于就业的非正规性,难以进入正规领域就业,也就不能受到就业政策和制度的保护。他们工资收入低,工作强度大,而且工作不稳定,更换工作频繁,"雇主与雇工之间完全是一种交换关系。交换成功了,就在这里干;交换不成功,就不在这里干"。②

第四,社会保障制度的不完善。雇主或用人单位为了最大限度地控制用人成本,通常不为农民

---

① [美]道格拉斯·C.诺思.经济史中的结构与变迁[M].陈昕,陈郁,译.上海:上海人民出版社,1994:1—2.

② 王春光.我国城市就业制度对进城农村流动人口生存和发展的影响[J].浙江大学学报(人文社会科学版),2006,36(5):5—15.

工购买社会保险或只购买最低标准的养老保险、医疗保险和工伤保险，一些地方政府为了政绩和地方利益的保护，甚至默许这种现象存在，所以农民工参保率低，购买险种少。社会保障通过两个途径对人力资本投资产生影响：一是高福利的社会保障为人力资本投资带来了巨大的动力，而低福利的社会保障则会减弱农民工人力资本投资的动力；二是社会保障中包含的医疗保险、卫生保健和教育福利等直接促进了人力资本的形成。[①] 但是对于农民工来说，由于其享受的社会保障项目少，保障水平低，与城镇职工社会保障形成巨大的反差，从而减弱了农民工人力资本投资的动力；另一方面，农民工社会保障制度中也不涵盖农民工及其子女的教育福利，不利于农民工人力资本的提升。对于大多数农民工而言，社会保险费用的缴纳降低了他们的工资收入，而作用体现却非常小，所以他们自身也不愿意购买，从而形成雇主或用人单位、政府、农民工自身都默许不购买社会保险的恶性循环，他们宁愿赚够了钱回乡生活，靠着土地养老。

第五，住房制度的缺失。农民工解决住宿问题主要有三种途径：雇主或用人单位提供、租赁、购买。但大多数都集中于前两种，雇主或用人单位提供的宿舍条件比较差，多为集体宿舍，每人独立的空间仅为自己的铺位；即使租赁房屋，农民工也会选择条件相对较差且位于郊区的房屋，以降低租房成本，如此的居住环境能解决的只是农民工们最基本的睡觉和休息，谈不上学习和精神充实，对于新生代农民工而言，衍生出许多有关婚姻、赡养、教育、社会认知、社会生活等方面的问题。能够自己支付购房费用的农民工占比极低，首付完成后，月供也对他们的生存和发展造成压力，因为几乎没有农民工购买了住房公积金。

（三）农民工自身的缺陷

农民工的观念具有相对的局限性，人力资本含金量低，社会资本薄弱等是造成农民工问题的内因。

第一，观念的相对局限性。观念问题主要体现在第一代农民工群体身上，前文在分析第一代农民工的特点时提及他们的出生背景和成长时代形成了他们保守的小农意识，坚持“重农抑商、安土重迁”的传统观念和“生死有命，富贵在天”的迷信思想，注重血缘、地缘等纽带对个人事业的扶助，对创业和兴办实业持拒绝态度，消费观念上倾向于自给型消费，保留了勤俭节约的习惯，习惯攒钱用于买房子、养老、给子女教育或结婚等，对土地依赖性很强，始终将它视为最后的庇护地，不愿轻易放弃对土地的承包权。

第二，人力资本含金量低。新一代农民工虽然受过一定教育，但其简单的技能构成跟不上时代发展的步伐，难以形成其特有的人力资本。农民工人力资本的形成主要通过两种途径，一种是学校的正规教育，一种是学校外的非正规教育，比如农民工的技能培训和在实践中的“边干边学”。从整体上看，农民工群体在进入城镇前所受的教育程度都不高，又缺乏从事非农业工作的经验，因此他们在进入城镇前的人力资本积累总体不足，不符合现代城市新的要求。

第三，社会资本薄弱。对社会资本类型、层次、特征等方面的研究，大致可以分成两类。一类是从自身个人的社会网络中所获取的资源，另一类是从当下的社会结构中为个体所提供的资源。[②] 简单地说，家庭的血缘亲属关系是从个人社会网络中获取的资源，个人步入社会后在工作及社会生活

---

① 黄锟.中国农民工市民化制度分析[M].北京：中国人民大学出版社，2011：252.

② 赵立新.城市农民工市民化问题研究[J].人口学刊，2006(4)：40—45.

中所结识的人脉资源。对于农民工而言，其家庭关系和社会关系中，特殊信任是主要内容，注重人情、面子和缘分，强调信任和远近亲疏，具有明显的狭隘性，他们的社会关系或社会网络位差较小，大多从事相同或相似的职业，职业等级差异不大，使其社会资本质量较低。除此之外，农民工群体缺乏专属的社会组织来维护他们的合法权益，促进他们更好地融入城市，这也是造成他们始终处于徘徊和游离状态的关键因素。

四、农民工问题的社会影响

当下新生代农民工占农民工群体的大部分，其市民化意愿强烈，这无疑是一件为推动城镇经济的发展注入新鲜血液的好事，但前文提及的问题也对社会造成了一定影响。新生代农民工中出现的“临时夫妻”现象，凸显了打工者因性生活问题而出现的道德危机，流动促成了农民工婚恋观的变化，容易诱发两地分居夫妻的婚姻危机，导致青年农民工离婚率居高不下、婚外情不断攀升，严重影响了家庭的和谐与稳定，易造成不良的社会风气。与此同时，农民工精神文化生活缺失，精神文化产品供需矛盾较为突出，特别是服务业领域的新生代农民工精神文化生活呈现出“个体性较强、社交性不足”的特点。低收入、工作时间长、工作强度大、以业缘为主的人际交往方式等，成为制约该群体精神文化生活提升的主要因素。农民工闲暇生活单调乏味，不同程度地存在心理问题，心理健康水平亟待提高。尤其是流动农民工的夫妻分居家庭难以维系，这一问题需要全社会共同关注，积极应对解决。

除此之外，农民工囿于自身的经济、政治、文化地位和现行的制度藩篱，在政治参与中处于边缘化状态。部分农民工倾向于采取非制度化政治参与方式表达自身的利益诉求，在维权过程中付出了很大代价，同时也给社会的和谐安定造成了一定的负面影响。但随着农民工自身素质的不断提高和国家相关政策法规的支持，农民工的政治参与行为正从自发转向自觉。农民工期望通过空间地域的流动，以时间换空间，凭借长期的打拼为其自身和后代赢得向上流动的机会，而现实却是日益显著的阶层固化和代际复制趋向。阶层固化现象表明，先赋性因素在社会流动中的作用开始强化，“拼爹”行为产生了“新身份社会”的回潮，念书求学成为底层社会的人向上流动的少有通道。出身上层社会的家庭可以通过其拥有的优质教育资源及社会关系网轻松地实现“官二代”、“富二代”的代际复制，并且既有的教育不公平又强化了阶层固化现象。正因为先赋性因素和后致性因素在代际复制中的作用发生了逆转，新生代农民工要想改变自身的阶层命运便显得越发困难。[①] 阶层固化的打破需要长时期的努力，其间难免会出现不同群体的区隔和冲突，对和谐社会的发展造成一定的影响。

---

① 徐俊.近10年来我国农民工问题研究述评[J].农林经济管理学报，2014，13(5)：530—536.

第三节　农民工问题解决中的治理应用

农民工问题的解决需要多元主体的共同努力，涉及主体包括政府、社会组织、农民工自身以及社会雇主和广大社会成员，需要拥有行政权力的政府牵线主导规划制度顶层设计、社会组织机构的参与发力、农民工群体的自我完善、用人单位和雇主的主动配合以及社会公众的积极支持。

一、政府在解决农民工问题中的主导性作用

解铃还须系铃人。解决城镇基础设施对涌入城镇的农民工数量承载的问题，需要政府发挥宏观调控作用；解决“城乡二元分治”所导致的“非国民待遇”问题，需要政府深化户籍制度改革；解决农民土地的产权模糊和流转不畅，需要政府建立并完善农村土地权利保障机制；解决农民工就业制度缺口，需要政府完善非正规就业制度；解决农民工社会保障缺失，需要政府带头打破恶性循环；解决农民工住房问题，需要政府牵头建立多种层次的城市住房供应体系；解决农民工个人素质问题，需要政府统筹为农民工自我完善提供平台。

（一）发挥宏观调控作用

目前，农民工，尤其是新生代农民工，由于“亦工亦农”的身份，面临着“双重拒绝困境”，因城镇基础设施承载能力不足向城市的融入被拒绝，因意识观念转变和缺乏农事经验又拒绝回归乡村。这种不同于传统农民工的新特征和新诉求，决定了在新型城镇化的背景下，政府应发挥宏观调控作用，规避“市场失灵”，统筹考虑城镇规模布局、地域布局和产业布局的关系，构造农民工在大城市、中小城市或小城镇生存发展的不同路径，推进农民工合理、有序地在城镇定居并融入城市。在保持大城市对农民工吸纳的同时，进一步促进中小城市和小城镇对农民工的吸纳。要调整城市发展布局，科学编制城市发展规划，以大城市为依托，以中小城市为重点，逐步形成辐射作用大的城市群，促进大中小城市和小城镇协调发展，避免出现“大城市病”、“贫民窟”，使大部分农民工融入中小城镇。

（二）深化户籍制度改革

城乡二元户籍制度是农民工问题形成的根源之一，是农民工进入城镇后平等享有城镇基本公共服务的障碍。政府作为制度的顶层设计方，在解决户籍制度障碍问题中发挥着主导作用。首先，政府应确定户籍管理的功能定位。户籍制度能够使得公民的身份得到充分认证，能够保证市民在参加社会活动中的公平、公正，同时能够有效地提供真实数据，能够在人口管理上增加便捷度，有效地迅速统计，从而推进全民调查等工作的顺利开展，能够真实有效地反映国家人口分布等相关信息。但现行户籍制度在功能上却超越了这一范围，涉及诸多限制人口迁移、附加利益分配差别等功能，这种利益黏附型管理体系扭曲了户籍制度的本来职能，造成了城乡分割，还使人口登记信息出现了较大的偏差，人户分离、户口空挂、重登、不登记户口等现象较为普遍。其次，政府应细化户籍

管理的职能作用。有学者提出四证模式，即包括出生证、身份证、暂住证、居住证四种类型。① 人口分类管理模式：出生证是用来证明婴儿出生状态、血亲关系，申报国籍、户籍，取得居民身份证号码的法定医学文件，应该由助产单位直接签发；身份证是公民日常使用的证明个人身份和原籍地的法律文件；居住证是证明公民实际居住地的法律文件，公民将按照居住地而不是原籍地来享受各地方政府给予的居民待遇，例如超过中央政府发放水平的社保待遇；暂住证则是公民自由迁徙到另一地区，但居住期限未满时使用的居住证明文件。暂住证只用来证明该公民还不能享受迁入地的地方居民待遇，迁入地政府绝不可以就此增加更多的歧视。最后，政府应设立专项职能部门，加强户籍管理工作的细化，将统一管理改为单项管理，获取更便捷准确的统计数据，保证其真实性和有效性。

（三）建立并完善农村土地权利保障机制

为了保障城市化进程中农民的土地财产权利，防止地方政府以城镇化和扩大土地经营规模的名义侵犯农户土地承包权利，应尽快落实中央关于农户土地承包关系长久不变的决定。明确“落实土地承包关系长久不变”为承包农户的土地承包权长久不变。由中央政府统一进行农民所有土地的确权、登记、颁证，让农民领到跟土改时一样印有中央人民政府印的土地权证。为切实保护农民土地权利提供法律保障，为保障土地财产权、便利土地权利交易提供基础性制度服务。在此基础上，完善农户土地承包权与承包土地的经营权可分离的制度安排。在法律上明确农户土地产权的可分离，即将土地承包权与承包土地的经营权进行分离，承包权为田底权，经营权为田面权。承包权由承包农户永远持有，由其自主决定可使用、可收益、可转让权和可处置权。经营权是由承包权派生出来的权利，承包农户按承包权收取地租，承租承包权的经营者享有合约约定下的土地使用、收益、转让、抵押权。② 让农民工能够彻底摆脱对土地的依赖。

（四）完善非正规就业制度

非正规就业是我国目前农民工就业的主要模式。大量过剩的低素质劳动力无法通过有限的正规部门充分吸纳，而非正规部门经营方式灵活、对劳动技能要求较低、资金投入较少，逐渐成为主要的城镇就业渠道和新增就业岗位的来源。政府首先要确定非正规就业的法律地位，使非正规就业合法化、明朗化，明确非正规就业劳动者与雇主的权利义务关系。第二，借鉴发达国家的立法和管理经验，制定专门的法律法规，协调职能部门的关系，为非正规就业创造良好的制度条件。第三，加强对非正规就业者权益的保障，降低就业成本及流动风险。第四，给予非正规就业者政策倾斜，提供资金支持，开展公益性培训，建立创业扶持制度。③ 从农民工就业的现实层面出发，促进农民工平等就业。

（五）带头打破农民工社会保障缺失的恶性循环

农民工社会保障缺失的恶性循环是指雇主或用人单位为最大限度地降低用人成本，按照最低比例购买或不给农民工购买社会保险，政府为了地方政绩和地方利益，默许某些企业的这种行为，农民工个人认为社会保险的保障作用较低，主动不购买，最终形成农民工社会保障缺失的局面。因

---

① 雷佑新.城乡劳动力市场一体化制度创新研究[M].北京：中国经济出版社，2012：46.

② 程姝，杨钧天，韩学平.中外农业转移人口权益保障比较研究[J].东北农业大学学报（社会科学版），2013，11(2)：22—26.

③ 程姝，杨钧天，韩学平.中外农业转移人口权益保障比较研究[J].东北农业大学学报（社会科学版），2013，11(2)：22—26.

此，政府应带头改革地方政绩的评判指标，落实关于农民工社会保障的政绩考核，针对农民工非正规就业的特点制定一些简易的社会保险，适当提高他们的社会保障水平，逐步缩小与正规就业者的差距。例如可设计简易社保品种，重点保工伤和大病医疗，同时兼顾失业保险和养老保险，比照当地法定最低工资水平，采取固定费额的方式，由非正规就业者自愿“购买”。除此之外，农民工随迁子女的教育问题也应当得到重视，政府应成立专项资金和专项制度，保障随迁子女的受教育权利，争取打破社会中的代际复制。

（六）牵头建立多种层次的城市住房供应体系

目前，农民工在城市里的居住环境差，严重影响他们的生活质量、医疗卫生、子女教育，造成其家庭“一家两制”的分裂状态，而且迫使农民工不得不采取以个体迁移为主的短期流动形式。① 首先，政府应将农民工纳入住房保障范围。政府要建立适用于农民工的保障性住房体系，主要由公租房、廉租房、经济适用房和限价房组成，其中公租房应占较大比例。解决不同层次农民工的住房需求，也可向低收入农民工提供住房补贴，帮助他们通过市场获取适当的住房。其次，政府应以税收优惠政策鼓励用人单位提供标准化宿舍或发放住房补贴，同时对房地产开发企业进行引导，促进其在合理规划的基础上建设面向农民工的住房，向用人企业或农民工个人出租。地方政府应参照城镇经济适用房的有关政策，在土地供应、税收等方面给予优惠，鼓励利用闲置厂房等建筑改造低租金住房，解决农民工居住问题②，为农民工在城镇打拼提供栖身之地。

（七）为农民工自我完善提供平台

解决农民工问题必须通过农民工个体素质本身的整体提高发挥外在改革的作用，因此农民工的自我完善至关重要。除了农民工自身的努力外，政府也应统筹为其提供学习和成长平台。政府应对农民工进行新市民教育，加强法律、法规和政策宣传，鼓励农民工参加市民素质培训，使得农民工加强对自身的从业与权利的认知。通过相关的培训，使得农民工很大程度上提高素质，在技术水平方面有所加强，增加其人力资本，通过社区活动的积极参与在与原住市民加强交往的过程中积极消除双方的观念差异，消除距离感，尽快培养起对城市社区的认同感，加快适应社区生活，积极融入城市；还要让农民工积极参加合法的维权组织或团体，增强社会资本，借助团体的力量维护自身合法权益，改善自身的工作和生活状况。

虽然政府在解决农民工问题中具有主导作用，但政府的主导可能会产生一些副作用。比如，政府沦为特殊利益集团的可能性；在公共政策制定和执行过程中，资本的影响大于农民工方；分散、弱势的农民工难以有效监督政府，政府敷衍、忽视农民工权益也不会受到任何制裁；地方政府和职能部门出于特殊利益对资本的偏袒；阶段性的“行政主导”因缺乏相应制约而演化为“行政独大”，短期合理性扼杀了长期合理性；因法律和事实之间的断裂，救济机制持续弱化，得不到救济的矛盾进一步沉淀为社会矛盾并进一步影响社会稳定等。因此，解决农民工问题除了政府的主导，还需要其他主体的参与和监督，以形成解决农民工问题的多中心治理趋势。

---

① 王竹林. 城市化进程中农民工市民化研究[M]. 北京：中国社会科学出版社，2009.

② 任兴洲，廖英敏，刘卫民. 适合农民工特点的住房供应体系[J]. 重庆理工大学学报（社会科学），2011，25（10）：1—5.

二、多中心治理在解决农民工问题中的趋势

多中心治理框架的核心是政府、农民工工会、雇主三方依据法律的协商机制。在三方机制中，政府是基本规则（法律、政策）的制定者，但在具体的谈判过程中则是一个规则履行的监督者、中间的裁判、交易的协调者，不能越俎代庖，取代雇主和农民工的自主协商；雇主、农民工之间的协商是组织化的协商，是程序化、制度化的协商，也是以法律政策为基础的协商；农民工的自我组织，不仅是出于提升谈判地位、平衡资本强势的需要，也是出于节省交易成本，更好地监督政府的需要。

如2007年重庆被确立为全国首批统筹城乡综合配套改革试验区后，一直在探索解决农民工问题的举措，并取得了良好效果，同时印证了解决农民工问题中政府牵头主导、多中心治理的有效模式。比如，重庆市的“地票”制度被写入十八届三中全会报告中。所谓地票，是一种交易方式。当进城农民在城里落户以后，如果觉得自己的宅基地实在没有用处，可以交给政府复垦为耕地，这时农民可以拿到地票交易所交易，同时房产商要征农民的地需要地票指标。一亩地票的价格如果是20万，除掉复垦成本，剩下的就给农民。实行地票交易是一举三得的事。对进城农民来说，闲置的宅基地被复垦为耕地，自己得到一笔收入，这笔收入可以作为进城的资金；对农村和城市来说，城乡统筹耕地宏观上得到了保护；对于城镇化进程来说，发展速度可相应加快。[①] 总体上，重庆市的“地票”制度是由政府设计规划，形成市场化的交易场所“重庆市农村土地交易所”，农民和地产商有序参与监督的多中心治理模式。

为帮助农民工提升个人能力和素质，重庆市政府牵头推行了“阳光工程”农民工培训。针对农民工就业地域和职业的变化，重庆在浙江、福建、广东等地以及重庆市主城区，建立了农民工就业基地，运用政府引导、市场运作等方式指导帮助农民寻找自己想干的工作。重庆还规定在本市范围内，16岁至45岁的农民可持身份证及照片，到全市“阳光工程”定点学校报名参加培训，培训期间学员还能享受政府补贴。针对不断增多的返乡自主创业农民工，重庆市重点吸收有创业意愿的农民以及新农村建设带头人，围绕农业产业化、农村特色产业、农村服务业等方面进行培训。通过“阳光工程”，重庆市培育出了“重庆师傅”、“石龙技工”、“黔江海运”等一批在全国有影响力的培训输出品牌。据统计，2009年重庆“阳光工程”共培训农民工20余万，就业率在90%以上，接受“阳光工程”培训就业的农民比未受训农民月均收入高300多元。[②] 除此之外，在2007年11月的第一个星期天，重庆市率先设立以“关心关爱、自尊自强、共建小康、共创辉煌”为主题的“农民工日”，当天举行了农民工专场招聘会、公租房政策和户籍制度改革政策宣传咨询等一系列活动。该节日由市政府和各个区县政府牵头主办，用人单位和农民工参与。2016年11月6日是重庆市第十个“农民工日”，在重庆市江北区观音桥主会场进行了农民工“双十佳”表彰、农民工就业对接和政策咨询、发展家庭服务业、返乡创业等五项内容。重庆市“农民工日”相关大型活动的组织策划和实施，将关怀农民工行动落到实处，不仅解决了农民工在城镇中的生存需求，还充分体现了对农民工发展的人文关怀，是解决农民工问题中政府主导多中心治理模式的有效体现。

---

① 黄奇帆．重庆地票制度可供全国借鉴[EB/OL]．[2018－10－22]．http://www.guancha.cn/HuangQiFan/2013_05_13_144131.shtml.

② 李松．重庆市实施“阳光工程”帮助农民工转移就业[EB/OL]．[2018－10－22]．http://www.gov.cn/jrzg/2010－02/20/content_1537242.htm.

小案例　重庆第十个农民工日，农民工办厂产值过亿接受表彰

重庆市第十个农民工日活动在全市同步开展，其中，在江北区观音桥广场主会场进行了农民工“双十佳”表彰、农民工就业对接和政策咨询、发展家庭服务业、返乡创业等五项内容。30年前的王群芝绝对想不到，今天自己能站上领奖台，接受“重庆市十佳创业明星”的表彰。出生在万州区郭村镇关子村的王群芝，自小家贫，经常挨饿，刚上初中便辍学外出打工，他当过棒棒，抬过水泥，收过破烂，卖过猪肉。2001年底，他卖掉老家的房子，与人合伙开了模具厂。2002年他与人合作成立了压铸模具厂，为筹备资金，把家乡街上的房子卖了，小工厂刚有点起色，合伙人把所有货款卷走，公司一夜之间破产，还得承担几十万元的债务及工人工资。当时，家里的亲朋好友都劝慰他，让他放弃创业，老老实实打工算了，王群芝却始终相信社会是公平的，只要诚信做事、老实做人，幸运之神终会眷顾他。几个月后，在亲朋好友的帮助下凑足了4.2万元，买来了一台车床，就靠着这台设备，他又在东莞成立了一家压铸模具厂，终于努力把之前所欠的债务还清了。从此，公司慢慢发展起来，2005年年产值突破970万元，到2011年达到1.4亿元。随之又创建了几家分公司，产品远销世界各地。“挣到钱后，就想回到家乡带动乡亲们一同致富！”王群芝告诉记者，他在2011年3月回到万州进行前期考察，在当地的大力支持下，最终决定在新田镇谭绍村投资开办了模具厂，解决了150多名农民工就近就地就业。“我和受到表彰的朋友们一样，只是为社会做出了一点点贡献，但政府给了我这么高的荣誉。今后，我决心把东莞工厂作为对外的窗口，努力把在重庆的工厂打造成灯饰、照明、散热器、压铸件的制造基地，和今天受到表彰的朋友们一起，共同为家乡的建设发展做出更大的贡献。”王群芝捧着荣誉证书，激动万分。今天，和王群芝一起接受表彰的有“重庆市十佳农民工”获得者、提名者和“重庆市十佳创业明星”获得者及提名者共40名。这些农民工有环卫工、建筑工，创业明星有做餐饮的，有做石刻的，有做农业的。获得十佳创业明星提名的廖海燕从事的是修脚行业，她告诉记者，随着政策越来越好，社会越来越包容，农民工的地位也越来越高了，这次获得提名更是对自己极大的鼓励。她现在能大声说出“我是农民工”，而丝毫不会觉得自卑。

据了解，自从2007年，重庆农民工有了自己的节日以来，今年已经是第十个农民工日了。每年重庆市农民工日，都会开展丰富多彩的活动。记者看到，在活动现场还设有农民工专场招聘会和政策咨询服务活动，组织永辉超市、小康集团等78户用工企业提供制造、家政、餐饮等5700余个优质岗位。同时，相关市级部门在现场还设置了职业指导、社会保险、卫生防疫、劳动维权、公租房咨询等服务区，为农民工提供全方位的政策咨询服务。市农民工工作领导小组办公室还向全市农民工发出慰问信3万多份。现场还设置了家庭服务业才艺展示，有母婴护理、养老护理、煮咖啡、蜀绣等12类项目，同时还举办了图文展、农民工返乡创业成果展，展出了綦江齿轮、农民版画、果酒等制造业和农产品加工类实物展品106件。

资料来源：佘振芳．重庆第十个农民工日：农民工办厂产值过亿接受表彰[EB/OL]．2016—11—6．http://cq.cqnews.net/html/2016—11/06/content_39326577.htm.

本章小结

农民工指的是户籍位于农村，在户籍所在地城镇或户籍所在地以外的城镇务工，主要依靠输出劳动力获得微薄工资收入，且社会保障缺失的群体。第一代农民工即传统意义上的农民工，大部分在20世纪80至90年代开始从农业和农村中流出；新生代农民工是指1980年以后出生、20世纪90年代后期开始进入城市打工的农民工。第一代农民工问题主要集聚于高龄化和"居高不退"；新生代农民工问题主要体现于双重边缘身份、社会保障缺失、居住问题和随迁子女教育问题。从外因和内因相互作用的视角来看，农民工问题的形成根源主要集中在城镇化发展水平桎梏、制度掣肘和农民工自身的缺陷。农民工问题的解决需要多元主体的共同努力，涉及主体包括政府、社会组织、农民工自身以及社会雇主和广大社会成员，需要拥有行政权力的政府牵线主导规划制度顶层设计、社会组织机构的参与发力、农民工群体的自我完善、用人单位和雇主的主动配合以及社会公众的积极支持。

关键术语

农民工　第一代农民工　新生代农民工　农民工问题　政府　雇主　农民工工会

推荐阅读文献

[1]卢海元.走进城市：农民工的社会保障[M].北京：经济管理出版社，2003.

[2]莫荣."民工潮"的背后：中国农民的就业问题[M].北京：红旗出版社，1993.

[3]李培林.农民工——中国进城农民工的经济社会分析[M].北京：社会科学文献出版社，2003.

[4]刘应杰.中国城乡关系与中国农民工人[M].北京：中国社会科学出版社，2000.

[5]柯兰君，李汉林.都市里的村民——中国大城市的流动人口[M].北京：中央编译出版社，2001.

复习思考题

1. 简述"农民工"的内涵和外延。
2. 简述农民工问题的具体表现及形成原因。
3. 简述农民工问题对社会的影响。
4. 简述政府在解决农民工问题中的作用。
5. 简述解决农民工问题的多中心治理机制。

案例分析题

新生代农民工成劳动维权案件“主角”

“拥有良好的互联网意识，擅长用法律手段来维护自身权益。”《工人日报》记者从厦门市思明区法院获悉，新生代农民工维权能力正在增强。从2015年以来，该院已受理涉新生代农民工劳动纠纷案件256件，已经成为劳动维权的主要类型。

分析案件发现，涉新生代农民工劳动纠纷类型更具多样化。老一辈农民工的劳动纠纷多局限于“工伤损害赔偿”等基于身体权益损害而产生的朴素诉求；新生代农民工更重视自身法律权益的维护，更擅长运用法律手段来维护自身的劳动权益，他们的劳动纠纷类型大多围绕“未签订劳动合同须按二倍工资差额进行赔偿”、“违法解除劳动合同须赔付赔偿金”等方面内容。

老一辈农民工遇事大多抱着“息事宁人”、“大事化小”的原则，不轻易“抱团”；新生代农民工学历水平普遍较高，更擅长利用互联网通信技术，互联网成为他们倾诉心声和寻求帮助的主要渠道。一方面，通过互联网，新生代农民工的内在联系更强；另一方面，他们也更容易被鼓动，一旦发生劳动纠纷后，他们就会迅速“抱团”，迅速将个体纠纷扩散为群体纠纷。互联网科技的普及，也让维权举证更加方便。相较于老一辈农民工，新生代农民工能更熟练掌握手机、数码相机等新产品，大大提高了其举证维权的能力。同时，新生代农民工也更注重证据材料的收集，在诉讼中提供的证据材料不再限于书面材料、证人证言，还能提供大量的录音、录像、微信、短信、QQ聊天记录等多种形式的证据材料帮助自己维权。

此外，新生代农民工劳动纠纷更具随意性。由于知识水平、自身能力的局限性，老一辈农民工就业选择不多，多局限在建筑、餐饮等行业，就业流动性不高；新生代农民工有着较强的学习能力，且能轻易通过互联网获取就业信息，拥有更广泛的就业选择，职业稳定性变差，流动性更强，“跳槽”具有随意性，导致劳动纠纷增多。

资料来源：吴铎思，杨长平，许友滨．新生代农民工成劳动维权案件“主角”[EB/OL]．中工网—工人日报．2016－5－26．http://news.163.com/16/0526/06/BNVKEHID00014AEE.html.

请结合材料，谈谈第一代农民工与新生代农民工的区别主要体现在哪些方面？应如何看待农民工劳动维权？

参考文献

[1] 王洪春，阮宜胜．中国农民工潮的经济学分析[M]．北京：中国对外经济贸易出版社，2004．

[2] 彭红碧．“农民工”称谓的变迁及释义[J]．农业现代化研究，2012，33(2)：187－188．

[3] 重庆市内就业今年反超市外100万[N]．重庆日报，2012－11－1．

[4] 刘传江，徐建玲．“民工潮”与“民工荒”——农民工劳动供给行为视角的经济学分析[J]．财经问题研究，2006，270(5)：73－80．

[5] 刘传江，程建林. 我国农民工的代际差异与市民化[J]. 经济纵横，2007(4)：18－21.

[6] 刘传江，程建林. 第二代农民工市民化：现状分析与进程测度[J]. 人口研究，2008，32(5)：48－57.

[7] 王晓霞. 新生代农民工的特征、问题——基于第一代农民工的比较分析[J]. 浙江青年专修学院学报，2011(3)：5－8.

[8] 李培林. 流动民工的社会网络和社会地位[J]. 社会学研究，1996(4)：42－52.

[9] 国家统计局发布 2015 年农民工监测调查报告(全文)[EB/OL]. 2016－4－28.

[10] 詹邦洋. 高龄农民工调查：持假身份证留在工地 将白发染黑找工作[EB/OL]. 2015－5－13.

[11] 沈涛，雷利军，王铁. 武汉新生代农民工融入城市研究[J]. 中国青年研究，2013(12)：60－63.

[12] 黄庆玲. 新生代农民工定居去向探析——以辽宁省 5 市(县)的调查为例[J]. 中国青年研究，2013(5)：60－63.

[13] 高洪贵. 作为弱者的武器：农民工利益表达的底层方式及生成逻辑——以农民工"创意讨薪"为分析对象[J]. 中国青年研究，2013(2)：60－64.

[14] 吴新慧. 传统与现代之间——新生代农民工的恋爱与婚姻[J]. 中国青年研究，2011(1)：15－18.

[15] 廉思，陶元浩. 服务业新生代农民工精神文化生活的实证研究——基于北京的调查分析[J]. 中国青年研究，2013(5)：55－59.

[16] 徐俊. 近 10 年来我国农民工问题研究述评[J]. 农林经济管理学报，2014，13(5)：530－536.

[17] 程姝，韩学平. 印度城市化进程中农村劳动力转移对中国的启示[J]. 世界农业，2013(4)：104－108.

[18] 程姝，杨钧天，韩学平. 中外农业转移人口权益保障比较研究[J]. 东北农业大学学报(社会科学版)，2013，11(2)：22－26.

[19] 程姝，韩学平. 哈尔滨解放区农民民主权利保护法规探析[J]. 黑河学刊，2011(7)：81－83.

第八章　扶贫问题

学习目标

了解当代中国社会中的扶贫问题，掌握贫困的内涵、贫困的标准认定、相关贫困理论以及扶贫的内容与阶段，理解当前出现的扶贫问题及其形成原因，了解精准扶贫战略的提出、主要内容和实施情况，进而认识到我国扶贫任务的艰巨性。

知识结构

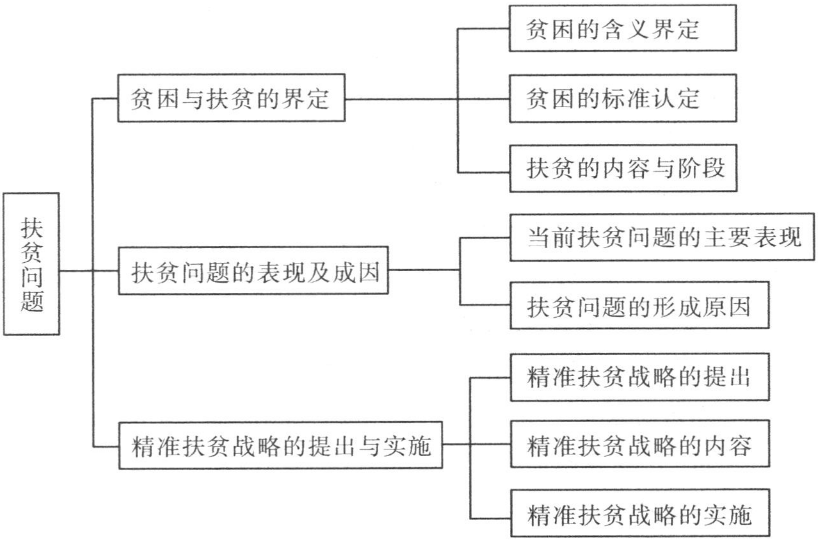

贫穷不是社会主义，社会主义要消灭贫穷。

——邓小平

第一节　贫困与扶贫的界定

贫困是一个世界性的难题，存在于不同时期的不同国家或地区中，人们对于反贫困、扶贫工作也一直在进行着不懈的努力。但贫困和扶贫本身是不确切的、动态的概念，每个时期、每个国家或地区甚至每个人都有着不同的理解与评判标准。因此，在对贫困问题进行深入分析之前，有必要对贫困的含义与标准进行界定，对扶贫的内容与阶段进行梳理。

一、贫困的含义界定

界定贫困的内涵是首要任务，在此基础上，认识并掌握贫困的特征、类型与相关理论，以加深对于贫困含义的理解。

（一）贫困的内涵

贫困是一种普遍存在的社会问题，是一个内涵宽泛的综合性、动态性概念。早期的学者从经济学的角度将贫困等同于低收入和物质的缺乏，后来在对贫困的认识中加入了能力、心理等因素，使得贫困概念涉及了经济学、心理学、社会学等诸多学科。国内外众多机构和学者对贫困给出了自己的定义，比较具有代表性的定义有：世界银行在《1990年世界发展报告》中指出，当某些人、某些家庭或某些群体没有足够的资源去获取他们那个社会公认的，一般都能享受到的饮食、生活条件、舒适和参加某些活动的机会，就是处于贫困状态；英国学者汤普森在《英国的贫困：关于家庭经济来源和生活标准的调查》一书中认为，“所有居民中那些缺乏获得各种食物、参加社会活动和最起码的生活和社交条件的资源的个人、家庭和群体就是所谓贫困的”①；欧洲共同体委员会在1989年《向贫困开战的共同体特别行动计划的中期报告》中认为“贫困应该被理解为个人、家庭和人的群体的资源（物质的、文化的和社会的）如此有限，以致他们被排除在他们所在的成员国的可以接受的最低限度的生活方式之外”②；联合国开发计划署（UNDP）在《人类发展报告1997》中将贫困定义为寿命、健康、居住、知识、参与、个人安全和环境等方面的基本条件得不到满足，因而限制了人的选择③；中国国家统计局“中国城镇居民贫困问题研究”课题组和“中国农村贫困标准”课题组认为，贫困一般是指物质生活困难，及一个人或一个家庭的生活水平达不到一种社会可接受的最低标准。④

综合上述各种界定，结合我国的具体国情，本书将贫困定义为：一个国家、地区、群体或个人由于缺乏必要的自然或社会资源，而无法正常获得生活物资和参与社会活动的机会，从而使他们的生活状态处于社会的最低生活标准之下。

---

① 汤普森.英国的贫困：关于家庭经济来源和生活标准的调查[M].伦敦：阿伦·莱恩和培根图书公司，1979：82.

② 李孝.摆脱贫困的思考——中国城市扶贫问题研究[D].吉林大学，2008.

③ 薛宝生.公共管理视域中的发展与贫困免除[M].北京：中国经济出版社，2006：22.

④ 国家统计局.“中国城镇居民贫困问题研究”课题组和“中国农村贫困标准”课题组研究报告[R].北京，1990.

(二)贫困的特征

1. 综合性

贫困不仅是一种经济概念,还是一种社会概念、政治概念和心理概念。从贫困的表现来看,贫困不仅表现为收入低和物资的缺乏,还表现为心理缺陷和能力的缺乏;从导致贫困的原因来看,贫困不是单纯由低收入和物资缺乏造成的,还有一些社会因素如文化价值观念、社会权力分配等造成的个人权利或能力的缺失;除此之外,贫困还与国家政府的公共决策密切相关,政府所确定的贫困线成为衡量贫困的标准。

2. 动态性

贫困是一个动态变化的历史发展过程。随着经济的发展,人们的生活水平不断提高,人们对贫困的认识处于发展变化之中,贫困标准也在不断提高。从收入贫困到能力贫困再到权利贫困,人们对贫困的认识不断得到深入。从 1986 年到 2011 年,根据物价指数和人民生活水平的变化,中国贫困标准提高了 3 次,从家庭人均纯收入 203 元/年提高到 2300 元/年,增长了约 10 倍。

3. 差异性

不同国家、地区和民族由于发展水平的差异,生活习惯、社会文化背景的不同,对贫困的认识也是不同的,所遵循的贫困标准或贫困线呈现出了较大的差异性。如越南的农村贫困户标准为人均年收入 480 万越南盾以下①,折合成人民币 1511 元;美国贫困人口标准是四口之家年收入低于 16 895 美元,人均 4000 美元,约合人民币 3 万左右;南非的人均每月可支配收入为 501 南非兰特,约合 270 元人民币。不同国家、地区、群体或个人的致贫原因各不相同,具有特殊性和差异性。就个人而言,因病、因灾、因"懒"等原因导致个人贫困差异;就发达国家和发展中国家而言,发展中国家大多是由于国家整体经济水平不高,人民收入低,生存水平受限,绝对贫困居多,而发达国家大多是因为收入差距和经济结构不合理造成的,相对贫困居多。

(三)贫困的类型

贫困有轻重之分,也有广义和狭义之别。根据不同的划分标准,贫困可以分为不同的类型。理论界最常见的划分是按比较的参照系不同,将贫困划分为绝对贫困和相对贫困。另外,也可以将贫困划分为生存型贫困、温饱型贫困和发展型贫困,区域型贫困和个体型贫困,物质贫困和精神贫困。

1. 绝对贫困和相对贫困

绝对贫困又叫生存贫困,是指在一定的社会生产方式和生活方式下,个人和家庭依靠其劳动所得和其他合法收入不能维持其基本的生存需要,这样的个人或家庭我们就称之为贫困人口或贫困户。从生产方面看,劳动力缺乏再生产的物质条件,难以维持自身的简单再生产,生产者只能进行萎缩再生产;从消费方面看,人们无法得到满足衣、食、住等人类生活基本需要的最低条件,也即人们常说的"食不果腹,衣不遮体,住不避风寒"的状况。相对贫困是针对特定参照群体而言的,是指

① 中华人民共和国商务部. 越南调整贫困线[EB/OL]. [2018－10－25]. http://www.mofcom.gov.cn/aarticle/i/jyjl/j/201103/20110307426141.html.

以社会平均水平为比较对象，人们的收入水平低于一定程度时维持的一种社会生活状况，反映了各个社会阶层之间和各阶层内部的收入差异。通常情况下，确定一定比例的人口生活在相对贫困之中。比如，有些国家把低于平均收入40%的人口归于相对贫困组别；世界银行的看法是，收入只要是(或少于)平均收入的1/3的社会成员，便可以视为相对贫困。

2. 生存型贫困、温饱型贫困和发展型贫困

生存型贫困是指生产资料匮乏，满足不了基本需要，解决食物和衣物需要成为主要的奋斗目标；基本生活没有保障，生存受到威胁。温饱型贫困是指在正常条件下，食物和衣物能够得到供给，但经济发展还很困难，生活水平还很低，抵御灾害的能力还很弱，食物和衣物的供给还缺乏可靠的基础，收入水平制约着进一步的发展，实现小康的道路还很漫长。发展型贫困是指在解决吃饭、穿衣等基本生存问题之后进一步发展过程中的相对贫困。

3. 区域型贫困和个体型贫困

区域型贫困是指根源于不同的自然条件、人口素质和历史机遇的区域连片分布的贫困，如秦巴山区、武陵山区、大别山区等区域的连片特困地区。个体型贫困则是指由于个体之间的素质差异和机会不均等原因导致的贫困，该种贫困的发生与区域无关。

4. 物质贫困和精神贫困

物质贫困是指由于物质的缺乏导致的贫困，物质生活资料不能满足基本的生活需求，如食物、住房、生活用品等方面。精神贫困是指个体或群体在获取文化知识能力受限的情况下，思想品德、价值观念、文化取向等精神方面滞后，精神生活需求得不到满足，主要表现为价值观念和文化水平落后等方面。

(四)贫困相关理论

1. 大推动理论

1943年，英国著名的发展经济学家保罗·罗森斯坦·罗丹(P. N. Rosenstein－rodan)在《东欧和东南欧国家工业化的若干问题》一文中提出了著名的“大推动理论”。该理论的核心观点是：通过基础设施的优先发展和相关经济部门的协调发展，使落后国家迅速实现工业化，摆脱贫困[①]。罗森斯坦·罗丹认为，发展中国家和地区为了摆脱贫困，必须大规模地投入国内资本和引进国际资本，将资本重点投入到基础设施建设和相互联系的轻工业部门，考虑到投资数额巨大和基础设施投资周期长，大推动过程应通过政府计划组织实施。

2. 贫困恶性循环理论

“贫困恶性循环理论”是由美籍爱沙尼亚经济学家、哥伦比亚大学教授罗格纳·纳克斯(Ragnar Nurkse)于1953年在其著作《不发达国家资本的形成》一书中提出的。该理论的核心观点是：由于发展中国家的低收入水平，资金供给和产品需求不足，使其陷入两方面的恶性循环，长期处于经济停滞和贫困之中。在资本的供给方面，陷入“低收入→低储蓄能力→低资本形成→低生产率→低产出→低收入”的恶性循环；在生产需求方面，形成“低收入→低购买力→投资引诱不足→低资本形成

① 李孝．摆脱贫困的思考——中国城市扶贫问题研究[D]．长春：吉林大学，2008．

→低生产率→低产出→低收入”的恶性循环。两个恶性循环互相发生作用，阻碍经济的发展，使经济增长无法实现，导致发展中国家长期摆脱不了贫困，这就是罗格纳·纳克斯“一国穷是因为它穷”的著名论断。

3. 低水平均衡陷阱理论

1956年，美国经济学家纳尔逊(R. R. Nelson)在《不发达国家的一种低水平均衡陷阱》一文中，提出了“低水平均衡陷阱理论”。该理论的核心观点是：低下的人均收入造成低水平均衡陷阱，而欠发达国家人口的快速增长阻碍了人均收入的提高，通过大规模的投资可使投资所带来的国民收入增长持续地快于人口的增长，从而使人均收入快速增长，摆脱低水平均衡陷阱，实现经济增长。欠发达国家陷入低水平均衡陷阱的原因有：人口增长过快；低水平的人均投资量；低效率的生产方法；稀缺的可耕地资源。纳尔逊认为，逃离低水平均衡陷阱的方法主要有：改良社会结构；提高劳动人口占总人口的比例，制定政府投资计划，积累财富，提高投资水平；改进生产技术①。

纳克斯的“贫困恶性循环理论”和纳尔逊的“低水平均衡陷阱理论”均认为，欠发达国家的贫困现象在没有内力和外力的推动下，呈现出一种高度稳定的均衡状态。不同的是，纳尔逊提出了突破这种贫困稳定状态的临界条件，发展中国家一旦从低水平均衡陷阱中摆脱出来，就能实现经济持续稳定增长。

4. 权利贫困理论

“权利贫困理论”的代表人物是印度经济学家阿马蒂亚·森(Amartya Sen)，他在其著作《贫困与饥荒——论权利与剥夺》中，首次使用“权利方法”来研究世界各地的饥荒问题。阿马蒂亚·森因其在福利经济学和社会选择理论研究上的突出贡献，获得1998年度的诺贝尔经济学奖，被称为“穷人的经济学家”。他的权利贫困理论可以概括为以下方面②：一是强调权利体系的重要性。阿马蒂亚·森指出，贫困是基本能力的剥夺和权利机会的丧失，权利体系是理解贫困与饥荒的关键点，表面上看是食物短缺引起了贫困和饥荒，但是导致饥荒的真正原因是个人交换权利的下降，因此应把饥荒放到权利体系中研究。二是权利体系的内容。权利体系包括四个方面的内容，以交换为基础的权利，一个人有权将自己的商品与他人交换；以生存为基础的权利，一个人有权将自己的资源用于生产；自身劳动的权利；继承或转让财产的权利。三是影响权利分配的因素。政治体系，即政府能否提供明确的产权保护；经济体系，即微观上是否有充分竞争的市场秩序，宏观上能否维持稳定的经济环境；社会体系，包括家庭内部的分工、传统观念中对交换权利和互惠权利的规定等③。

延伸阅读：穷人的经济学家阿马蒂亚·森④

阿马蒂亚·森1933年出生在印度孟加拉湾。为了表彰他在福利经济学和社会选择理论研究上的突出贡献，以及他对于社会最贫穷成员所面临问题的关心，瑞典皇家科学院将1998年的诺贝尔经济学奖授予了他。福利经济学试图解决的问题，是如何根据社会公众的生活状况来评估政府的经济政策是否得当。森穷其一生致力于这一研究，并因此而被称作“经济学界的良心”。

---

① 李琮. 世界经济学大辞典[M]. 北京：经济科学出版社，2000：127—128.

② [印度]阿马蒂亚·森. 贫困与饥荒——论权利与剥夺[M]. 王宇，王文玉，译. 北京：商务印书馆，2001.

③ 马新文. 阿玛蒂亚·森的权利贫困理论与方法述评[J]. 国外社会科学，2008(2)：69—74.

④ 阿马蒂亚·森[J]. 社会福利(理论版)，2016(8)：2.

阿马蒂亚·森在中国知名，还在于他有着另一个传遍世界的称呼："穷人的经济学家"。他所研究的福利经济学致力于把道德评价标准应用于经济制度，主张经济学与伦理学相结合，发挥经世济民的作用。在他那里，经济学并不是冷冰冰的"铁则"，而是可以有人文关怀的。

5. 循环累积因果理论

"循环累积因果理论"是由瑞典著名经济学家、诺贝尔经济学奖获得者冈纳·缪尔达尔（Karl Gunnar Myrdal）在1957年提出的，后来经卡尔多、迪克逊和瑟尔沃尔等人不断发展成型。所谓循环累积，指的是在经济社会发展过程中各种因素相互影响、互为作用，当一个因素发生变化时会引起另一个因素发生变化，进而产生次级变化，并强化先前的因素，使经济发展过程沿着原先因素的方向发展，呈现积累性的循环。在欠发达的国家和地区，低下的人均收入水平致使生活水平低，营养不良，卫生状况恶化，教育文化落后，从而导致人口质量下降，劳动力素质低，就业困难。劳动力素质低又使劳动生产率低下，劳动生产率低下又引起产出下降甚至停滞，最后低产出又造成低收入，低收入又使贫困恶化，因此欠发达国家和地区陷入了贫困的累积性循环困境之中。[①] "循环累积因果理论"认为，低收入是由社会、经济、政治、制度等多方面原因引起的，但其中一个重要原因是资本短缺和收入分配不平等。因此，通过权力关系、土地关系、教育等体制方面的改革，实现收入分配平等，增加贫困人口的消费力度，以提高投资和增加储蓄来促进资本的形成，使生产率和产出水平提高以带动人均收入水平的提高，这样就能使欠发达国家和地区从贫困的累积循环困境中解脱出来。

6. 贫困文化理论

"贫困文化理论"是由美国人类学家奥斯卡·刘易斯（Oscar Lewis）于1959年在其所著的《五个家庭：墨西哥贫穷文化案例研究》一书中首次提出的。该理论从社会文化的角度来阐释贫困现象。贫困文化理论的核心概念——"贫困文化"是指长期生活在贫困之中的贫困阶层所具有的独特生活方式，包括生活态度、价值观、习惯、风俗、心理和行为方式等非物质形式。该理论认为，在一个社会中，穷人因为贫困而在居住等方面具有独特性，并形成独特的生活方式。穷人的独特的居住方式促进了穷人间的集体互动，从而使得他们与其他人在社会生活中相对隔离，这样就产生出一种脱离社会主流文化的贫困亚文化。处于贫困亚文化之中的人们通过"圈内"交往联系得到加强，并且被制度化，进而维持着贫困的生活。在这种环境中长大的下一代会自然地习得贫困文化，于是贫困文化发生世代传递。贫困文化塑造着在贫困中长大的人们的基本特点和人格，使得他们即使遇到摆脱贫困的机会时也难以走出贫困。

二、贫困的标准认定

贫困标准在一定时期内是固定的，但随着时间的推移，又在不断地发生变化。不同国家和地区的政府、机构和人们对于贫困标准的认定是有所差异的。

（一）贫困线

贫困线，又称为贫困标准，是指能够维持基本生产的最低费用标准，分为绝对贫困线和相对贫

① 王雨林. 转型期中国农村贫困问题研究——基于省际数据的分析[D]. 杭州：浙江大学，2007.

困线。在不同的时间、空间和社会发展阶段，不同国家或地区根据不同的标准来划定贫困线。

2015 年，世界银行在题为“消除绝对贫困、共享繁荣——进展与政策”的报告中将国际贫困线标准定为每人每天生活费用 1.9 美元；国际劳工组织建议，工业化国家的贫困线大体上应相当于制造业工人平均工资的 30%；欧洲经济委员会建议，贫困线应相当于一个成年人可支配收入的 50%；越南农村贫困户的标准是，人均年收入 480 万越南盾以下，折合成人民币是 1511 元；我国 2011 年确定的贫困标准是每人每年 2300 元，按照这个贫困标准，截至 2016 年我国贫困人口还有 4335 万人。

背景知识：中国贫困标准的计算方法①

一是综合国际和国内最低限度的营养标准，采用每人每日 2100 大卡热量作为农村人口贫困的必需营养标准。

二是用最低收入农户的食品消费清单和食品价格，确定达到人体最低营养标准所需的最低食物支出，作为食物贫困线。

三是假设靠牺牲基本食物需求获得的非食品需求是维持生存和正常活动必不可少的，也是最少的。根据回归方法，计算出收入正好等于食品贫困线的人口的非食物支出（包括最低的衣着、住房、燃料、交通等必需的非食品支出费用），作为非食品贫困线。

四是用食品贫困线（约占 60%）与非食品贫困线（40%）相加，得到贫困人口的扶持标准。

（二）贫困测度

关于贫困的测度方法，目前常见的主要有预算标准法、恩格尔系数法和马丁法三种方法。

1. 预算标准法

预算标准法是贫困标准计算方法中发展最早的一种方法。首先要求确定一张生活必需品的清单，内容包括维持社会认定的最起码的生活水准的必需品的种类，然后根据市场价格来计算拥有这些生活必需品的实际费用。这种方法直观明了，客观性较被认可，且便于民众参与，能够保证受助者的基本生活需要。但是由于不同国家或地区、不同时代和不同人群对生活必需品的理解不同，列出生活必需品清单极其困难，且制定出来的贫困线偏低，同时限制了受助者的生活方式。

2. 恩格尔系数法

恩格尔系数是食品支出总额占个人消费支出总额的比重。恩格尔系数越大，意味着越贫困。一个家庭随着收入的增加，用于食品支出的比例会相应减少。恩格尔系数法是根据满足生活需求的最低营养摄取标准来确定食品消费项目和数量，计算出饮食费用，再用它除以计算期最低收入水平组的恩格尔系数，即可得到贫困线。这种方法在实际操作中简便易行，但是要求恩格尔系数是稳定的。由于受到价格、地域等因素以及主观判断的影响，我国的恩格尔系数变化较大。

3. 马丁法

马丁法由世界银行专家马丁·瑞沃林提出，是目前测度贫困的主流方法，也是我国目前运用的测定方法。这种方法要求在确定基本食品支出的基础上，通过有关统计资料建立总支出与食品之间关系的数学模型，进而计算出贫困线。马丁提出了两条贫困线：低贫困线和高贫困线。低贫困线

① 国务院扶贫开发领导小组办公室. 中国农村扶贫开发概要[M]. 北京：中国财政经济出版社，2003.

即食品贫困线，高贫困线即非食品贫困线，是那些达到食物线的人们的支出。食物线以人体最低热量支出为基础，将热量转化为食品，再根据食品价格计算贫困线，这在本质上属于绝对贫困线。我国在计算贫困线时，按每人每天摄入热量2100大卡计算。高贫困线是根据居民的人均食品支出与人均可支配收入或人均生活费支出的关系，拟合适当的回归模型求得，这在本质上属于相对贫困线。马丁法涵盖了绝对贫困线和相对贫困线，采用数学模型测算贫困，判断较为客观，但在实际操作中，由于方法过于复杂，且人们对于哪一条算低贫困线，哪一条算高贫困线很难达成一致的看法。

三、扶贫的内容与阶段

在梳理扶贫的内容与阶段之前，首先需要明确扶贫的主体与对象。

(一)扶贫的主体与对象

扶贫指的是由扶贫主体扶助贫困地区发展生产，改变贫困面貌的一种工作。中国的扶贫主体不仅包括国内政府专职机构、政府非专职机构、社会组织、企业和个人等，还包括国外的一些政府机构和非政府组织。扶贫对象经历了以片区为单位、以县为单位、以村为单位到以户为单位的过程。事实上，这四个单位级别的扶贫工作并不排斥，在各个阶段也是相辅相成的。

(二)扶贫的内容

扶贫内容多样，不仅包括物质扶贫，也包括精神扶贫；不仅包括政府扶贫，也包括社会扶贫。根据不同的划分标准，可以将扶贫划分为不同的内容，本书根据扶贫方式的不同将扶贫内容分为产业扶贫、教育扶贫、健康扶贫、就业扶贫、异地搬迁扶贫、生态保护扶贫。

1. 产业扶贫

产业扶贫是扶贫的主要内容，也是扶贫开发的战略重点，是指以贫困地区的资源优势为基础，以市场为导向，以产业发展为重点，以农民增收为目标的内生扶贫发展方式。它要求贫困地区、贫困县或贫困村在政府扶贫政策、扶贫资金的支持下，充分发挥农民的积极性，帮助贫困户发展生产，带动社会组织参与，引导企业投资生产，培育壮大一批带动能力强的特色支柱产业，激活贫困地区的发展动力，促进贫困地区的经济发展，使贫困户的财产性收入和经营性收入稳定增长。根据我国贫困地区的实际情况，产业扶贫主要包括农村产业扶贫、旅游产业扶贫、电商扶贫、科技扶贫、资产收益扶贫等。

2. 教育扶贫

扶贫先扶智，治穷先治愚。只有当贫困人口和贫困户掌握了知识和文化，他们才有发展的动力。教育扶贫是阻断贫困“代际传递”的有效扶贫方式和提升贫困户发展能力的重要抓手。教育扶贫是指国家通过扶贫资金的投入和政策的倾斜，在贫困地区普及教育，提升贫困人口的文化素质和劳动技能，实现贫困人口自我能力的提升，以此摆脱贫困。针对我国贫困地区教育基础设施落后、教师供给不足、因贫辍学等问题，教育扶贫要着重改善贫困地区的办学条件，加强教师队伍建设，提升贫困地区的基础教育水平；完善困难学生的资助救助政策，减轻贫困家庭的上学负担；加大贫困家庭子女职业教育的投资力度，关心特殊教育，积极开展针对贫困地区农民工的就业培训等。

3. 健康扶贫

因病致贫、因病返贫、因老致贫，是当前我国扶贫工作艰难的重要原因，因此针对健康因素进行扶贫是我国扶贫内容的题中之义，即健康扶贫。健康扶贫是指通过改善贫困地区的医疗卫生条件，完善贫困地区的医疗保障制度，使贫困人口的疾病得到及时并有效的救治，以此来解决贫困人口因病致贫、因病返贫问题的一种扶贫方式。实施健康扶贫，需要通过加强医疗卫生服务体系建设、深化医药卫生体制改革、强化贫困地区医疗人才培养来提升医疗卫生服务能力；通过降低贫困人口疾病费用支出、实行人口分类救治来提高贫困地区的医疗保障水平；通过加大贫困地区的传染病防控力度、深入开展爱国卫生运动来加强贫困地区疾病预防控制和公共卫生安全。

4. 就业扶贫

“授人以鱼，不如授人以渔。”只有让贫困人口获得自食其力的能力和机会，才能使其真正摆脱贫困。就业扶贫是实现贫困人口脱贫的根本性举措，是以促进贫困人口稳定就业为核心的扶贫方式。实施就业扶贫，需要通过农业技能培训、“互联网＋培训”、定岗培训等方式对贫困人口大力开展职业培训，完善贫困地区劳动者终身职业培训制度；通过完善就业公共服务体系、地区间劳务协作来促进贫困人口的稳定就业。

5. 异地搬迁扶贫

当前我国有一部分贫困人口居住在荒漠、深山、地震活跃带等本不适宜人类居住的地区，这些地区生存环境差、地质灾害频发，再加上生态环境脆弱，国家限制甚至禁止开发当地资源。对于这部分贫困人口，最好的扶贫方式就是异地搬迁。异地搬迁扶贫是指在坚持自愿原则的基础上，将居住在生产条件恶劣地区的贫困人口搬迁到合适的地区，并且通过完善安置地的公共服务体系、就业倾斜政策、产业发展政策和拓展增收渠道来实现搬迁人口的脱贫。实施异地搬迁扶贫，首先要合理精准识别搬迁范围和对象，保障搬迁资金，加强动员和宣传；然后要在充分考虑资源条件、经济发展环境的基础上，因地制宜选择搬迁方式，合理确定住房建设标准；最后要促进搬迁贫困人口的稳定脱贫，大力发展安置区的优势产业，多措并举促进搬迁贫困户的就业增收，促进搬迁贫困人口融入当地社会。

6. 生态保护扶贫

生态保护扶贫指的是在处理好扶贫开发与生态保护的基础上，国家在贫困地区实施生态保护补偿制度，在贫困地区设立公益性的生态保护岗位，使贫困人口通过参与生态环境的保护实现就业脱贫的一种扶贫方式。目前，我国实施生态保护扶贫的主要举措有：一是加大生态保护修复力度，在贫困地区开展退耕还林还草工程、退牧还草工程、青海三江源生态保护和建设二期工程、京津风沙源治理工程、天然林资源保护工程、“三北”防护林体系建设工程、水土保持重点工程、岩溶地区石漠化综合治理工程、沙化土地封禁保护区建设工程、湿地保护与建设工程、农牧交错带已垦草原综合治理工程；二是建立健全生态保护补偿机制，建立稳定生态投入机制，探索多元化生态保护补偿方式，设立生态公益岗位。

（三）扶贫的阶段

新中国成立以来，党和政府积极推进制度改革、扶贫政策和社会救济来开展扶贫工作。根据政策实施过程，我国的扶贫可以划分为救济式扶贫、体制式扶贫、开发式扶贫、“八七”扶贫攻坚、整村推进、精准扶贫和精准脱贫六个阶段。

1. 救济式扶贫阶段(1949—1978年)

新中国成立初期，人们正处于生存的极度困境之中。这时我国扶贫工作的重点是解决民众的基本生存困难问题，政府采取提供财政补贴、发放救济款资助生产和“以工代赈”等措施保障贫困群众的基本生活。这种救济式扶贫方式对改变农村面貌、保障贫困户生活起到了暂时性的作用，但效果是有限的。

2. 体制式扶贫阶段(1978—1985年)

1978年中国实施改革开放，推动了土地制度、市场制度和就业制度改革。其中，在土地制度改革方面实行家庭联产承包责任制，使农民真正获得土地经营权，激发了农民的生产活力。后来，随着农村经营制度、流通体制、就业制度等一系列体制机制的配套改革，极大地激发了农民的劳动热情，解放了生产力，提高了土地的产出率，使农民能吃饱饭、穿暖衣。十一届三中全会以后，随着我国的发展建设重心转为经济建设，扶贫也搭上了经济建设的列车。1982年国务院专门制定了“三西”扶贫开发计划，把宁夏西海固地区、甘肃定西地区、河西走廊地区作为经济开发扶贫的重点，拉开了有计划、有组织、大规模经济扶贫开发的序幕。据统计，“1978年，按当时我国政府确定的贫困标准统计，全国贫困人口约为2.5亿，占农村人口的30.7%”①；到1985年，绝对贫困人口下降到了1.25亿。②

3. 开发式扶贫阶段(1986—1993年)

1986年，中央“一号文件”提出，“国务院和有关省、自治区都要建立贫困地区领导小组”，带领贫困地区“逐步走上能够利用本地资源优势，自力更生发展生产、改善生活的道路”，由此，确立了开发式扶贫方针。当年，国务院扶贫开发领导小组办公室成立，标志着中国开始在全国范围实施政府主导的、专门性的开发式扶贫行动，中国扶贫工作进入了开发式扶贫的新时期。我国实施了一系列扶贫开发措施，包括制定扶贫开发计划，确定扶贫开发方针；成立专门扶贫机构，投入专项扶贫资金；开展贫困地区资源开发工作，使资源得到合理利用的同时让人民减贫；划定连片特困地区，对特定地区、特定人群进行连片式扶贫。经过这一阶段的开发式扶贫，贫困人口从1.25亿减少到8000万。

背景知识：国务院扶贫开发领导小组

在中国的扶贫管理体制中，国务院扶贫开发领导小组是最重要的组织载体，是国务院的议事协调机构。它成立于1986年5月16日，当时称为“国务院贫困地区经济开发领导小组”，至1993年12月28日改用现名。领导小组现由国务院副总理胡春华同志兼任组长，成员包括国务院办公厅、总政治部、发展改革委、财政部、农业部、人民银行、教育部、科技部、民委、民政部、人力资源和社会保障部、国土资源部、生态环境部、交通运输部、水利部、商务部、文化和旅游部、卫生部、国家卫生健康委员会、广电总局、统计局。

---

① 凌经球.论可持续脱贫[J].桂海论丛，2007，23(2)：42—45.

② 周荣.中国减贫25年的历程、经验及启示[J].中共山西省委党校学报，2004，27(5)：37—39.

4. "八七"扶贫攻坚阶段(1994—2000年)

1994年,国务院印发《国家八七扶贫攻坚计划》,标志着我国进入"八七"扶贫攻坚阶段。《国家八七扶贫攻坚计划》是我国第一个提出明确期限、明确目标、明确对象的扶贫开发行动纲领。"八"指的是我国当时还有8000万农村贫困人口,"七"指的是七年,"八七"指的是从1994年到2000年,集中人力、物力、财力,动员社会各界力量用七年时间解决8000万贫困人口的温饱问题。由于政府资金的投入和社会各界的努力,到2000年底,国家"八七"扶贫目标基本实现,贫困人口从8000万减少到3000万。

5. 整村推进扶贫阶段(2000—2011年)

随着扶贫开发力度的不断加大,贫困地区的规模不断缩小,呈现出"大分散、小集中"特点,即贫困人口分布由集中贫困的地区向低层次的村级集中。针对这一新特点,我国扶贫政策实施对象急需降低到村级。2001年党中央和国务院制定了《中国农村扶贫开发纲要(2001—2010年)》,标志着我国开始实施整村推进的扶贫政策。所谓整村推进,就是以村级社区为基础,瞄准贫困群体,使扶贫资金进村入户。2001年,我国确定了14.8万个贫困村作为整村推进工作重点,国务院扶贫开发领导小组办公室在总结各地扶贫实践工作经验的基础上,在所确定的贫困村范围内开展了整村推进扶贫工作。

6. 精准扶贫和精准脱贫阶段(2012年以来)

随着扶贫标准的不断提高,反贫困任务变得更加艰巨。根据2300元的贫困线,2011年我国的贫困人口增至1.22亿,收入差距持续拉大,相对贫困人口急剧增加。面对这样一个新时期,国家急需改革扶贫体制、机制,转变扶贫方式。2012年12月,习近平总书记在河北阜平县考察扶贫工作时指出:"帮助困难乡亲脱贫致富要有针对性,要一家一户摸情况,做到心中有数","精准扶贫"战略开始萌芽。2013年11月,习近平总书记到湖南花垣县十八洞苗寨调研,首次提出扶贫要"实事求是、因地制宜、分类指导、精准扶贫"。打赢新时期的扶贫攻坚战,必须实施精准扶贫、精准脱贫战略。2013年12月18日,中共中央办公厅、国务院办公厅印发《关于创新机制扎实推进农村扶贫开发工作的意见》,首次以政府政策文本的形式明确提出建立精准扶贫工作机制。2017年10月,党的十九大报告中指出:"坚决打赢脱贫攻坚战。让贫困人口和贫困地区同全国一道进入全面小康社会是我们党的庄严承诺。要动员全党全国全社会力量,坚持精准扶贫、精准脱贫,坚持中央统筹省负总责市县抓落实的工作机制,强化党政一把手负总责的责任制,坚持大扶贫格局,注重扶贫同扶志、扶智相结合,深入实施东西部扶贫协作,重点攻克深度贫困地区脱贫任务,确保到2020年我国现行标准下农村贫困人口实现脱贫,贫困县全部摘帽,解决区域性整体贫困,做到脱真贫、真脱贫。"当前,扶贫开发已经进入啃硬骨头的冲刺期,在党中央、国务院出台的一系列精准扶贫、精准脱贫政策的引导下,实施精准扶贫、精准脱贫的各项举措,扶贫开发在未来也必将取得更大的成果。

背景知识:国际消除贫困日

国际消除贫困日(International Day for the Eradication of Poverty)亦称国际灭贫日或国际消贫日。为引起国际社会对贫困问题的重视,动员各国采取具体扶贫行动,宣传和促进全世界的消除贫困工作,联合国组织在1992年12月22日会议上通过决议,从1993年起把每年的10月17日定为国际灭贫日。2014年国务院将其设立为我国首个"扶贫日"。

第二节　扶贫问题的表现及成因

经过多年来扶贫工作的持续推进，当前的绝对贫困人口数量大幅下降，贫困问题已经得到了有效缓解，但存在着扶贫合力没有形成、扶贫对象返贫现象严重、扶贫资金利用率低、贫困代际传递不易克服等问题。归结起来，这些问题是多种因素综合影响的结果。

一、当前扶贫问题的主要表现

主要从扶贫合力、扶贫对象、扶贫资金和贫困代际传递四个方面进行分析。

(一)扶贫合力还没有形成

当前，我国实行的是政府主导的扶贫模式，而社会力量参与比较匮乏。社会力量作为扶贫的重要主体之一，其能否有效参与到扶贫过程当中，不仅影响到扶贫项目能否顺利推进，还直接关系到扶贫的成效。在我国现行的扶贫模式中，政府在扶贫过程中起着决定性作用，非政府组织和扶贫对象自身没有渠道参与进来，而且参与的积极性也不高。虽然政府能够集中力量办大事，在扶贫工作中必须要有政府的主导和规划，但是如果在扶贫过程中没有多元力量的参与，一方面会导致扶贫对象对政府的完全依赖，自主脱贫的积极性不高；另一方面会加大政府的财政压力，同时政府部门领导垄断扶贫决策，容易出现决策失误，扶贫效率低下。目前我国的非政府组织在扶贫过程中的作用受限，从客观层面讲，资金来源有限，对政府的依赖性强，在与政府的扶贫合作当中往往要受到政府的领导；从主观层面讲，非政府组织自身职能定位不明确，扶贫观念渗透不足。

(二)扶贫对象返贫现象突出

返贫指已经脱离了贫困的人口因自然灾害、疾病、制度缺失等外部或自身的原因而重新陷入贫困的一种社会现象。据学者统计，我国的农村脱贫返贫率通常在20%以上，有些年份甚至达到60%以上，其中2009年贫困人口中就有62%为返贫人口；西北、西南地区是返贫的高发区，且随着贫困标准的提高，返贫率会逐步提高。从地域来看，我国出现的返贫现象是分散的，受生态环境、自然条件和地理位置的影响，返贫率高的现象往往集中在连片贫困地区。从返贫原因看，因自然灾害和疾病返贫的人数较多，另外，社会保障体系不健全、扶贫项目间断、贫困人口自身发展能力不足也是返贫现象出现的重要原因。

(三)扶贫资金利用率低

扶贫资金是否使贫困户和贫困人口真正受益，是否全额用到扶贫项目上是评估扶贫资金利用率的关键。扶贫资金使用的任何一个阶段出现偏差，都会造成扶贫资金的使用率低下。目前，我国扶贫资金利用率低主要表现在资金不到位，虚假冒领、截留、贪污挪用现象时有发生。受审批程序复杂的影响，扶贫资金到位速度缓慢；同时，受经济利益的驱动，地方政府扶贫资金投入出现偏差，将资金投入到能带来高回报的地区，而没有真正扶持贫困地区。

(四)贫困代际传递不易克服

近些年来，层出不穷的“穷二代”、“农二代”、“农民工二代”等现象不断反映出我国贫困代际传递问题已经日趋严重。贫困代际传递主要是指在贫困家庭内部，父母将导致其贫困的不利因素和条件传递给子女，进而子女仍然不具备改善自身贫困状况的物质条件、生产技术和知识能力，由此贫困代代相传，并形成恶性遗传。当前，我国主要通过普及教育来阻断贫困代际传递，但是教育需要巨大的投资，尤其是高等教育。贫困家庭缺少教育资源，要想通过高等教育脱贫也日趋困难，因此，“贫者愈贫、富者愈富”的马太效应越来越突出。

背景知识：马太效应的由来①

“马太效应”出自《新约·马太福音》中的一个故事。一个国王远行前，交给三个仆人每人一锭银子，吩咐他们：“你们去做生意，等我回来时，再来见我。”国王回来时，第一个仆人说：“主人，你交给我的一锭银子，我已赚了10锭。”于是国王奖励了他10座城邑。第二个仆人报告说：“主人，你给我的一锭银子，我已赚了5锭。”于是国王便奖励了他5座城邑。第三个仆人报告说：“主人，你给我的一锭银子，我一直包在手巾里存着，我怕丢失，一直没有拿出来。”于是，国王命令将第三个仆人的那锭银子赏给第一个仆人，并且说：“凡是少的，就连他所有的，也要夺过来。凡是多的，还要给他，叫他多多益善。”这个故事的寓意被称为马太效应。马太效应指好的愈好、坏的愈坏，多的愈多、少的愈少的一种现象，即两极分化现象。

此外，我国在扶贫工作中还经常遇到扶贫政策执行力弱、生态环境破坏严重、责任难落实、基层组织综合素质不高、忽视精神贫困等一系列问题，值得引起社会的高度关注。

二、扶贫问题的形成原因

对应于扶贫合力、扶贫对象、扶贫资金和贫困代际传递四方面存在的问题，分别剖析其各自的形成原因。

(一)扶贫合力没有形成的原因

1. 非营利组织发展不足

中国非营利组织包括社会团体、事业单位、民办非企业单位和未登记的民间组织。非营利组织有公益性、志愿性、非营利性等特点，不以营利为目的，关注社会弱势群体，组织体制灵活，在扶贫工作中的动员社会力量、募集扶贫资金、宣传扶贫政策方面起着不可替代的作用，是政府扶贫工作的重要补充。现阶段，我国的非营利组织处于转型发展时期，发挥的社会功能有限，活动空间受到限制，在扶贫工作中缺乏独立性。

2. 扶贫对象缺乏主观能动性

主要体现在两个方面：一方面，贫困地区经济基础差，贫困人口思想观念落后，文化程度低，自我发展能力弱；另一方面，政府主导的“输血式”扶贫模式限制贫困人口的参与，导致扶贫对象对政府形成强烈的依赖，没有主动脱贫的意识，没有积极性。

---

① 宋冰冰，王海艳. 马太效应综述[J]. 社会心理科学，2005(1)：11—12，46.

（二）返贫现象突出的原因

1. 扶贫对象综合素质较低

由于贫困人口缺乏文化教育以及生产技术的专门训练，思想观念落后，“输血式”的粗放型扶贫模式虽然能够解决一时的贫困问题，但是由于缺乏技术、知识和先进的思想观念，已经脱离贫困的人口往往会重新陷入贫困。

2. 自然灾害频发

自然灾害频发是我国返贫现象突出的主要原因。在青藏高原、西南石山区和秦巴山区，常年遭受严重自然灾害的村占到40%—50%。近年来异常的地质和气候灾害，是大面积返贫的直接原因。[①] 自然灾害对生态环境造成巨大的破坏，直接导致人员伤亡和经济损失。贫困地区由扶贫建起的基础设施受到损害，影响贫困人口的生活条件，同时自然灾害容易给贫困人口的心理带来巨大的创伤，使灾区已经脱贫的人口重新面临经济和心理上的贫困。

（三）扶贫资金利用率低的原因

1. 扶贫资金管理不善

世界银行前行长沃尔芬森曾在2005年全球扶贫大会上指出，扶贫成功与否不仅取决于资金投入的多少，政府还应该提高扶贫资金的管理水平和使用效率。在我国的扶贫过程中，经常因为扶贫资金管理不善而导致资金的使用效率低下。目前扶贫资金管理主体有扶贫办、发改委、财政部等多个部门，呈现出多元化特征，如交通运输部门管理基础设施资金，发改委管理扶贫搬迁资金。各个管理部门之间不是隶属关系，缺乏合作，资金管理分散，统筹难度大；扶贫资金的申报、审批过程烦琐，没有明确扶贫项目的主要责任人，对扶贫资金的使用情况很难进行统一监督检查，这就使得扶贫资金的运作效率低下。

2. 扶贫资金投入偏差

受经济利益的驱使，地方政府时常将扶贫资金投入到收益快、回报高的项目上，而偏离了最需要扶贫的贫困人口，因此扶贫资金没有使真正需要帮扶的贫困户和贫困人口受益，扶贫资金投入项目偏差明显；由于一些地方领导对扶贫的认识偏差，扶贫资金使用不够精准，出现一些“盆景式扶贫”和“数字脱贫”现象；由于部门领导在贫困项目的审批过程中起着关键作用，领导的关系村往往获得更多的扶贫项目，扶贫资金投入呈现出地区偏差。非贫困户利用不正当手段和关系获得扶贫救助金，扶贫资金投入呈现出个人偏差。

（四）贫困代际传递不易克服的原因

扶贫对象知识能力欠缺是贫困代际传递的深层次原因和根源所在，也是扶贫问题产生的内在原因。在知识改变命运的今天，知识能力已成为社会和个人创造价值的关键因素，贫困家庭因为无法接受优质教育而导致自身知识能力欠缺、文化素质偏低。虽然经过数十年的扫盲，我国文盲人口

---

① 国务院扶贫开发领导小组办公室．自然灾害依然是西部致贫返贫的主因[EB/OL]．[2018－10－28]．http://www.cpad.gov.cn/art/2015/9/25/art_732_23091.html.

(15岁以上不识字的人)比例下降为人口总数的4.08%,但是绝对人口规模仍然达到5465万之多。[①] 可见,我国尚有大规模的人群处于知识能力贫困当中,而贫困地区因为条件限制难以通过互联网、手机、电视等新兴媒体获得交流信息,更容易形成知识能力贫困,由此导致贫困代际传递更加严重。

第三节 精准扶贫战略的提出与实施

随着扶贫工作的深入推进,针对其中已经存在的问题,中央及时提出了精准扶贫、精准脱贫的顶层设计,为新时期的扶贫工作指明了方向与方法。在此,主要对精准扶贫战略的提出过程、主要内容和具体实施进行梳理和总结。

一、精准扶贫战略的提出

"精准扶贫"重要思想,是由习近平总书记在湖南湘西十八洞村进行考察时首次提出的。他指出:"扶贫要实事求是,因地制宜。要精准扶贫,切忌喊口号,也不要定好高骛远的目标。"[②]2014年1月,中共中央办公厅详细规制了精准扶贫工作的顶层设计,推动了习近平精准扶贫思想的落地。2015年6月,习近平总书记在贵州召开部分省区市党委座谈会时提出:"扶贫开发贵在精准,重在精准,成败之举在于精准。各地都要在扶持对象精准、项目安排精准、资金使用精准、措施到户精准、因村派人(第一书记)精准、脱贫成效精准上想办法、出实招、见真效。"2015年11月,中共中央、国务院发布《中共中央 国务院关于打赢脱贫攻坚战的决定》,明确提出精准扶贫战略,要求根据扶持对象精准、项目安排精准、资金使用精准、措施到户精准、因村派人精准、脱贫成效精准的工作标准,坚持党的领导,夯实组织基础,政府主导、增强社会合力等原则,采取移民搬迁、教育、发展特色产业等多种形式实现脱贫目标。[③] 2017年10月,党的十九大报告继续强调,要坚持精准扶贫、精准脱贫,坚持中央统筹、省负总责、市县抓落实的工作机制,强化党政一把手负总责的责任制,坚持大扶贫格局,注重扶贫同扶志、扶智相结合,深入实施东西部扶贫协作,重点攻克深度贫困地区脱贫任务。

二、精准扶贫战略的内容

精准扶贫是指针对不同贫困区域环境、不同贫困户状况,运用合规、有效程序对扶贫对象实施精准识别、精准帮扶、精准管理的治贫方式。2015年6月,习近平总书记在贵州考察时提出了精准扶贫工作的新内容,即扶持对象精准、项目安排精准、资金使用精准、措施到户精准、因村派人精准、脱贫成效精准六个精准。[④] "六个精准"全面地阐述了精准扶贫战略的内容,为精准扶贫战略的具体实施指明了方向。

---

① 国家统计局.第六次全国人口普查主要数据公报[EB/OL].[2018—10—28].http://www.stats.gov.cn/tjsj/tjgb/rkpcgb/qgrkpcgb/201104/t20110428_30327.html.

② 十八洞村的回忆[EB/OL].[2018—10—28].http://news.xinhuanet.com/politics/2016—03/09/c_128786963.htm.

③ 中共中央 国务院关于打赢脱贫攻坚战的决定[EB/OL].[2018—10—28].http://politics.people.com.cn/n/2015/1208/c1001—27898134.html.

④ 贯彻六个精准 提高脱贫成效[EB/OL].[2018—10—28].http://news.xinhuanet.com/comments/2016—10/11/c_1119696774.htm.

（一）扶贫对象精准

扶贫对象精准是精准扶贫工作的前提内容。开展精准扶贫工作首要的任务是精准识别扶贫对象。我国的扶贫对象由连片特困地区、贫困县、贫困村发展到贫困户和个人。从以往的经验教训来看，这种将连片特困地区、贫困县作为贫困对象的整体扶贫，采取的是“大水漫灌”和“撒胡椒面”的方式，其投入巨大，却成效甚微。扶贫对象精准要求扶贫主体通过科学、民主、透明的方式将最贫困的人或家庭识别出来。当前，我国精准识别贫困对象主要采取民主评议和建档立卡，考虑到基层在获取农户信息时的便利性，民主评议在基层进行，基层使用多维贫困指标客观地识别贫困人口和贫困户。贵州省威宁县迤那镇在精准识别过程中总结出了“一看房、二看粮、三看劳动力强不强、四看家中有没有读书郎”的方法，有效提升了扶贫对象识别的精准性。2013 年我国开始进行建档立卡工作。所谓建档立卡，就是为精准识别出的贫困户建立档案，记录贫困户的贫困程度，分发相应的贫困卡，并建立完整的建档立卡信息系统；2015 年，又开展了精准扶贫建档立卡“回头看”工作，更加确保了建档立卡贫困户数据的真实性和有效性。扶贫对象精准工作为后续的精准扶贫工作提供了重要支撑。

背景知识：建档立卡贫困户①

各省（自治区、直辖市）在已有工作的基础上，坚持扶贫开发和农村最低生活保障制度有效衔接，按照“县为单位、规模控制、分级负责、精准识别、动态管理”的原则，对每个贫困户建档立卡，建设全国扶贫信息网络系统。专项扶贫措施要与贫困识别结果相衔接，深入分析致贫原因，逐村逐户制定帮扶措施，集中力量予以扶持，切实做到扶真贫、真扶贫，确保在规定时间内达到稳定脱贫目标。

（二）项目安排精准

项目安排精准是在扶贫对象精准识别的基础上，找准每个贫困户或贫困个体的致贫原因，根据贫困户和贫困个体的实际情况，提供具有针对性的扶贫项目。过去的扶贫项目多，但是项目大多无规划，项目带来的扶贫成效有限。每个贫困户和贫困个体的致贫原因不尽相同，因此，精准安排扶贫项目需要考虑到致贫原因的多样性和差异性。一个好的扶贫项目安排政策时，需要短期项目和长期项目相结合，外在扶持与内在发展相结合。我国扶贫部门采用“项目组合拳”方式，根据不同的致贫原因安排“教育扶贫、异地搬迁扶贫、旅游扶贫、电商扶贫”等多项扶贫项目，有效推进项目安排精准化。例如，在生态环境实在恶劣，人们无法开展生活生产的地区，采用异地搬迁扶贫工程；对丧失劳动力的贫困家庭和贫困个体采用社会救助和社会保障兜底，来维持其基本生活；对于有劳动能力的贫困户和贫困个体，采取就业培训和扶持当地产业发展来保障其就业机会，增加收入；对所有的贫困户，都加大教育扶贫的力度，阻隔贫困的代际传递。

（三）资金使用精准

扶贫资金是精准扶贫工作的重要支撑，优化扶贫资金管理体制是资金使用精准的关键。以往

① 中共中央办公厅 国务院办公厅．关于创新机制扎实推进农村扶贫开发工作的意见[EB/OL]．[2018－10－28]．http://www.gov.cn/zhengce/2014－01/25/content_2640104.htm.

的扶贫资金被随意挪用、乱用，使用缺乏灵活性。基层政府对扶贫资金的使用受到严格控制，没有使用扶贫资金的自主权，加上上级政府不了解基层的需要，安排项目资金的成本较高，导致扶贫资金没有用到刀刃上，使用效率低。各地、各项目的扶贫通常配置不合理，不切实际，精准度低。资金使用精准要利用基层政府对贫困户和贫困人口情况了解的便利性，将扶贫资金的使用权下放给基层政府，从而使扶贫资金的分配使用与精准扶贫政策相匹配，提高扶贫资金使用和分配的精准度和效率，建立完善高效的扶贫资金管理体制和安全透明的监督体制。

背景知识：全国建档立卡户数据分析中的致贫原因①

根据全国建档立卡数据分析：在全国层面，贫困户主要的致贫原因是疾病、缺资金、缺技术、缺劳力。42.1%的贫困农户因病致贫，35.5%的贫困农户因缺资金致贫，22.4%的贫困农户因缺技术致贫，16.8%的贫困农户因缺劳力致贫。致贫因素在区域之间存在明显的差异。东部地区贫困人口致贫原因主要为人力资本因素，因病因残致贫、缺劳力致贫的比例在东部地区最高，58%的农户存在因病致贫的现象，远高于西部地区(28.9%)。西部地区致贫因素更加复杂和多样化，既有地理、生态和自然资源的因素，也有经济和社会发展不足的影响，还有家庭人力资本不足的限制。西部地区44.9%的农户存在缺资金致贫的现象。此外，缺技术、缺土地、缺水、因灾、因学、交通落后等因素致贫的比例很高。中部地区因病致贫和缺资金致贫的问题最为突出，分别为51.6%和28.9%。

(四)措施到户精准

措施到户精准解决的是"怎么扶"的问题。与项目安排精准类似，措施到户精准也是在分析考察贫困户和贫困个体的致贫原因之后采取多样性和差异性的扶贫措施。不同的是，项目安排精准关注项目本身，措施到户精准更关注的是实施扶贫项目的方式和方法。可以说，措施精准到户是各扶贫项目有效推行的关键。2015年10月16日，习近平总书记在减贫与发展高层论坛上的演讲中指出："我们坚持分类施策，因人因地施策，因贫困原因施策，因贫困类型施策，通过扶持生产和就业发展一批，通过异地搬迁安置一批，通过生态保护脱贫一批，通过教育扶贫脱贫一批，通过低保政策兜底一批。""五个一批"工程遵循了因地制宜、分类施策的原则，同时为新时期的扶贫措施提供了更精准、更有效的变革方向。"通过扶持生产和就业发展一批"要求在贫困地区发展精准高效的特色产业，引导和支持有劳动能力的贫困人口实现就业，增加收入，促进地方经济发展；"通过异地搬迁安置一批"要求在生态环境恶劣、不适合人居住的地区实施贫困户的异地搬迁政策，在自愿原则的基础上，有计划地组织实施搬迁，同时要确保搬出村民在移入地有业可就，生活稳定；"通过生态保护脱贫一批"要求结合生态保护项目，建立生态功能区，加大贫困地区的生态保护修复力度，同时有规划地开发生态旅游资源，使有劳动能力的贫困人口就地择业，让绿水青山真正成为金山银山；"通过教育扶贫脱贫一批"强调"治贫先治愚、扶贫先扶智"的原则，国家教育资源要精准落实到贫困户的孩子的教育上，提升贫困人口的教育扶持力度，改善贫困地区的教学环境，阻隔贫困代际传递；"通过低保政策兜底一批"针对的是完全或部分丧失劳动能力的人，要求完善国家社会救助和社会

① 凤凰国际智库. 宣战2020——中国扶贫报告[EB/OL]. [2018-10-29]. http://www.360doc.com/content/17/0216/23/7449569_629584833.shtml.

保障制度,对这些人加大社会救助和社会保障力度,保障他们的基本生活。

(五)因村派人精准

因村派人精准解决的是“谁去扶”的问题,高效的村级组织和有能力的村干部是精准扶贫措施有效实施的关键,这是因为村一级是扶贫措施真正落地的操作者。当前,我国贫困地区经济社会发展落后,就业机会少,大量有能力的年轻人外出谋生,老人、儿童、妇女留守在家,村级组织能人匮乏,组织效率低下,且村干部文化程度低、年龄大、思想观念落后、能力不足已成为贫困地区的普遍现象。在这样一种情况下,仅仅依靠贫困地区村级组织和村干部自身难以在短期内提高扶贫效率。因此,国家成立了驻村帮扶制度,即上级政府根据贫困村的具体情况选派第一书记和驻村工作队,给村级组织“输血”,从外补充村庄的治理能力,这样在短时期内实现贫困村治理能力的提高,有利于扶贫措施的有效落地。第一书记和驻村工作队的选派要体现精准,通过整合贫困村和贫困户的资料,根据现有村组织的人力情况,对驻村干部进行合理公平配置。

(六)脱贫成效精准

到2020年,不仅要在现有标准下实现贫困人口的全部脱贫,还要保障扶贫成效的可持续性,这就要求脱贫成效精准。脱贫成效精准需要落实“扶贫对象退出机制”,建立严格的退出程序和标准。为防止政府的脱贫政绩面子工程和贫困人口的被脱贫现象,需要对脱贫成效进行科学透明的评估。目前,我国建立了脱贫成效政府内部评价和外部第三方评估的政府绩效评价体系。同时,为保证脱贫成效的可持续性,对于脱贫的贫困村、贫困户,要相应地保留扶贫政策或项目,确保贫困村和贫困户的稳定可持续性发展,防止返贫现象出现。此外,长期以来,我国的扶贫以政府为主导,政府包办一切,贫困户和贫困人口没有发挥出主动性,形成“等、靠、要”的思想,政府扶持无法从根本上实现贫困户的脱贫,更无法保证扶贫成效的可持续性。精准扶贫实施过程中最困难的是,一些贫困人口不怕穷,因此,脱贫成效精准还要改变政府包办的输血式扶贫方法,提高贫困人口的参与性,发挥贫困群体的主观能动性。

背景知识:第三方评估

第三方评估是政府绩效管理的重要形式。第三方是指处于第一方——被评对象和第二方——顾客(服务对象)之外的一方,第三方与第一方和第二方不具有任何行政隶属关系,也不具有任何利益关系,第三方评估能弥补传统的政府自我评价的缺陷。第三方评估包括高校专家评估、专业公司评估、社会代表评估、民众参与评估四种模式。

三、精准扶贫战略的实施

十八大以来,精准扶贫战略得到全面实施,扶贫取得了显著的成绩。贫困人口从2012年的9899万人减少到2016年的4375万人。当前,扶贫已进入全面脱贫攻坚的冲刺阶段,为实现到2020年在现有标准下全面消除贫困,需要进一步全面实施精准扶贫战略,要求做到精准识别、精准帮扶、精准管理、精准考核“四个精准”。

(一)精准识别

精准识别是精准扶贫实施的首要工作,强调通过民主、科学、公平、透明的程序将贫困户和贫困人口识别出来。国家制定统一的扶贫对象识别办法,各省(自治区、直辖市)在已有工作的基础上,坚持扶贫开发和农村最低生活保障制度有效衔接,按照县为单位、规模控制、分级负责、精准识别、动态管理的原则,对每个贫困村、贫困户建档立卡,建设全国扶贫信息网络系统。[①] 从现实情况来看,我国的贫困人口已经基本上解决了温饱问题,绝对贫困人口较少,相对贫困人口识别相对困难。因此,精准识别的重点是要在有限的贫困人口规模下,在相对贫困群体中识别出最需要扶持的贫困户和贫困人口。

(二)精准帮扶

精准帮扶是精准扶贫实施的关键。当贫困户和贫困人口被识别出来后,针对贫困户和贫困人口不同的实际致贫原因和现实条件,确定扶贫主体和责任人,精准安排帮扶项目,落实帮扶资金,设计帮扶措施和手段,保证帮扶效果。具体需要做到"实事求是、因地制宜、分类指导、精准扶贫"的工作方针,到村到户、因户施策、资金到户、干部帮扶。

(三)精准管理

精准管理是精准扶贫实施的保证。首先,要利用信息化手段对贫困村和贫困户的信息进行管理,将贫困户的基本资料录入信息系统中,通过对比分析,得出导致贫困户贫困的原因,发现可能导致贫困户状况恶化的因素,同时实施动态管理。根据贫困村、贫困户的实际发展状况,及时退出已脱贫的贫困村和贫困户,将新的贫困村和贫困户及时纳入信息系统之中。然后是对扶贫操作过程中的阳光透明管理,建立透明的扶贫项目公告公示制度,完善扶贫资金的管理制度和监督制度,使扶贫对象的识别结果公正公开。最后是对扶贫事权的严格管理,明确省、市、县、镇各级政府应该拥有的权力、完成的任务和承担的责任。

(四)精准考核

精准考核是精准扶贫实施的最后阶段,既要考核扶贫的成效,又要考核成效的可持续性。精准考核要改变以往考核的形式化、主观性问题,根据扶贫工作的内容和指标量化考核,内部评估和外部评估方法相结合,精准考核省、市、县、镇政府扶贫部门的工作成效。同时,建立健全惩罚和激励机制,以施加必要的扶贫压力,调动各级扶贫部门、驻村干部、驻村工作队的积极性。

本章小结

贫困是一种普遍存在的社会问题,是一个内涵宽泛的综合性、动态性概念。贫困是指一个国家、地区、群体或个人由于缺乏必要的自然或社会资源,而无法正常获得生活物资和参与社会活动的机会,从而使他们的生活状态处于社会的最低生活标准之下。贫困具有综合性、动态性和差异性的特征。根据不同的划分标准,可以将贫困划分为相对贫困和绝对贫困,生存型贫困、温饱型贫困和发展型贫困,区域型贫困和个体型贫困,精神贫困和物质贫困。贫困线,是指能够维持基本生产的最低费用标准,可以通过预算标准法、恩格尔系数法、马丁法等方法进行测度。我国在扶贫过程

① 中共中央办公厅 国务院办公厅.关于创新机制扎实推进农村扶贫开发工作的意见[EB/OL].[2018－10－29].http://www.gov.cn/zhengce/2014－01/25/content_2640104.htm.

中遇到了扶贫主体单一、扶贫对象返贫、扶贫资金利用率低等问题。精准扶贫战略的提出,对解决扶贫问题发挥了显著的影响。精准扶贫战略的内容包括扶贫对象精准、项目安排精准、资金使用精准、措施到户精准、因村派人精准、脱贫成效精准六个方面,全面实施精准扶贫战略需要做到精准识别、精准帮扶、精准管理、精准考核四个精准。

关键术语

贫困　贫困线　大推动理论　贫困恶性循环理论　低水平均衡陷阱理论　权利贫困理论　循环累积因果理论　贫困文化理论　马丁法　精准扶贫

推荐阅读文献

[印度]阿比吉特·班纳吉,[法]埃斯特·迪弗洛.贫穷的本质:我们为什么摆脱不了贫穷[M].景芳,译.北京:中信出版社,2013.

[印度]阿马蒂亚·森.贫困与饥荒——论权利与剥夺[M].王宇,王文玉,译.北京:商务印书馆,2009.

卢周来.穷人经济学[M].上海:上海文艺出版社,2002.

[美]威廉·富特·怀特.街角社会:一个意大利人贫民区的社会结构[M].黄育馥,译.北京:商务印书馆,1994.

[美]迈克尔·谢若登.资产与穷人——一项新的美国福利政策[M].高鉴国,译.展敏,校.北京:商务印书馆,2005.

复习思考题

1. 如何理解贫困的含义?
2. 什么是贫困线?怎样测度贫困线?
3. 论述权利贫困理论的主要观点。
4. 我国在扶贫过程中出现了哪些问题?
5. 论述精准扶贫战略的主要内容。
6. 怎样实施精准扶贫战略?

案例分析题

"入贫有喜"荒诞逻辑背后的扶贫困境

"热烈祝贺新邵县成功纳入国家集中连片特困地区,成为新时期国家扶贫攻坚的主战场"近日,一则落款为"中共新邵县委、新邵人民政府"的LED宣传标语爆红网络。……

一个地区经济发展蓬勃向上，百姓生活安定富裕，这是值得宣扬的喜事，而湖南新邵县被评为“特困地区”，却在LED灯上大肆炫耀。……“入贫有喜”这一荒诞逻辑，在当地已经由黑色幽默演变为正常思维，让人见怪不怪了。

事实上，新邵县政府的喜悦心情不难理解：如今不少地方为争一个“贫困指标”可谓费尽心思。在新邵县官方网站上的“特大喜讯”报道里，我们看到这样的文字：“历尽千辛万苦，想尽千方百计，通过两年艰苦卓绝的努力，新邵终于成功纳入国家集中连片特殊困难地区。”字里行间，可谓如泣如诉，令人动容。如今成功“入贫”，随之而来的是各种各样的财政补贴和优惠政策，其中包括5.6亿元的国家扶贫资金。套用《诗经》里的话说，既见资金，云胡不喜？

国家的扶贫政策的初衷，是利用扶贫资金和优惠政策，让部分贫困地区运用这一宝贵资源，迅速发展起来，形成共同富裕的局面，可在执行过程中，难免走样。从近年来的新闻报道可以看出，有些地区“政府补贴农民盖别墅”、有些地区“官员贪污挪用扶贫款”，种种乱象之下，“以贫为荣”、“争取入贫”成为少数地方政府的工作重心。在这样的环境之下，当地的经济如何能健康有效发展？怎样让扶贫政策成为“授人以渔”而非“授人以鱼”，值得决策者深思。

目前来看，简单的“输血式扶贫”，并不能完全符合贫困地区的致富需求，一方面，除了解决扶贫资金，也要提供发展参考，引进成功脱贫地区的先进经验，变“输血”为“造血”；另一方面，地方政府也应该合理利用资源，不能利用破罐破摔式的“反向竞争”来获取特殊利益，而应该打造适合本地特色的充满活力的产业链，让政府的“扶贫”真正“扶”进千家万户，而非少数官员的口袋，更不能为“入贫”沾沾自喜。怎样利用资源发展，才是真正应该慎重考量的头等大事。

资料来源：苏秦．“入贫有喜”荒诞逻辑背后的扶贫困境[N]．市场星报，2012-02-01．此处有删改。

请结合相关理论，分析案例中扶贫工程中出现的问题以及如何解决？

参考文献

[1] 世界银行．1990年世界发展报告[M]．北京：中国财政经济出版社，1990．

[2] 李琮．世界经济学大辞典[M]．北京：经济科学出版社，2003．

[3] 叶普万．贫困经济学研究[M]．北京：中国社会科学出版社，2004．

[4] 马新文．阿玛蒂亚·森的权利贫困理论与方法述评[J]．国外社会科学，2008(2)：69—74．

[5] 童星．发展社会学与中国现代化[M]．北京：社会科学文献出版社，2005．

[6] 杨立雄．贫困线计算方法及调整机制比较研究[J]．经济社会体制比较，2010(5)：52—62．

[7] 童星，林闽钢．我国农村贫困标准线研究[J]．中国社会科学，1994(3)：86—98．

[8] 杨立雄．高度重视扶贫攻坚中的返贫问题[J]．中国民政，2016(5)：18—20．

[9] 刘晓佳．中国非营利组织现状探析[J]．国家行政学院学报，2003(5)：34—37．

[10] 张笑芸，唐燕．创新扶贫方式，实现精准扶贫[J]．资源开发与市场，2014，30(9)：1118—1119，1081．

[11] 习近平论扶贫工作——十八大以来重要论述摘编[J]．党建，2015(12)：5—7，13．

[12] 葛志军，邢成举．精准扶贫：内涵、实践困境及其原因阐释——基于宁夏银川两个村庄的调查[J]．贵州社会科学，2015(5)：157—163．